湖北省公益学术著作出版专项资金资助项目
中国城市建设技术文库
丛书主编 鲍家声

Research on the Mechanism and Planning Strategy of
Small Town Shrinkage in Metropolitan Area
— A Case Study in Wuhan

大都市地区小城镇收缩机制及规划路径研究
——以武汉市为例

庞克龙 耿 虹 著

中国·武汉

图书在版编目（CIP）数据

大都市地区小城镇收缩机制及规划路径研究：以武汉市为例/庞克龙，耿虹著.—武汉：华中科技大学出版社，2023.8
（中国城市建设技术文库）
ISBN 978-7-5680-9504-4

Ⅰ.①大… Ⅱ.①庞… ②耿… Ⅲ.①小城镇-城市建设-研究-武汉 ②小城镇-城市规划-研究-武汉 Ⅳ.①F299.263.1 ②TU984.263.1

中国国家版本馆 CIP 数据核字（2023）第 151165 号

大都市地区小城镇收缩机制及规划路径研究
——以武汉市为例

庞克龙　耿　虹　著

Dadushi Diqu Xiaochengzhen Shousuo Jizhi ji Guihua Lujing Yanjiu
——yi Wuhan Shi Wei Li

出版发行：华中科技大学出版社（中国·武汉）	电话：(027) 81321913
地　　址：武汉市东湖新技术开发区华工科技园	邮编：430223

策划编辑：周永华
责任编辑：陈　骏　　　　　　　　　　　　　　　封面设计：王　娜
责任校对：阮　敏　　　　　　　　　　　　　　　责任监印：朱　玢

录　排：华中科技大学惠友文印中心
印　刷：湖北金港彩印有限公司
开　本：710 mm×1000 mm　1/16
印　张：15.75
字　数：285 千字
版　次：2023 年 8 月第 1 版第 1 次印刷
定　价：128.00 元

投稿邮箱：3325986274@qq.com
本书若有印装质量问题，请向出版社营销中心调换
全国免费服务热线：400-6679-118　竭诚为您服务
版权所有　侵权必究

"中国城市建设技术文库"
丛书编委会

主 编　鲍家声
委 员（以姓氏笔画为序）
　　　　万　敏　华中科技大学
　　　　王　林　江苏科技大学
　　　　朱育帆　清华大学
　　　　张孟喜　上海大学
　　　　胡　纹　重庆大学
　　　　顾保南　同济大学
　　　　顾馥保　郑州大学
　　　　戴文亭　吉林大学

国家自然科学基金面上项目资助（51878306）

作者简介

庞克龙　2020年获华中科技大学城乡规划学博士学位，主要研究方向为区域与镇村发展、镇村规划理论与设计、乡村空间重构与评价等，参与2项国家自然科学基金项目，先后参与完成武汉、恩施、库尔勒、岳阳、重庆等多个城市的镇村规划项目，并发表多篇学术论文。

耿　虹　华中科技大学建筑与城市规划学院教授、博士生导师，国家注册城乡规划师；曾任华中科技大学建筑与城市规划学院城市规划系主任，武汉华中科大建筑规划设计研究院有限公司总规划师。

中国城市规划学会理事，中国城市规划学会小城镇规划分会副主任委员，住房和城乡建设部高等教育城乡规划专业评估委员会委员，教育部院校评估专家，湖北省国土空间规划学会常务理事，湖北省国土空间规划学会乡村规划与建设专业委员会主任委员，湖北省城市规划协会副会长，湖北省住房和城乡建设厅科学技术委员会历史文化名城专业委员会委员，国际城市与区域规划师学会（International Society of City and Regional Planners，ISOCARP）会员。

长期专注于区域与镇村发展研究、乡村空间重构与乡村建设评价，主持国家自然科学基金面上项目3项、省部级项目20余项。出版教材及著作多部，发表学术论文百余篇，获全国及省部级以上优秀规划设计奖励20余次。

近年迭获"全国巾帼建功标兵"、湖北省"三八红旗手"以及中国城市规划学会"杰出学会工作者"和"全国优秀城市规划科技工作者"光荣称号。

前　言

在全球化及多元的政治、经济格局的影响下，城市收缩现象在发达国家较为常见。我国目前仍处于快速城镇化阶段，城市整体收缩现象并不普遍，但小城镇收缩现象却较为常见。小城镇与城市在人口、空间及经济产业方面的差异导致小城镇收缩在特征上与城市收缩存在着较大的差异，且存在隐性与显性两方面的表现。尤其是大都市地区的小城镇，在都市核心区极化与扩散效应的合力作用及小城镇内部发展动力变化的影响下，资源要素越级流动，小城镇在发展过程中呈现出以人口减少、空间收缩、功能分化等为主要表现的收缩现象。虽然，小城镇收缩现象的产生符合城镇发展的规律，但会对小城镇自身及区域发展造成一定的风险。研究表明，大都市地区的某些小城镇收缩现象已经导致区域整体与城镇个体在资源配置、经济发展、公共服务配置等方面的低效。而现阶段对小城镇收缩现象认识的缺失会造成小城镇在发展方向、决策定位及资源配置方面的失准与偏颇，影响区域城镇健康发展。小城镇作为对接城市、服务乡村的关键节点，是实现乡村就地城镇化的重要空间载体，其发展是否能够顺应区域发展规律、满足自身诉求、符合乡村及城市发展需要，不仅关系到小城镇能否健康与可持续发展，更关系到区域城乡统筹与健康城镇化目标落实是否高效。

在中部崛起战略背景下，以武汉市为代表的中部地区大都市在政策扶持下发展迅速，尤其是 2016 年武汉市获批成为国家中心城市后，凭借优越的交通条件及丰富的资源优势在政策的扶持下高速发展，逐渐成长为带动中部崛起的中心城市。在城市高速发展的过程中，武汉大都市地区小城镇受区域分工、资源流动及政策变化等复杂因素的影响表现出增长与收缩并存的特征。武汉市小城镇收缩会对区域健康可持续发展产生不确定的影响与未知风险。因此，对武汉市小城镇收缩的研究是推动城镇高效、可持续发展，构建健康稳固城镇体系，实现中部崛起战略目标的关键。本书以武汉市为例，梳理武汉市小城镇收缩的特征及表现，探索收缩的机制、成因与影响；通过适应性评价对收缩小城镇应对环境变化的不同适应性状态进行识别与类型划分，判断收缩对小城镇在中心服务、区域关联及生产效率方面的适应性影响；针对不同类型收缩小城镇的不同适应性特征，引导小城镇合理收缩，避免收缩带来资源浪费及发展衰退。

本书主要包含以下内容。

（1）总结了大都市地区小城镇发展变化特征。通过对大都市地区小城镇发展变化过程的历时性梳理，发现资源要素在复杂城镇网络体系中的自由流动造成了武汉市小城镇收缩与增长并存的状态。而工业产业向园区的定向集聚导致了部分小城镇乡镇企业数量的逐渐减少。小城镇供需关系的结构性失衡也导致了小城镇部分功能的弱化。随着外部环境的变化及内部发展动力的转变，武汉市小城镇在人口、空间、经济等方面表现出收缩的态势。

（2）针对小城镇在发展变化的过程中表现出来的收缩态势，重点分析了武汉市大都市地区小城镇收缩的外在表现。研究发现，大都市地区小城镇收缩与城市收缩的概念、内涵之间存在着关联性与差异性，小城镇发展的不平衡导致了小城镇收缩存在着非均衡的特征，而小城镇在大都市地区特殊的职能也使小城镇的收缩存在着隐性与显性的特征。因此，结合"收缩"概念的本义及小城镇发展变化的规律可以发现，武汉市小城镇收缩主要表现在要素收缩、功能收缩及容量收缩三个方面。其中，要素收缩主要表现在人口总量的减少与两栖迁移、城镇建设用地总量的减少和空间的集聚、就业岗位的减少和二三产业发展乏力这三个方面；功能收缩主要表现为小城镇职能的弱化和镇村关系的瓦解，以及镇区功能在镇域范围内分化转移两方面；容量收缩则表现在小城镇空间容量下降、居住环境比较优势减弱，以及和都市核心区交通联系紧密度降低等方面。

（3）基于对武汉市小城镇收缩特征的识别，主要从复杂适应性系统理论入手分析小城镇收缩的机制、成因与影响。研究表明，武汉市小城镇收缩是小城镇系统在外部因素与内部因素的共同作用下表现出的适应性行为。运用小城镇系统内部微观适应性主体刺激-反应理论模型及整体宏观理论回声模型分析小城镇收缩的动力机制,发现大都市地区小城镇收缩是小城镇系统适应性行为的表现。适应能力强的收缩行为可以为区域腾退劳动力、土地等资源,小城镇将以更合理的方式参与区域竞争、获得新的发展,而适应能力弱的收缩行为会影响城镇活力,造成资源浪费,制约城镇发展。因此,适应性既是小城镇收缩产生的内在机制,也是小城镇收缩的终极目标,是小城镇为适应内外部环境变化的自发行为,目的在于提升小城镇获取资源、转化资源与利用资源的能力。

(4)针对武汉市收缩小城镇的适应能力进行模型的构建与定量测算。NK模型的应用可以将复杂适应性系统理论中的适应能力转化为适应度指标,进行定量测算,发现收缩小城镇的适应能力体现在中心服务、区域关联及生产效率三个方面。通过对收缩小城镇的适应能力进行评价,对不同类型收缩小城镇应对环境变化的适应性状态进行识别与类型划分,得出6种不同适应度组合类型,每种适应度组合类型的小城镇的适应性特征各不相同,且同类型的小城镇的适应能力存在高、中、低差异。由于适应性主体的差异,不同适应能力的收缩小城镇在发展路径选择上也存在着不同。

(5)结合定量测算的结果提出规划应对策略。通过复杂适应性系统对小城镇收缩的理论解释及对收缩小城镇的适应性评价,根据收缩小城镇适应能力的高低,结合不同适应度组合类型小城镇的适应性特征,提出针对性的规划引导策略,为促进小城镇健康、可持续发展及优化小城镇在大都市地区的职能提供精准、科学的引导。

目 录

1 绪论 001
1.1 部分小城镇表现出收缩发展的状态 002
1.2 收缩现象对我国转型期城乡发展格局产生不确定的影响 003
1.3 既有城市收缩理论对小城镇收缩现象解释力不强 005
1.4 大都市地区小城镇收缩的研究目的 005
1.5 相关概念界定 009
1.6 大都市地区小城镇收缩的研究内容与方法 010

2 小城镇收缩的研究现状及理论概述 015
2.1 复杂适应性系统理论 016
2.2 非均衡发展理论 024
2.3 区域分工理论 024
2.4 精明收缩理论 025
2.5 国内外城市收缩研究的起源与发展 025
2.6 大都市地区小城镇发展研究现状概述 028
2.7 小城镇收缩研究现状评述 030

3 大都市地区小城镇发展变化特征 033
3.1 大都市发展变化特征 034
3.2 大都市地区小城镇变化特征 042
3.3 武汉市小城镇发展演变特征 050
3.4 武汉市小城镇收缩产生过程 056
3.5 大都市地区小城镇发展变化特征总结 064

4　大都市地区小城镇收缩的特征与表现　　067
4.1　大都市地区小城镇收缩的特征　　068
4.2　大都市地区小城镇要素收缩的一般表现　　073
4.3　大都市地区小城镇功能收缩的一般表现　　082
4.4　大都市地区小城镇容量收缩的一般表现　　088

5　大都市地区小城镇收缩机制探索　　095
5.1　小城镇收缩的理论解释基础　　096
5.2　小城镇收缩的复杂适应性理论解释　　105
5.3　大都市地区小城镇收缩的机制及影响　　118
5.4　大都市地区小城镇收缩的适应性成因　　135

6　武汉市收缩小城镇的适应性评价　　147
6.1　收缩小城镇复杂适应性评价的目标与方法　　148
6.2　小城镇适应性评价的因子选取与计算　　153
6.3　武汉市收缩小城镇的适应性计算结果及分析　　172
6.4　武汉市收缩小城镇的适应性特征　　181
6.5　武汉市收缩小城镇适应性评价的结论　　206

7　武汉市收缩小城镇未来发展路径选择　　209
7.1　低适应能力收缩小城镇未来发展路径　　210
7.2　中适应能力收缩小城镇未来发展路径　　215
7.3　高适应能力收缩小城镇未来发展路径　　221
7.4　收缩小城镇发展路径总结　　223

参考文献　　224

后记　　233

绪 论

中部地区小城镇正处于公共服务均等化由初期向中期过渡的阶段，公共服务设施表现出明显的空间网极化特征。通过对小城镇的跟踪研究发现，公共服务网极化特征导致镇村居民跨级、跨区域使用公共服务设施，导致部分小城镇的服务职能收缩。而随着现阶段城镇化进程的加快，中部地区乡镇人口大量流出，小城镇在经济发展、社会结构、职能作用、空间利用等方面出现不同表征的收缩。

这类收缩的小城镇呈现出什么特征？应该如何发展？在健康城镇体系中处于什么位置？

这些是构建健康城镇体系需要深入思考的问题，也是小城镇找准定位的关键。

本书以大都市地区小城镇收缩为研究内容，旨在对大都市地区小城镇收缩的测度、表征、影响因素及动力机制进行深入、全面的研究。

1.1 部分小城镇表现出收缩发展的状态

在大都市地区小城镇发展变化的过程中，部分小城镇表现出收缩发展的状态。在工业社会向后工业社会转变的过程中，全球产业空间重组，国家与地区间分工协作推动了国家层面的产业结构调整。在这一过程中，工业化带来的经济高速增长趋于平缓，德国、日本、俄罗斯等工业化国家的人口数量在城市化进程达到高峰后逐渐下滑，传统的工业型城市出现以人口减少为主要表征的收缩现象。在全球化推动下，世界各国一定数量的城镇由增长型向收缩型转变，虽然表征与原因复杂多变，但究其内因可以归结为制度转型、去工业化和郊区化三类。另外，部分城市经济在缓慢增长，就业率却在持续下降。小城镇的两极分化现象既体现在社会层面，也反映在地理空间层面[1]。这类城市往往存在局部收缩现象，并非各个区域都是增长的受益者，部分区域的收缩成就了另一区域的增长，增长与收缩这两个相反的进程在城市内相互转换甚至同时发生。

随着全球化的不断推进，在经济格局与政治格局多变的当下，城市收缩现象在各国普遍存在。以美国底特律、德国莱比锡和英国曼彻斯特等传统工业型城市为代表的收缩主要由去工业化导致，大量制造业企业向劳动力价格更低廉的地区转移造

---

[1] 奥斯瓦尔特.收缩的城市[M].胡恒，史永高，诸葛静，译.上海：同济大学出版社，2012.

成本市的经济下滑、失业率上升，以及人口减少。美国纽约、洛杉矶等中心城市的收缩则是由郊区化引起的，城市不断向外部扩张，中产阶级等人群逃离市中心向郊区扩散，中心城区在人口、基础设施配置、经济发展等方面出现衰退。而日本与韩国的城市收缩则多是在大都市地区引力作用下的部分区域收缩，例如，20世纪90年代，日本东京大都市地区人口占日本总人口的24.2%，而外围城市、町、村人口大量流失，人口结构趋于老龄化。同样，韩国50%的人口集中在首都圈地区，外围城市经济增速缓慢，人口流失严重，收缩现象普遍存在[1]。在大城市以外的地区，由于大量人口向大都市地区转移，大批小城镇同样陷入收缩发展状态[2]。作为全球中心转移后的遗留地，收缩城市和一个国家或地区的社会、文化、政治、经济以及历史息息相关，收缩成为城市发展历程上的重要节点。因此，为明确城市下一阶段的发展方向及目标策略，我们应结合各地区不同社会、文化、政治、经济背景深入考究现阶段城市收缩的内涵。

全球化所带来的城市收缩是否具有特定的方向和时代规律？中国城市发展与西方发达国家的城市发展存在一定的"时差"，随着经济增长放缓，中国城镇收缩的特征、内涵及时代规律是什么？如何借鉴西方发达国家收缩城市的发展经验？在未来，中国量大面广的小城镇随着外部环境、内部需求以及政策方针的变化也会表现出收缩发展的特征与趋势，部分处于收缩的城镇会面临诸如人口流失、经济下滑等发展困境及城镇转型发展的需求。因此，我们需要开展关于城镇尤其是小城镇收缩的相关研究，厘清我国政治及经济体制下城镇收缩的特征、成因与内在机制，为引导城镇健康发展奠定基础。

1.2 收缩现象对我国转型期城乡发展格局产生不确定的影响

在经济体系转型期间，小城镇收缩对我国城乡发展格局会产生不确定的影响。新时代我国社会主要矛盾已转化为人民日益增长的美好生活需要和不平衡不充分的

---

[1] JOO YU-MIN, SEO B. Dual policy to fight urban shrinkage: Daegu, South Korea[J]. Cities, 2017, 73: 128-137.

[2] BERNT M, RINK D. 'Not relevant to the system': the crisis in the backyards[J]. International Journal of Urban and Regional Research, 2010, 34（3）: 678-685.

发展之间的矛盾。而城镇发展的战略目标也随之转变为以城市群为主体构建大中小城市和小城镇协调发展的城镇格局，加快农业转移人口市民化。乡村振兴与大量乡村人口向城市集聚成为城镇化下一阶段的新挑战，城-镇-村三级城镇体系在新挑战中呈现出两头强化的发展态势。一方面，在新农村建设、美丽乡村建设、乡村振兴等利好政策的支持下，大量资金及资源流向乡村，强化了乡村基础设施并提升了乡村居住环境，弱化了小城镇对乡村的服务职能及对乡村的吸引力。另一方面，大都市地区作为我国城镇化的主战场和着力点，以5%的面积集聚了超过55%的城镇人口和70%的经济体量，并依旧保持着高速度、高水平、高密度的发展态势，以强大的极核效应吸引着周边资源要素的向心集聚。小城镇在现有的城镇体系结构中处于劣势，部分小城镇对下服务乡村的职能弱化，对上分流大都市的外溢产业及人口能力不足，导致小城镇发展的过程中在服务效能、人口集聚、产业发展、空间拓展等方面出现不同程度的收缩。

小城镇的收缩现象多与城镇化过程中的其他问题并存。目前我国城镇化的根本驱动力依旧是城乡之间的收入差距，大量乡村剩余劳动力会向收入水平更高的地区转移，而大都市核心区域对资源的强吸引力使大都市在收入水平、生产效率等方面均领先于周边地区并不断吸引人口向心集聚，这会造成城市规模无序扩张、人口快速膨胀、交通拥堵、空气污染以及城市核心竞争力下降等城市问题。因此，在大都市地区城镇化进程中，会出现周边小城镇收缩与都市核心区人口膨胀、无序扩张并存的现象，造成资源要素在空间上的非均衡配置，并对健康城镇体系的构建产生不良的影响。

在城镇发展的新阶段，北京、上海、深圳等特大城市针对城镇化现阶段的核心问题，在其下一发展阶段提出城市功能疏解的相关策略，周边的小城镇成为大都市功能疏解的首选载体。而在乡村城镇化的发展过程中，小城镇同样是乡村居民就地城镇化的重要载体，是城与乡之间的良性链接节点。因此小城镇作为城-镇-村的重要节点，其功能及发展效能的收缩与塌陷对我国城镇化进程具有不确定的影响。同时为了在未来更有效地疏解城市功能，不仅要从城市视角出发，更要从小城镇这一载体的角度分析其现阶段收缩发展的特征与动力，判断其下一阶段收缩的特征与发展潜力，以便为大都市功能转移腾退资源与空间，引领乡村地区发展，吸纳部分农业劳动力。

1.3　既有城市收缩理论对小城镇收缩现象解释力不强

既有城市收缩理论在解释小城镇收缩现象方面存在一定的失准或偏颇。当前学术界对于小城镇收缩现象的研究尚未形成成熟的理论架构，多直接采用城市收缩理论对小城镇收缩现象的特征和问题展开研究。国内学术界针对小城镇收缩的本土化探讨多采纳城市收缩的认知体系，聚焦于城镇个体在人口、经济及空间方面的显性表征，对于小城镇收缩的隐性特征、群体特征及其特殊生成机制的研究鲜有涉猎。而事实上，我国小城镇与城市的收缩产生机制及特征内涵存在很大的不同。城市收缩现象多产生于某些城市个体，在特定的发展阶段，出现了土地财政推进下的空间快速扩张与人口规模收缩的悖论现象。而小城镇收缩不仅是个体问题，更是一个结构与功能层级上的群体性问题，尤其是大都市地区小城镇的收缩往往源自大都市的外部挤压与乡村地区的越级衔接，在大都市的极化效应下呈现出水平、变化、分布等方面的非均衡特征，并表现出显性收缩与隐性收缩并存、个体收缩与群体收缩并存、发展与收缩并存的复杂态势。

现有城市收缩理论不能准确解释我国大都市地区小城镇收缩现象的形成机制及其伴生问题，而既有研究也缺少对收缩特征、成因及其内生机制的深入探讨。因此，我们亟须在收缩理论框架内拓展新的小城镇收缩的理论体系，精准把握在大都市地区结构体系之内小城镇收缩的内涵特征，以填补小城镇面域的收缩理论空白，丰富与完善大都市地区城镇体系发展理论架构。

1.4　大都市地区小城镇收缩的研究目的

1.4.1　揭示大都市地区小城镇发展过程中收缩的特征

全球化背景下小城镇的收缩现象在不同地区具有不同表征，而在大都市不同的发展阶段，小城镇收缩的现象也各不相同，可能对大都市地区平稳健康的城镇体系构建产生不确定的影响。为此本书厘清大都市地区小城镇在发展过程中表现出来的收缩特征与收缩现象，识别与总结大都市地区小城镇发展过程中收缩的特征与外部表现，探寻小城镇收缩的客观规律，并以此作为识别小城镇不同收缩类型的基础标尺。

1.4.2　解析大都市地区小城镇收缩产生的原因及影响

小城镇的收缩是中国城镇化过程中国家与地区经济产业转型过程中部分城市发展的必然趋势。郊区化、去工业化以及制度转型等原因塑造了西方城市收缩的格局，而大都市地区的快速扩张以及乡村建设的持续跟进导致了中国大部分地区小城镇的收缩与塌陷，两者均面临着城镇化带来的不同问题的挑战。针对城市的收缩，西方已经有了各种维度的研究，并提出了相关的理论与解决措施。中国现阶段也开始针对国内城市收缩的现象进行相关研究与讨论。本书力求在借鉴国内外城市收缩的相关理论及研究基础上，根据大都市地区小城镇发展特征，建立小城镇收缩研究体系，深入剖析小城镇收缩现象，并分析小城镇收缩对区域城镇健康发展及小城镇自身发展产生的影响。

1.4.3　构建大都市地区小城镇收缩的理论解释框架

本书力求在对小城镇收缩的特征、现象进行定性分析的基础上，构建小城镇收缩的理论解释模型，深入剖析小城镇收缩的内部作用机制；研究不同表现特征的收缩现象产生的内在逻辑与内部机理，构建小城镇收缩的评价模型，对不同程度与不同特征的收缩小城镇进行定量识别与评价，发掘小城镇收缩的一般规律，为后续引导小城镇收缩向健康有序方向发展奠定基础。

1.4.4　大都市地区小城镇收缩研究的理论意义

研究中心区极化语境下中部地区大都市地区小城镇收缩的动力机制，为不同小城镇差异化发展提供理论支撑。本书为厘清小城镇收缩现象、构建小城镇收缩综合评价体系，创新性地界定中部地区大都市极化语境下的小城镇收缩的内涵。近年来，中国城镇化最显著的特征就是大城市的快速发展，都市区已成为当代区域发展的主流模式。在以城市群为主体的国家新型城镇化战略下，小城镇收缩现象的出现具有一定的合理性与必然性。中部地区作为人口输出的重要地区,在本地区大都市牵引及东部沿海大都市吸引的双重引力下,小城镇收缩现象的各类表征被学术界热议,并成为城镇化特定阶段的特殊现象。以武汉市为例,调研数据显示,2000—2010年,武汉市大部分小城镇人口持续减少(图1-1),2002—2014年全市548 km²新增建设用地中仅有4.12%位于小城镇内[1]。武汉市部分小城镇出现人口流失、经济失活、空间闲置、职能让渡等不同程度、不同表征的收缩。

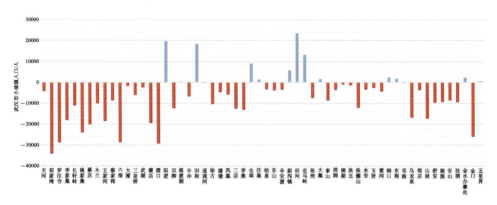

图1-1　2000—2010年武汉市小城镇人口变化统计
(资料来源:国家统计局第五次、第六次全国人口普查数据)

虽然中部地区小城镇收缩大多是受大都市地区引力作用的影响,但引力来自本地区还是来自外部,对小城镇收缩程度、收缩类型以及小城镇未来发展方向等方面的影响存在较大的差异。受本地区中心城区强引力影响的小城镇,多表现出以发展速度放缓为表征的失活型收缩。这类小城镇在下一轮城镇化进程中具有承接主城区功能转移的潜力。而受外部地区影响的小城镇由于劳动力资源的跨地区转移,小城镇自身尚处在持续收缩的阶段,未来发展具有极大的不确定性。大都市周边小城镇在接收大都市部分外溢产业时也存在个体间的竞争现象,并造成部分小城镇表现出衰败的收缩状态。因此对小城镇收缩现象的研究有助于厘清大都市地区小城镇收缩的动力机制,明确小城镇收缩的类型,推动关于小城镇发展的相关研究进程。

目前对小城镇收缩的研究尚未形成成熟的理论体系架构,多直接采用城市收缩理论对小城镇收缩现象、特征、问题进行研究和讨论。然而我国小城镇与城市的收缩在特征表现与产生机制方面存在很大的差异。城市收缩多受外部市场环境及制度因素影响,造成某些城市人口规模收缩。而小城镇的收缩则多是结构与功能层面上

---

[1] 数据来源:据武汉市统计局公布数据整理。

的群体问题，尤其是大都市地区的小城镇收缩，多为大都市的外部挤压与乡村地区越级衔接的产物，既是城市收缩的微观表现，也是我国大都市集群发展的间接产物，是城市增长与城镇收缩并存的直观表现。

现有的城市收缩理论难以有效、准确地解释我国大都市地区小城镇收缩的形成机制及其伴生问题。关于小城镇收缩的研究也多将收缩的表征当成一种既有的现象，缺少对收缩特征、收缩程度、收缩成因及内生机制的深入探讨。因此，本研究最主要的理论意义在于，拓展城市收缩的理论体系，构建小城镇收缩的研究框架及理论模型，精准把握大都市地区小城镇收缩的内涵，填补小城镇收缩理论研究的空白，丰富与完善大都市地区城镇体系发展理论框架，创新性地从收缩的角度解释小城镇在城镇化中功能地位的转变，更深入地认识大都市地区小城镇的发展规律。

受外部市场环境与大都市地区的影响，大都市地区小城镇的发展在收缩与增长之间不断转换。在此过程中，小城镇在城镇体系中起到的作用及自身的发展定位在不断变化。而在地区城镇化进程中，发展目标不明确会对小城镇发展产生不利的影响。为此，大都市地区小城镇的发展目标及其在城镇体系中的职能作用的确定需要科学的理论体系进行指导与支撑。通过对大都市地区小城镇收缩现象的研究，在接受现实的基础上认清小城镇发展的既有规律，探寻小城镇收缩的形成机理及时空特征，结合经济发展及大都市城镇化进程等外部变化条件，构建大都市地区小城镇收缩的发展评价体系，有助于深化对小城镇发展变化规律的认识，从理论层面上强化大都市地区小城镇发展定位构建的科学性，促进小城镇个体健康发展。

1.4.5 大都市地区小城镇收缩研究的实践意义

本研究为大都市地区小城镇在城镇化进程中的方向性选择及适应性调整提供实践性和决策性依据，为推动大都市的有机疏散、小城镇的适应性集聚及弹性发展奠定了科学基础。在当下，明确大都市地区小城镇的职能分工对大都市地区健康城镇化进程具有重要意义。探索大都市地区小城镇收缩机制可以强化小城镇在新型城镇化进程中的职能作用，健全大都市同小城镇的交互作用机制，优化大都市地区城镇体系与空间结构，提升大都市地区城-镇-村三级分工网络体系稳定度，从而科学引导大都市地区人口、资本、空间要素的自由流动与科学配置。合理辨析大都市地区小城镇适应性收缩类型能够有效规避小城镇萎缩、衰退等亚健康收缩现象，提升小城镇自身发展效能。同时，本研究有助于大都市地区小城镇在收缩环境下明晰发展方向，科学编制规划，提升小城镇适应能力，为大都市地区小城镇群网化发展提供重要支撑。通过对小城镇收缩机制及动因的研究，明确大都市地区收缩小城镇在资源腾换方面的能力、类型及速率，合理调整镇与村、镇与城之间的关系。

1.5 相关概念界定

1.5.1 研究范围

本书以武汉市中心城区以外的地区为研究范围，涉及新洲、黄陂、东西湖、蔡甸、汉南、江夏6个远城区，共计56个乡镇与街道。将该区域分为近郊和远郊两个部分，其中，近郊为中心城区以外、都市发展区以内的范围，远郊为市域范围以内、都市发展区以外的范围。

1.5.2 研究对象

本书的研究对象为武汉市中心城区以外的全部乡镇、街道，对其功能、空间、经济、社会四个方面的发展情况进行综合研究，遴选出具有收缩特征的小城镇并对其进行重点研究。

1.5.3 名词解释

1. 大都市地区

大都市地区是指常住人口规模超500万，基本实现城乡一体化发展，具有显著区域中心辐射功能的特大城市全市域，一般可划分为都市区、非农经济活动发达的城镇地区及乡村地区。其中，都市区是指城市总体规划所划定的社会经济活动高度发达、常住人口市民化、城市空间增长边界以内的城市功能区域。非农经济活动发达的城镇地区是指市域范围以内、都市区范围以外的非农经济活动发达、与都市区社会经济联系紧密的乡镇（街道）中心区范围。乡村地区是指市域范围以内、都市区范围以外，以农业人口和农业经济活动为主，土地集体所有的非城镇化地区。

本书中提及的大都市地区案例为武汉市全市域范围，总面积 8594 km^2，总人口 1076.62 万人。其中主城区面积 863 km^2，人口 661.71 万人；小城镇及乡村地区面积 7731 km^2，人口 414.91 万人，乡镇数 56 个。

2. 小城镇

当前国内学术界对于小城镇的概念仍没有明确和统一，但城乡规划学科与经济地理学科对于小城镇概念的理解主要有以下观点。

①专指所有县城以外的建制镇。

②指县城及县城以外的建制镇。

③指县城以外的建制镇和乡政府驻地集镇。

④包括小城市建制镇、集镇。

⑤建制镇及城市范畴中规模较小、人口少于 20 万的小城市。

⑥建制镇和集镇，其中包括县城镇、县城以外的建制镇和集镇。

本书中，小城镇是指在武汉大都市地区范围内，与都市发展区社会经济联系紧密的建制镇、乡及街道，在名称上包括镇、乡及街道三种类型，在空间上主要以镇区为主，可适当拓展至行政管辖的镇域范围。

3. 小城镇收缩

"收缩"一词最早源自物理学领域，强调物体发生了变小、短、少的现象，后被广泛应用于社会学、经济学、城市学研究之中。在城乡规划学研究领域，一般将城市（镇）收缩分为狭义收缩和广义收缩两类。狭义上的城市（镇）收缩是指城市（镇）地区人口持续流失并具有永久性流失的特征。广义上的城市（镇）收缩是指人口、经济、社会、环境和文化在空间上的全面衰退（徐博 等，2014）。本书将小城镇收缩定义为：小城镇随着时间的变化，在人口、空间、经济、职能等不同维度分别表现出的数量减少与活力下降的现象，既可以表现为单一维度的收缩，也可以表现为多维度的收缩。

1.6 大都市地区小城镇收缩的研究内容与方法

本书以武汉市中心城区以外区域小城镇作为研究对象，通过分析第五次人口普查和第六次人口普查的数据,可以发现武汉市存在大量以人口减少为特征的收缩的小城镇。从 2010 年以后,武汉市通过乡镇合并、撤镇设立街道等一系列的行政干预手段对小城镇进行了进一步的调整,武汉市小城镇行政管辖范围基本趋于稳定。因此,本书通过收集 2010—2018 年间小城镇在空间、功能、经济、社会四个方面的总量性数据、结构性数据与比率性数据,深入研究具有收缩属性特征的数值内涵和数值关系,建构大都市地区小城镇收缩的判定标准,并通过 GIS(地理信息系统)等空间统计、空间分析手段总结小城镇收缩的时空特征。从结构性视角解析大都市地区小城镇收缩的形成机制与对未来的影响,综合运用复杂适应性系统理论与 NK 模型构建大都市地区小城镇收缩的理论模型与数理模型,明确小城镇收缩后在资源腾换方面的能力,跟踪监测小城镇收缩的规律与节奏,在小城镇发展过程中合理引导小城镇的精明收缩与精明增长,提升小城镇在大都市地区的新型功能价值。

1.6.1 定性分析武汉市小城镇收缩的表现特征

将武汉市中心城区外的 56 个小城镇镇域作为基本空间单元,以 2010—2018 年为时间区间,采用年鉴检阅、实地调研、专类访谈、GIS 空间分析、大数据分析等综合手段,在学界既有城市收缩研究的基础上,建立空间、功能、经济、社会四个方面的数据库,包含总量性数据、结构性数据与比率性数据;在深入比照、解读小城镇个体与群体发展水平及发展尺度的中位时空数据的基础上,探索大都市地区小城镇收缩的特征与现象,为后续研究小城镇收缩的成因和类型做好铺垫。

1.6.2 从理论出发探索大都市地区小城镇收缩的动力机制

本书从理论出发探究武汉市小城镇收缩的动力机制,有助于精准地从宏观角度把握小城镇收缩的态势,契合我国政策制定与资源配置在统一行政架构下的共同组织性与层次关联性的实践特征。本书通过复杂适应性系统理论的引入,从个体与整体两个方面入手,构建大都市地区小城镇收缩的理论研究框架。从理论的角度探索小城镇收缩的形成机制和内在规律。通过分析小城镇个体收缩之间的相互作用、不同收缩内涵的形成机制,进而在区域层面探讨小城镇收缩在外部作用的影响下内涵、类型、程度、变化、聚类等方面的形成机制及一般规律,揭示小城镇收缩适应能力特征,并以此作为判断大都市地区小城镇收缩是否具有合理性的依据及大都市地区小城镇收缩引导的理论基础。

1.6.3　武汉市收缩小城镇的适应性评价

借助复杂适应性系统理论中的数理模型工具（NK 模型），以武汉大都市地区 56 个小城镇行政单元为数据采集范围，结合 2010 年和 2018 年两个时间节点的数据，定量识别出小城镇收缩的样本，并对小城镇收缩样本的适应度水平进行计算，确定适应度提升路径与适应度理想值，以此作为大都市地区小城镇收缩类型识别的重要判定依据，从适应能力角度归纳总结武汉大都市地区收缩小城镇的适应性特征，为规划引导策略的制定提供基础。

1.6.4　武汉市收缩小城镇的引导策略

在大都市地区小城镇收缩适应性评价的基础上，结合复杂适应性系统理论，从个体发展层面和整体演化层面对小城镇收缩现象做出解释，提出大都市地区小城镇收缩的引导策略。从资源配置、职能分工、空间发展等方面，结合小城镇不同的适应性特征，提出针对性的、精准的引导策略。以提高大都市地区小城镇收缩的适应能力为目标，为实现大都市地区城镇协调发展提供保障与支撑。

1.6.5　大都市地区小城镇收缩的研究方法

1. 田野调查与数据采集

一方面，本研究对武汉市中心城区外的街道、乡镇采用以实地踏勘、现场访谈、问卷调查为主的田野调查方法，对人口在小城镇的流动与迁转意愿，以及人们对小城镇要素集聚水平、职能分工、公共服务的评价进行收录和采集。另一方面，联系相关政府部门，并利用网络资源，采集能反映小城镇发展水平及小城镇区域空间格局的相关统计数据和面板数据。

2. 数理统计分析方法

本书主要采用数理统计分析方法作为核心定量分析手法，运用相关性分析、因子分析、NK 模型等方法对数据进行分析和处理，使研究过程更加客观、研究结果更加科学可信。通过不同的模型将田野调查、文献综述、统计报告中的数据进行整理、筛选和分析，系统构建具有科学性及合理性的小城镇收缩识别与评价系统。

3. 空间分析及空间统计法

GIS 的空间分析可用于小城镇收缩特征的可视化，也可将小城镇收缩的影响机制以属性的方式与小城镇空间格局进行连接，并进行空间分析。空间统计是一种对具有空间分布特征的数据进行统计分析的理论和方法，用于探索小城镇收缩的空间特征、集聚程度及关联程度，为探讨大都市地区小城镇收缩发展的机制奠定基础。

4. 逻辑演绎推理法

逻辑演绎推理法用于以下方面。

（1）分析大都市地区小城镇收缩的表征。

（2）阐述大都市地区小城镇收缩的特征及规律。

（3）分析大都市地区小城镇收缩的形成机制。

（4）分析大都市地区小城镇收缩的未来发展趋势。

2 小城镇收缩的研究现状及理论概述

2.1 复杂适应性系统理论

2.1.1 理论内涵

复杂适应性系统理论（complex adaptive system theory）属于第三代系统理论，起源于圣菲学派，由美国遗传算法创始人约翰·亨利·霍兰（John Henry Holland）首次提出，并在理论中创造出适应性主体（adaptive agent）这一概念，用以研究包含若干个子系统的复杂系统在面对外部环境时如何实现自身适应度的提升。复杂适应性系统由大量的适应性主体组成（图2-1）。

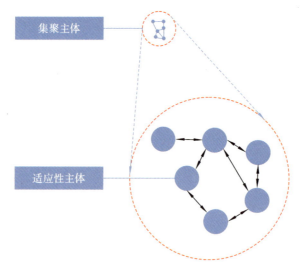

图2-1 复杂适应性系统
（资料来源：笔者自绘）

不同于第一代及第二代系统理论，复杂适应性系统理论认为系统的适应性是复杂性产生的根本原因。对个体的描述由元素转变为适应性主体，适应性主体在与外部环境交互的过程中具有不断学习和积累经验的能力，并且根据自身学习及积累的经验改变个体的结构与行为方式，形成适应性的发展模式与新特征。适应性主体间聚合、分化、遗传、演进从而形成新的、更为复杂多样的集聚主体与新的适应性主体。适应性主体对外部环境的适应性行为过程分为执行系统（performance system）、信用分派（credit assignment）及规则发现（rule discovery）三个阶段。其中，消息处理规则（message processing rule）是执行系统的核心，而在复杂适应性系统中最常用也最简单的一组消息处理规则在心理学中被称为刺激-反应规则（stimulus-response rule），任何适应性主体的执行系统都可以用这个规则进行解释（图2-2）。

图 2-2　刺激-反应规则示意图
（资料来源：笔者自绘）

霍兰指出，所有的复杂适应性系统均包含 7 个基本点，分别是集聚、标识、非线性、流、多样性、内部模型、积木（表2-1）。

表 2-1　复杂适应性系统基本组成

基本点	含义	内容	系统特征
集聚 （特性）	聚类	简化复杂系统的一种标准方法，将相似的事物集聚成类	多样性
	涌现	主体集聚成更高级的介主体、介介主体后形成的新的集聚	复杂性
标识 （机制）	共性	为了集聚和边界生成而普遍存在的机制	层次性
	选择	标识通过操纵对称性发现隐藏在对称性背后的特性，从而促进主体选择性相互作用，并为筛选、转化和合作提供合理基础	选择性
非线性 （特性）	复杂	非线性的相互作用会干扰用于集聚的显性方法，使集聚行为比人们用求和求平均方法预期的复杂	多样性
流 （特性）	乘数效应	只要在某节点注入更多的资源，则资源在网络系统中从一个节点到另一个节点会产生倍数变化	—
	再循环效应	系统中节点与节点之间资源的流动并非单向不可逆的，而是循环往复的	—

续表

基本点	含义	内容	系统特征
多样性（特性）	填空	系统中每个主体都安顿在以该主体为中心的生态位中，当某一主体从系统中移走，就会产生一个新的主体来填补该生态位	趋同性
	适应	填补的过程是新的适应过程，都为进一步的相互作用和新的生态位形成开辟了可能	恒新性
内部模型（机制）	转化	主体将其接收到的信息输入挑选模式中，并将这些模式转化为内部结构变化	主动适应性
	预知	主体能够根据变化预知再次遇到该模式或类似模式时产生的后果，包括隐式模型和显式模型	可预测性
积木（机制）	组合	将那些已经被检验过能够再次使用的元素通过选择和学习分解成基本元素，并对后面恒新的事物重复使用不同的元素组合	可分解性
	层次	较高层次的规律是从低层次积木的规律中推导出来的	层次性

（资料来源：笔者根据相关文献整理）

复杂适应性系统的具体表现及总体特征由这些基本点决定，这些基本点之间相互组合、相互作用，在系统中反复出现，从而引出一系列机制和方向。而对这些基本点的界定有助于我们深入了解复杂适应性系统并通过基本点的组合编织完成跨学科的比较研究。

2.1.2 复杂适应性系统理论的优势及其对城镇研究的意义

1. 复杂适应性系统理论的优势

复杂适应性系统理论融合了多学科的思想，通过新的思维范式来理解世界，打破了学科间的藩篱。系统理论的萌芽向上可以追溯到亚里士多德、柏拉图和老子的哲学思想。随着科学的进步及学科间的融合，系统理论的发展与演变改变了人们对事物的认知，将事物置于一个开放的复杂系统中探求其发展变化的规律，为认知世界提供了理论基础。复杂适应性系统理论的出现弥补了传统系统论的不足。

复杂适应性系统理论的出现填补了第一代系统理论与第二代系统理论的不足。第一代系统理论以系统论、控制论与信息论为代表，起源于工程科学，研究对象是以机器为代表的没有生命的个体，系统局限于接受命令完成指定工作，任何其他行为都被认定为具有反作用的消极因素。第一代系统理论在工程领域被广泛应用，但其研究被动、静止个体的属性决定了其在生物、生态、经济和社会这类以"活体"为组成部分的系统中的应用乏力。而以耗散结构论、协同论、超循环论为主的第二代系统理论弥补了第一代系统理论的不足，该理论范畴中的系统不再是机械的系统，而是包含了数量极大的个体的复杂系统，这些个体本身具有自主、独立的运动特征，并且着重探索个体在复杂系统中的自组织过程。第二代系统理论对系统的理解更加深入，适用范围更加广泛。但第二代系统理论中的个体依旧是没有目的的"乌合之众"，元素的独立性导致了系统运行的随机性，个体元素缺乏自我学习及经验积累的能力，因而对经济、社会等人类深度参与的系统缺乏解释力。复杂适应性系统理论的提出，将适应性主体定义为能够学习及积累经验的个体，且适应性主体可以通过涌现效应集聚成更为复杂的新的介主体及介介主体，具有自下而上的复制、遗传、演化能力；同时突破以往主体被动性的观念，强调主体的适应能力，构建了一个有生命的、能够与环境互动的、自下而上演进的复杂系统，与以往单纯的应用在机械领域的系统论有了根本性的差别，形成了能够科学地解释各个学科背景下的复杂适应性系统的理论方法。

2. 复杂适应性系统理论对城镇研究的意义

（1）复杂适应性系统理论的提出符合现代城市规划理论转型发展的新趋势。

随着科学的进步与城市的发展，城市规划的理论价值与思想内涵也在不断变化，复杂适应性系统理论的出现为跨学科交互合作打开了新世界。现代城市规划理论起源于以理性主义为核心的现代主义思想，且现代主义思想一直贯穿现代城市规划理论与方法发展的始终，并一度压倒其他哲学思想，在现代城市规划理论与实践中占绝对优势及主导地位[1]。第二次世界大战以后，工具理性逐渐在城市规划理论与应用中兴起，虽然在后续规划思想发展的过程中对工具理性的批判、修正及调整从未间断，但工具理性在城市规划思想中的应用与发挥依旧占主导地位，对人本主义思想起到了一定的压制作用，以系统论为代表的理性思维方式对城市规划理论思想的提升起到了重要作用。西蒙（Simo）对有限理性的倡导及哈贝马斯（Habermas）

---

[1] 曹康，王晖. 从工具理性到交往理性——现代城市规划思想内核与理论的变迁[J]. 城市规划，2009，33（9）：44-51.

提出的交往行动理论，纠正了工具理性对人本主义思想的忽视。城市规划的理论思想与核心价值逐渐向理性主义思维与人本主义价值融合的方向演进。作为第三代系统理论的代表，复杂适应性系统理论所倡导的适应性造就复杂性正视了系统自身的复杂性，也强调了主体自上而下的适应性，从传统的仅考虑系统整体性、忽视个体多样性的理论，转变为兼顾系统复杂性与个体适应性的理论体系。这一转变恰恰符合城市规划理论思想价值转型的趋势，为解释城乡发展问题及研究城镇发展变化的复杂性提供了新的理论基础。

（2）有助于深入了解城镇系统的层次性，正视城镇发展的不确定性。

根据第一代与第二代系统理论，城镇被当成由多元功能构成的复杂巨系统对待。而随着经济社会的发展，城镇层级结构发生了多维度、多层次的复杂变化，传统的局限于剖析城镇功能的系统理论无法科学有效地解释快速城镇化冲击下城镇发展的内在机制。在快速城镇化的进程中，小城镇发展变化机制十分复杂，如存在着人口流动的复杂多变、镇村关系的多维变化、经济发展的变化难测、空间结构的且密且疏等各种不确定性。并且，小城镇发展变化受外部都市核心区、增长极、城市群及其他小城镇的影响，在发展的过程中有很多的不确定因素，资源在城镇体系各个节点中的流动复杂多变。复杂适应性系统理论将元素抽象为适应性主体，并引入涌现的概念，强调系统整体大于局部之和的非线性发展；能够从单个适应性主体的适应性出发，扩展延伸至集聚群体的变化，实际是通过个体适应性入手，对群体的复杂性展开研究，通过承认个体的主动性为系统演化找到内在的、基本的动因。因此，复杂适应性系统理论恰恰能够从构成小城镇的适应性个体入手延伸至城镇巨系统，帮助我们认识小城镇适应性个体发展变化的规律，以及其在城镇系统中的层次地位；帮助我们了解小城镇发展的不确定性，并因势利导地调动内部规则与隐秩序，让系统自身发挥自适应能力，达到预期发展目标。

2.1.3 复杂适应性系统理论的研究方法——回声模型与 NK 模型

1. 复杂适应性系统的理论解释模型——回声模型

根据复杂适应性系统理论对微观主体行为的研究表明，复杂适应性系统理论与第一代及第二代系统理论的重要区别在于复杂适应性系统中的微观主体能够自发地适应环境的变化。然而，复杂适应性系统是一个具有多样性的巨系统，整体上呈现出一种自下而上的演化方式，而系统中主体之间的交互活动受制于从学习与长时间适应中产生的期望。为了综合主体的适应性与系统的多样性，解释复杂适应性系统行为的复杂性，描述系统整体演化特征，霍兰构建了一个科学的、适用于各类复杂适应性系统研究的回声模型。回声模型具有以下几种特征。

①回声模型尽可能简单。

②回声模型能够描述和解释主体在复杂适应性系统环境中的行为。

③回声模型有助于适应度进化的实验。

④回声模型的基本机制在所有复杂适应性系统中都有现成的对应物。

⑤回声模型可以容纳一些著名的特定的复杂适应性系统模型。

⑥回声模型在各个方面都经得起数学分析的考验。

在回声模型中包含了两大核心要素，分别是位置和资源。其中，主体在成长与发展的过程中所需要的所有资源要素的总和被称为资源，在生态系统中主要是食物、水、空气、土壤等要素，在社会经济系统中则可以是劳动力、生产资料、信息技术等。适应性主体发展变化、遗传复制、集聚涌现的过程就是对各类资源的获取、消耗与处理的过程。资源既存在于主体所处的环境中，也存在于各个不同的主体中，且资源在系统中是不断更新的。位置即主体在系统中所处的地理环境，位置之间的相邻关系、并置模式等是随机的，且不同位置所包含的资源数量与资源种类不同，各个适应性主体所能利用的资源也各不相同。主体可以在多个位置进行交互作用，而同一个位置也可以容纳多个主体（图 2-3）。

进攻、防御和仓库是回声模型的基本组成部分。其中，主体由标识其能力的染色体与存放资源的仓库组成（图 2-4）。

基础模型的产生是建立在遗传算法的基础之上的。主体只有在收集到了足够的资源、能够复制其染色体字符串的时候才能繁殖。主体既可以从主体所处的生态位获取所需的资源，也可以在和其他主体交互作用的过程中获取资源。当一个主体与另一个主体在某一位置相遇时，其染色体的匹配程度决定了两个主体间相互作用的方式：获得大部分资源或一无所获。通过对这个基础模型中主体染色体增加更多的机制，霍兰构建出复杂的回声模型。在最终的回声模型中，主体染色体新增了选择性交互作用机制、资源变换机制、主体间相互黏着机制、允许选择性交配机制、条件复制机制，最终将单个主体的适应性与整体的层次涌现相结合，形成能够解释所有复杂适应性系统的回声模型。因此，在霍兰构建的回声模型中，系统的复杂性体现在主体与外部环境、主体与主体、多主体间的作用模式上，而主体的适应性则表

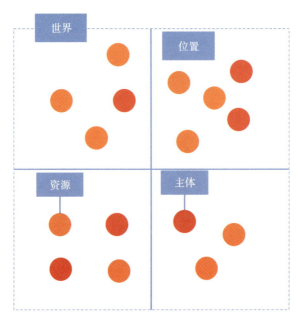

图 2-3 回声模型示意图
（资料来源：笔者自绘）

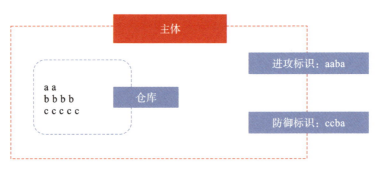

图 2-4 回声模型中的主体
（资料来源：笔者自绘）

现为主体在复杂的相互作用过程中在不同位置上获得足够的资源以完成繁殖的能力。

2. 主体适应能力的定量评价方法（NK 模型）

美国生物学家柯夫曼（Kauffman）在 1993 年提出了用以测度适应度的数学模型（NK 模型），NK 模型最初被用来分析生物群落在面临外部变化事件时产生的适应性变化，而后拓展至免疫学、复杂系统工程等多个研究领域。国内则多将 NK 模型应用于经济学、管理学等相关领域。在 NK 模型中存在三个关键数值，其中 N 被用来表示物种内的基因数量，K 则用来代指各基因之间相互关联作用的数量，A 是每个基因 N 所对应的等位基因的数量。

当 K=0 时，基因之间互不影响，系统存在一个最佳适应度。

当 K>0 时，随着 K 值的不断升高，系统适应性的复杂性特征也不断增加。

当 K=N-1 时，系统处于最复杂的程度，此时系统内部整体的适应性在受自身状态影响的同时，还受到其他基因要素的影响。

在进一步的研究中，柯夫曼通过大量的计算机模拟发现，虽然物种在进化的过程中会表现出 A^N 种性状，但 A 值的数量对整个模型的研究结论并没有实质性的影响。后续，学者 Levinthal 和徐迪等均在研究中指出等位基因的数量 A 并不会影响实验结果。因此可以将模型中的 A 简化为 0 和 1 两种取值状态，即基因的显性与隐性，则基因 N 有 2^N 种表现。

正如前文所说，复杂适应性系统中适应性主体的基因与性状之间是非线性关系，因此无法用一个统一的函数予以表达。在 NK 模型中，生物体的基因或与其相关的基因发生变异都会对生物体适应度产生影响。根据柯夫曼提出的计算方法，当某种基因发生变化时，基因本身或与其相关的基因都将会有一种外部表现，即在外部性状 A（0，1）均匀分布的随机数列集合中获得一个值作为该基因对整个系统的适应度的贡献值，记作 W_i，整个系统的适应度则为所有基因适应度的均值。

$$W = \frac{1}{N} \cdot \sum_{i=1}^{n} W_i(S_i)$$

其中，W 为生物体的整体适应度；N 为生物体基因数量；S_i 为生物体基因类型；W_i 为基因 i 对整体适应度的贡献值。

根据适应度景观理论的描述，N 与 K 的大小决定了适应度景观的复杂程度。NK 模型最大的意义在于明确生物在进化演变的过程中有多少局部适应度最优现象，并能够解释生物体向更高适应度提升的路径。因此，NK 模型在本研究中的意义在于：一方面，可以通过适应度判断大都市地区小城镇收缩的合理性与必然性，如果小城镇收缩表现出较低的适应度，那么在城镇巨系统中有这类表征的基因必然会在未来的发展过程中逐渐消失；另一方面，NK 模型可以揭示出适应度水平的提升路径，在城镇发展变化的过程中能够对小城镇适应性收缩方向做出精准的类型识别，为差异化的发展策略的提出奠定基础。

2.2 非均衡发展理论

经济学、地理学等不同学科对非均衡发展理论不断进行演进和完善，将非均衡发展这一普遍且必然存在的现象以时间和空间为坐标，对其内在机制和演变特征进行了探索，基本完成了对区域非均衡发展内在机制的阐释。从增长极理论到区域增长极理论，非均衡发展理论实现了从经济空间到地理空间的转变。随后，二元经济结构理论指出区域经济增长的过程具有回流效应和扩散效应，并在此基础上深化提出了核心区-边缘区理论，使非均衡发展在空间上的自组织动力研究有了更加清晰的解析。随着产业集群理论的提出，构建了经济增长和经济活动的空间集聚及自我强化的模型，证明了区域空间经济活动集聚与经济增长的双向促进作用。目前非均衡发展理论应用的研究多集中在城市群和县域空间单元层面。非均衡发展被当作一种既有状态，并针对该状态下城镇空间的发展历程和特征提出非均衡协调发展目标（彭翀，常黎丽，刘云，2012）。有学者针对都市圈不同类型小城镇，提出符合各自发展特征的非均衡发展策略（耿虹，武明妍，2016）。

2.3 区域分工理论

近几年，区域分工理论也逐渐进入城市研究领域，主要集中在专业化分工与都市圈形成的互动机制（岐亚光，2016），都市圈和城市群的职能结构与产业布局，特别是京津冀、长三角和珠三角三大都市区产业分工和职能分工层面。随着武汉城市圈的形成，部分学者对武汉城市圈分工提出相应对策（周敏，林凯旋，黄亚平，2015）。这些研究基本都肯定了小城镇在都市圈或城市群产业分工中的重要性，特别是都市区周边小城镇具有完善生产、消费、流通、纽带的多重作用。但当前研究多集中在都市圈、城市群或都市区，对小城镇略有涉及（小城镇在区域经济影响下所产生的分化现象），对都市区周边小城镇在区域分工中的具体定位的研究仍然比较模糊。

2.4 精明收缩理论

精明收缩理论强调在地区人口或用地实质性减少的情况下，以积极、发展的态度面对规模变小、人口减少的状况，通过资源合理退出与优化重组，提高土地使用效率，营造健康、可持续的城乡环境。精明收缩不是绝对收缩，是有选择地适度发展，基于土地银行、生态银行的发展模式，实现地区土地弹性开发与集约化利用。其核心在于发挥政府政策引导效用，侧重供给侧的制度调整与土地整理，是一种他组织模式下的收缩应对策略。

在借鉴西方国家精明收缩理论的基础上，国内学者就我国部分大中城市（李郇，杜志威，李先锋，2015；龙瀛，吴康，2016；张京祥，李灿芳，陈浩，2017）、老工业区（赵家辉，李诚固，马佐澎等，2017；刘方宁，2017）及乡村地区（赵民，游猎，陈晨，2015；罗震东，周洋岑，2016）所出现的衰退问题展开了理论研究与实践检验。但由于精明收缩理论发展时间较短，精明收缩理论体系仍不完善，其对于大都市地区小城镇层级的收缩应对策略与未来发展模式缺乏研究支撑。

2.5 国内外城市收缩研究的起源与发展

2.5.1 国内外城市收缩内涵的研究

小城镇收缩研究是建立在城市收缩研究基础上，针对小城镇地域空间范围内所表现出的收缩现象的相关研究。因此，研究小城镇收缩首先要理解城市收缩的内涵。城市收缩源自对德国去工业化城市的问题总结，是指人口减少与经济逐步衰退的城市客观现象（Haufermann et al., 1988）。国外对城市收缩的研究多以人口流失及建筑空置作为评价收缩的指标（Oswalt et al., 2006；Wiechmann et al., 2008；Schilling et al., 2008）。基于人口减少的收缩城市的定义奠定了近三十年城市收缩研究的基调，产生了关键性的影响。

中国城市发展与西方发达国家的城市发展存在一定的"时差"，但近年来收缩现象也逐渐显现。2011年起城市收缩逐渐进入中国学术界的视野（图2-5），但多为对国外城市收缩现象及规划实践的介绍（黄鹤，2011）。

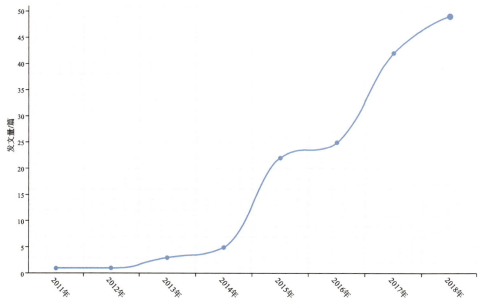

图2-5　国内城市收缩相关研究成果统计

（资料来源：笔者根据知网论文数据统计结果绘制）

从知网收录的论文数量来看，2014年以后，关于城市收缩的论文数量增长加快（图2-5）。近年来国内学者结合中国城市发展的状况，对城市收缩问题进行了本土化的探讨。学术界从广义与狭义两个维度对城市收缩进行界定（徐博，庞德良，2014；刘玉博，张学良，2017；高舒琦，2017），并从社会经济、地理空间、地理景观等量化指标上对城市收缩进行量化分析（刘合林，2016）。不同维度的城市收缩具有不同类型的收缩表征。张京祥等（2017）从收缩内涵角度将城市收缩划分为趋势型收缩、透支型收缩、调整型收缩三种类型；吴康等（2015）将城市收缩划分为欠发达外围收缩，特大城市中心城区收缩，工矿业收缩，行政区划调整收缩，县域、乡村、小城镇收缩五类。

小城镇收缩作为城市收缩在小城镇空间维度的特征映射，正逐渐引起学术界重点关注。国外对小城镇收缩的探讨起步较早，相应的研究也相对成熟。德国、法国、美国、日本等国的小城镇收缩是学术界研究的热点：德国东部的居民向经济更为发达的西部地区转移，导致东部地区的小城镇普遍收缩，其产业发展衰退、劳动力数量骤减（Lang，2005）；美国城市近郊小城镇随着郊区化的趋势不断收缩，产业要素向城市中心区的集聚，又加剧了小城镇的收缩及人口的减少（Downs，1997）；日本大城市发展的极化效应使得城市郊区的小城镇出现过疏化的收缩问题，而居民搬离后的小城镇出现房屋空置严重、社会犯罪率高等问题。有学者通过对比研究发现，收缩型城镇居民在居住满意度及生活质量等层面并不比增长型城镇低。通过学者的研究，城市收缩的表现、产生的问题以及影响被逐步剖析清楚，国际收缩城市的研究体系正不断完善，针对收缩城市的研究逐渐由注重数量、规模变化的人口学量化研究向关注动因、机制与后果的地理学研究转变。

近年来，国外学者开始针对收缩城市的表现、问题及影响展开寻求城市政策应对的规划学研究，国际收缩城市的研究逐渐形成了一个由现象到机制再到对策的完善的研究体系。在这一体系中，不同国家的学者针对各国城市收缩的不同表征、成因及影响提出了具有针对性的规划策略。日本针对生育率低、老龄化的城市收缩状况从宏观、中观、微观等方面提出了政策与法律的顶层设计、城市再开发的方法策略及社区改造的微观设计方法等一系列的对策，以解决城市收缩产生的诸如城市蜂窝化等问题，重新激发城市活力。美国、德国针对城市收缩产生的城市空置问题，通过构建弹性的空置用地利用机制、提高社区参与度及绿化改造等方式，重新修复与激活空置用地。虽然各国城市收缩产生的社会、政治、经济背景不同，具体应对策略也略有差异，但国外城市收缩的研究方法与应对策略为我国城市收缩问题的研究提供了借鉴。

国内关于小城镇收缩的研究主要集中在三个方面。一是小城镇收缩的内涵。有研究认为小城镇长期处于人口流失和经济衰退的状态（周恺，钱芳芳，2015），而其他学者则多是沿用城市收缩的概念。二是小城镇收缩的特征。有研究认为是小城镇人口总量的减少，以及适龄劳动力数量的下降（陈川，罗震东，何鹤鸣，2016）；产业结构单一、生态环境受到破坏、人口外流等（徐博，庞德良，2014）。而小城镇收缩在空间分布上呈中心丰满、边缘空洞，在空间规模上表现为人口流失-空间扩张的悖论现象（刘春阳，杨培峰，2017）。小城镇收缩属于边缘地域对核心城市依附形成的收缩类型，表现为劳动力大规模外流、经济活力下降和城镇空心化等（李郇，杜志威，李先锋，2015）。有针对地域性小城镇收缩的研究认为，经济增速持续放缓、外来人口总量减少是珠三角城镇收缩的典型特征（李郇，杜志威，李先锋，2015）。三是小城镇收缩的机制及应对策略。有研究认为制度制约下的发展权萎缩、乡镇企业发展环境的恶化、城市服务功能向乡村地区的延伸、发展模式的固有缺陷等是小城镇收缩的重要原因。改变制度、转型与顺应收缩是小城镇应对收缩的积极策略（陈川，罗震东，何鹤鸣，2016）。而农业地区小城镇收缩的机制一方面在于其难以承载农民家庭前往城镇载体进行再生产的需求；另一方面则在于乡村地域分工水平难以提升（陈川，2016）。虽然部分收缩型小城镇没有再次增长的可能或增长缓慢，但在规划应对层面应倾向于增长的规划目标。

2.5.2 小城镇收缩的测度指标及方法研究

认识小城镇收缩的基本途径在于量化指标测度下对小城镇社会空间发展特征的精细化识别。在量化指标测度层面，已有研究多直接套用城市收缩评价指标体系来测度小城镇收缩表征，主要包括人口、经济、空间三类（Glock et al.，2004；Lötscher et al.，2004；Cunningham-Sabot et al.，2004；张立，2012）。在测度方法上，也是采用城市收缩的相关测度方法，如杨东峰等（2015）基于DPSE［驱动（driver）、压力（pressure）、状态（state）、影响（effect）］的跨尺度、多要素概念模型；Reis等（2015）基于空间度量方法的综合测度模型。然而，小城镇因自身功能要素的不同与城市存在显著差异，基于城市维度的收缩测度指标显然不适用于小城镇，小城镇收缩的量化指标及测算方法有待进一步修正。现有的针对城市收缩的测算方法研究也仅局限于收缩现象的时间维度的测评，对小城镇收缩的动态监测及预测的研究尚无人涉足。

2.6 大都市地区小城镇发展研究现状概述

2.6.1 大都市地区小城镇职能与作用研究

从2000年至今，国内学术界针对小城镇的职能与作用从城市与乡村两个方面进行了大量的研究。研究表明，大都市地区小城镇主要起到了三个方面的作用。一是区域生产网络中的节点，承接大城市功能及产业转移（吴闫，2017）。二是带动乡村发展、服务乡村居民的乡村社区服务地（吴闫，2015；陈继宁，2007；蓝万炼，2001）。三是吸纳乡村剩余劳动力、实现乡村城镇化的重要载体（崔功豪，马润朝，1999；张立，2012；罗震东，何鹤鸣，2013）。

大都市地区小城镇呈现出不同的发展特征。①在全球化生产网络、高（快）速交通网络及集约发展诉求影响下成为新的增长极（罗震东，何鹤鸣，2013）；②在都市区逐渐扩张的市场空间推动下由发展阴影区向发展前沿地带转变（孙建欣，林永新，2013）；③多元灵活的要素流及信息与通信技术发展使地理空间向地理网络空间转变，弱化了地理空间距离，促进城、镇、村由层级式向网络化转变；④农村生产、生活需求及农户家庭多样的行为选择形成了半城镇化的特征；⑤公共服务均等化及基于公共服务公平高效配置的城市公共资源向小城镇的集中投放。

现有研究表明，都市区周边的小城镇在核心城区资源的辐射下获得了巨大发展的同时，收缩现象出现（李郇，杜志威，李先锋，2015；龙瀛，吴康，2016）。现阶段大都市地区小城镇的相关研究仅是固定时间节点的研究，而大都市地区收缩型小城镇和其他小城镇在区域中承担的职能作用及呈现出的特征尚有差异，这种差异将会直接影响区域及小城镇的发展，因此对大都市地区小城镇的职能作用、发展特征、发展模式与动力机制的精细研究至关重要。

2.6.2 大都市地区地域结构的研究

我国现代城市空间结构模式的研究多侧重于对大城市都市核心区地域结构模式的研究。早期学者将大城市地域结构模式总结为同心圆环状向外扩散的核心圈层地域模式，表现出单中心城市空间结构特征。而伴随着高速城镇化进程，城市空间规模发生巨变，有学者对传统大城市地域结构进行了适当修正，提出多中心分散式城市地域结构模式，以应对大都市地区的城市空间发展需要（武进，1990；胡俊，1995；张京祥，2000；冯健，2004）。

而对于大都市地区城-镇-村多级网络空间结构模式的研究相对较少，且偏向于个体视角。如谢守红（2004）基于健康城镇网络体系视角提出多中心网络状空间模式；冯艳、黄亚平（2013）基于对大都市地区空间发展客观过程的解析，提出簇群式空间结构模式；段禄峰（2010）从城乡一体化视角提出大都市地区应构建核心-外围一体的城镇地域结构模式。

2.7 小城镇收缩研究现状评述

（1）目前对小城镇个体收缩的研究多采用城市收缩的理论。当小城镇作为一个结构与功能层级整体出现时，相关研究甚少，因此有必要建立针对小城镇收缩这一完整问题界域的理论研究框架。

目前国内外学者在城市收缩定义、表征、类型及计量方法方面积累了初步研究成果，然而，对小城镇收缩问题的研究（在收缩的界定、收缩特征及收缩规律等方面）依旧套用城市收缩的理论。由于小城镇在人口、空间、社会、经济四个方面与城市存在较大的差别，城市收缩的特征、规律与判定标准并不完全适用于小城镇；而且小城镇收缩问题更多的是一个结构与功能层级的群体性问题。城市收缩理论在解释一定地域空间范围内受极核效应影响的小城镇群体复杂的结构性收缩现象时明显缺乏针对性，因此有必要对小城镇收缩特征及机制进行深化探索，补充完善对小城镇收缩进行科学解释的理论框架。

（2）现有小城镇收缩现象的研究多为定性的现象描述，对小城镇收缩特征的定量识别、小城镇收缩的规律及小城镇群体收缩特征机制与影响的相关研究有待深入。

目前国内学者针对小城镇收缩的研究多为对个体收缩现象的描述，关于小城镇收缩特征的定量判断一般以单指标（人口）测度为主，缺少针对小城镇收缩特征的多指标综合性定量判断，因此难以准确发现小城镇收缩的规律。此外，小城镇个体间的收缩差异在群体比较中呈现出非均衡收缩现象与特征，其深层意义与影响边界何在？未来走势如何？有没有收缩的极限？若有的话，其时空临界点在哪里？收缩的极限是增长的开始还是消亡的标志？特定空间界域内小城镇收缩是否存在最终恒定状态和最优状态？最终与最优状态能否合一？基于这些疑问，对大都市地区具有结构与功能层级意义的小城镇群体的非均衡收缩特征、机制及其持续影响的定性与定量化的研究都亟待深入与加强。

（3）相关理论在小城镇层面的实践尚显匮乏，对收缩小城镇状态的综合评价研究缺失，影响对大都市地区收缩态势下小城镇新型职能作用的科学定位。

针对收缩现象的非均衡理论、区域分工理论及精明收缩理论的研究多集中在城市群、县域及乡村层面，缺少以小城镇为对象的理论研究。同时现有研究在都市区空间结构方面也做了积极的探索，但针对小城镇群体的发展-收缩的空间结构特征的探究有待加强。

此外，对大都市地区小城镇的职能作用、发展模式与发展特征的研究多侧重于增长主义视角下小城镇在区域中的位置与发展路径，缺少对小城镇在收缩过程中的结构性功能变迁的研究，也缺少针对呈现收缩特征的小城镇差异性职能分化、更新、优化的可能路径的研究。因此，有必要针对大都市地区小城镇收缩形势与特征下的小城镇结构性功能变迁问题，新型职能植入与差异化分工问题，以及适应大都市地区城乡协调发展要求的新型城-镇-村空间结构模式的新生路径等问题开展深化研究，以便进一步对大都市地区小城镇收缩发展和不同的收缩型小城镇未来的规划进行精准定位与科学指导。

大都市地区小城镇发展变化特征

小城镇在国家发展及我国城镇化进程中的地位虽然一直存在争议，但随着"小城镇、大战略"等发展方针策略的提出，小城镇在我国城镇体系中的地位得以明确与强化，成为推进我国城镇化进程的关键节点与促进城乡融合的重要空间载体。近年来，我国各地小城镇发展存在着非均衡差异。改革开放以后，在市场规律的作用下，以上海、广州、深圳、武汉等城市为代表的东部沿海地区和中部部分地区城市的城镇化速度加快，现代大都市的空间结构、功能定位以及城镇体系结构逐渐明晰。大都市地区小城镇的规模数量、职能作用、发展模式等也随着经济发展阶段、城镇化进程、政策方针的变化而发生主动性与被动性转变。在全国范围内呈现出由东到西密度逐渐降低的分布特征，并形成了诸如"苏南模式""温州模式""珠江模式"等符合当地特征的发展模式。我国地域广阔，区域间存在的地理格局、资源禀赋、经济发展阶段的差异导致小城镇呈现出典型的非均衡发展特征，例如东、中、西部小城镇在发展阶段与发展模式上存在差异，大都市地区与乡村腹地小城镇在发展水平上存在差别。中部地区依靠全国 10.7% 的土地，承载了全国 26.51% 的人口，是我国人口大区、交通枢纽及经济发展的第二梯队，在中国地域分工中扮演着重要角色。中部地区是我国乡村人口高输出地区，小城镇面临老龄化、空心化的问题。

在《促进中部地区崛起"十三五"规划》等发展政策的支持下，国家政策与资金向中部地区倾斜，大力支持武汉、郑州建设国家中心城市，发展壮大长江中游城市群与中原城市群，武汉、郑州等地小城镇受益于中部崛起的政策优势及大都市的辐射带动，具有优先发展的机遇，其发展存在着一定的特殊性。因此，本章从大都市地区入手，通过分析大都市地区发展变化过程中产业发展、职能定位、空间结构等方面的特征，分析大都市地区小城镇发展变化特征，并结合武汉市大都市地区的发展变化，对武汉市小城镇发展特征进行总结梳理，为小城镇收缩研究做前期铺垫。

3.1 大都市发展变化特征

城镇的发展与经济制度、政策方针密切相关，我国城镇发展经历了由计划经济向市场经济的转变，在这一过程中现代意义的大都市逐渐形成，与计划经济背景下的大城市相比，在空间结构、空间形态、经济产业发展模式以及职能分工方面产生较大的变化，这种变化主要体现在以下几个方面。

3.1.1 规模与辐射范围扩大，城乡差距缩小

计划经济向市场经济转变的过程中，大都市主要的变化表现为城市规模不断扩张、功能辐射范围增大以及社会经济一体化程度不断提升。虽然我国城镇发展在东、中、西部地区存在着时间上的差距，但大都市城市格局形成的过程中普遍经历过城市空间扩张与城市人口高速增长的阶段。城市的扩张包括了行政管辖范围的扩展与中心城区面积的扩张，而人口的增长则表现在人口总量变化层面。例如上海市通过行政区划调整，扩大了行政管辖范围；改革开放以后，浦东新区设立，上海市总人口高速增长且城镇化水平飞速提升（图3-1、图3-2）。

图3-1　1962—2005年上海市城镇化率变化图
（资料来源：上海市统计年鉴相关年份数据）

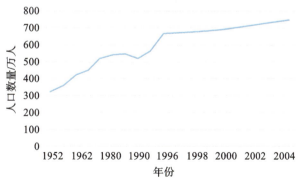

图3-2　1952—2005年上海市人口变化图
（资料来源：上海市统计年鉴相关年份数据）

同时，随着经济的发展，大都市地区中心城区范围不断扩大，在工业外迁、工业园区及开发区建设的影响下，中心城区呈"摊大饼"式扩张并不断压缩郊区空间。例如改革开放以后，在上海大都市地区发展的过程中，上海市73个工业开发区有66个分布在郊区，这些开发区一方面促进了人口的集中，扩大了城市的规模，另一方面也带动了城镇第三产业的发展[1]。在发展的过程中，武汉大都市地区也经历了面积扩张与人口增长的阶段。改革开放后，黄陂县与新洲县并入武汉，并在20世纪90年代完成了撤县建区的行政区划调整，形成武汉大都市基本空间格局（图3-3、图3-4）。2005年以后，武汉市出台一系列政策鼓励小城镇的发展，并在"十二五"规划中首次提出"工业倍增计划"，复兴大武汉。在一系列的政策方针引导下，武汉市颁布四大板块综合规划，促进工业企业集中分布，并控制都市发展区外围城镇工业园区的建设，城镇空间沿圈层和主要干道扩张，光谷等片区被纳入中心城区范围，中心城区范围扩张，形成当前大都市空间格局雏形，真正意义上的武汉大都市地区初步形成。

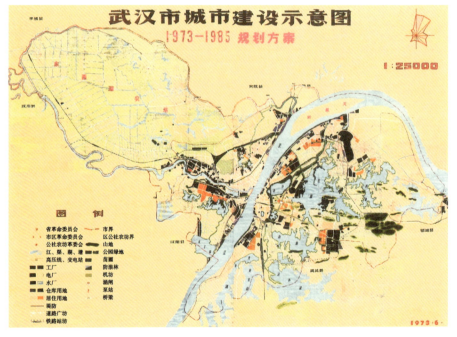

图3-3　武汉市城市建设示意图（1973—1985规划方案）
（资料来源：《武汉百年规划图记》）

---

[1] 殷文杰. 大都市郊区发展的理论与实践探索——以上海郊区发展为例[D]. 上海：华东师范大学，2007.

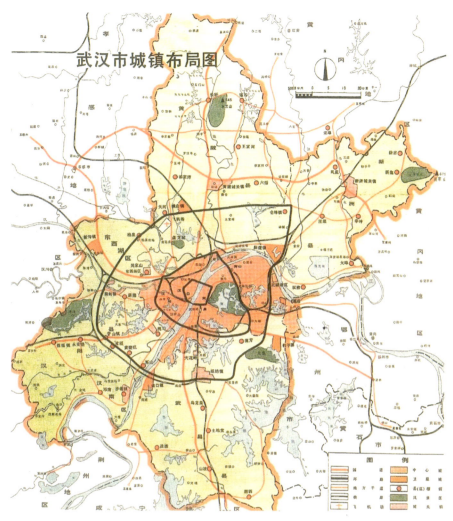

图3-4 1988年武汉市城市规划结构示意图
(资料来源:《武汉百年规划图记》)

大都市地区初步形成后,城市的功能辐射范围逐渐扩大,且经济社会一体化程度不断提升。随着市场经济的进一步推进,大都市部分工业企业外迁,在城市郊区化和郊区城市化的共同作用下,城郊之间的差距逐渐缩小。以广州市为例,改革开放初期,广州市区非农人口占比为81.4%,郊区非农人口占比为20.7%,随着工业外迁及"三来一补"企业和"三资"企业的进入,城郊工业产业迅速发展。到1999年,市区非农人口占比与郊区非农人口占比间的差距缩小至51.1%,郊区城镇化水平快速上升[1]。 随着大都市地区乡镇企业的发展以及工业企业的转移，小城镇获得了前所未有的发展机遇。 20世纪90年代末，大都市地区小城镇发展迅速，城镇人口比重上升的同时，也将城市生产生活方式和城市文明引入广大乡村地区。 随着改革的不断深化，农村商品经济也同样得到了快速发展，消费品长期供给不足的状况得到了有效缓解。 大都市地区农民生产、生活消费需求的快速增长，促使小城镇提升服务重要节点的能力。 道路交通设施向乡村地区的延伸以及公共服务设施的投放强化了大都市地区经济社会一体化程度。

3.1.2 核心区转型发展，部分产业向近郊小城镇转移

大都市经济产业发展的主要变化是产业发展由工业带动向服务业引领转变。 计划经济体制对劳动力的生产能力有一定的抑制作用，随着改革开放的不断推进，在市场的作用下，城市的生产效能得到有效的释放。 一方面，企业可以自由选择生产地点；另一方面，劳动力可以根据个人需求自由选择就业方式和就业地点。 工业文明与现代商业文明在我国城市中高度集聚且蓬勃发展，我国东部与中部的部分城市人口及经济增长迅速，步入大都市时代。 当城镇化发展到一定阶段时，大都市经济产业发展也会发生相应的改变。

改革开放初期，消费品缺口与农村经济制度改革释放的大量劳动力共同刺激了制造业的发展，大型工业企业与乡镇企业蓬勃发展。 例如，武汉市在1991年获批成为沿江对外开放城市，国内外资金、技术向武汉集聚，为乡镇企业发展奠定了基础。 在政府的引导下，乡镇企业相对集中和连片发展，进一步促进了生产要素向小城镇集中。 武汉市乡镇企业基本完成了资本的原始积累，开始从农业工业向现代工业转变，经济总量快速增加。 1993年以来，武汉市着力推动乡镇企业快速发展，开展评选武汉市优秀乡镇企业的活动，极大调动了乡镇企业的积极性。 而乡镇企业自身也不断从外部市场寻求新的发展机遇，向现代工业过渡，并进入高速发展阶段。 至1997年，武汉市乡镇企业增长至129589家，从业人员达到84万多人，营业收入927.11亿元，总产值高达1058亿元，是1993年的6倍（图3-5、图3-6）。

为了改变"村村冒烟，遍地开花"分散无序的低效发展模式，武汉市大力推动乡镇企业向集中连片的工业区转变。 通过"三上"战略，引导乡镇企业朝着"上规

---

[1] 谢守红. 大都市区空间组织的形成演变研究[D]. 上海：华东师范大学，2003.

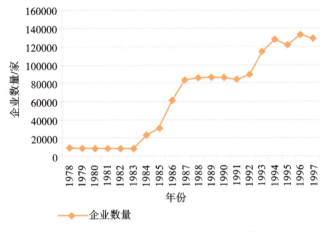

图 3-5 武汉市小城镇乡镇企业数量变化示意图
（资料来源：《武汉市小城镇发展专题研究》）

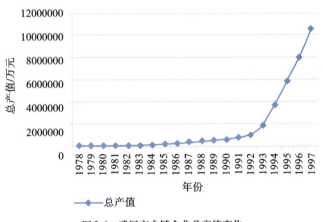

图 3-6 武汉市乡镇企业总产值变化
（资料来源：《武汉市小城镇发展专题研究》）

模、上档次、上水平"的目标发展。截至1997年，武汉市共建工业园区39个，规划面积2.7万亩（1亩约为666.67 m²），厂房面积42.8万 m²，累计基础设施投资4.6亿元。在工业园区建设及乡镇企业的带动下，武汉市小城镇高速发展。大都市地区乡村剩余劳动力向非农产业转移，大都市乡村地区农业从业人员比例大幅下降。例如，上海大都市地区在1979—2005年间农业从业人员占比下降了29%，建筑、工业、交通运输、批发零售行业的从业人员占比分别增加了1.35%、22.91%、0.98%、4.24%。

2000年以后，由于中国城镇化速度的不断提升，大都市核心区在完成了初始阶段的资本积累后，受城市发展空间的限制，为了满足居民的生活需要，继续保持高速发展，提升自身在区域乃至世界市场中的竞争力，开始逐步向以服务业为主导转型。这期间工业产业逐渐向近郊转移，开发区建设成为城镇发展新的增长点。这里以上海市和广州市为例。2000年以后，上海市凭借其优越的地理区位条件及先发产业基础，吸引了大量的国内企业和外商前来投资办厂，截至2006年，上海市中心城区外围各区级工业园区开发率接近100%，甚至超出了原有规划面积。浦东新区成立后，大都市城镇化年增速从0.7%左右提升至1.8%左右，极大地推动了大都市地区城镇化进程。2006年，上海市第三产业占比达50.6%，逐渐成为城市新的核心经济增长点。同时上海市政府开始着手着力打造以生产性服务业为主的第三产业，主城区通过"退二进三"大力发展以金融服务、商贸服务为主的金融产业。广州市地处改革开放前沿地区，外商进入时间较早，早在2003年，广州市国家级开发区数量已达到7个，市、区一级的开发区有20多个，镇级开发区则有100多个，这些开发区成为外商投资、产业转移、高新技术等的集聚地，在吸引资本的同时也吸引了大量劳动力与商贸服务产业集聚，极大地提升了城镇发展水平。

3.1.3 极核式发展向多中心联动转变，小城镇职能分化并开始融入大都市分工网络

大都市地区发展演变的另一个重要特征是空间结构逐渐向多中心联动发展转变，城市空间结构由简单向复杂转变。

如前文所述，在中心城区扩散效应的影响下，大都市地区工业产业向近郊迁移带动了大都市郊区发展，在近郊地区形成了新的增长极。2000年以后，上海市工业产业从市区向外围转移，郊区耕地面积逐渐减少，城市用地不断向外扩张（图3-7）。

改革开放以后，上海市着手培育外围新城，从1985年的"沿江两翼+7个卫星城建设"，到2001年的"多轴、多层、多核"的空间结构，2003年"多心多核+五大经济区"的空间结构调整，在2006年总体规划中构建了以"中心城-新城-中心镇-中心村"为核心的"1966"（1个中心城、9个新城、60个左右的新市镇、600个左右的中心村）都市城镇体系，再到2009年提出了"一轴、两链、多核"的城市地域空

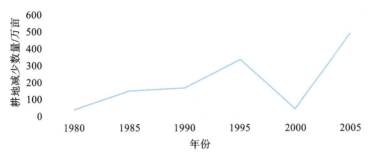

图 3-7 1980—2005 年上海市每五年耕地减少数量变化图
（资料来源：上海郊区统计年鉴）

间结构，最终，上海市形成了当前的"一主、两轴、四翼；多廊、多核、多圈"的网络化、多中心的空间体系。从上海大都市地区空间演变历程可以看出，随着经济产业发展以及城镇化水平的不断提升，大都市地域空间结构通过调整和完善正朝着"轴向带动、多核多心"的网络化、复杂化与紧密化方向转变。

广州市位于改革开放的前沿地区，在多中心空间结构的构建方面一直在做不同的尝试，从 20 世纪 90 年代末"两主八副，多中心"的"双子星城市中心体系"到"一主六副八大新城"的层级化格局，再到 2011 年提出的"一个都会区、两个新城区、三个副中心"的多中心组团，在 2018 年的国土空间规划中提出构建"一脉三区、一核一极、多点支撑、网络布局"的空间布局要求，确立了构建多中心层级化的紧凑组团与有机舒展型适应性城市空间相结合的城市格局。

武汉市大都市地区空间演变同样是朝着多中心网络化目标转变，《武汉市城市总体规划（1996—2020 年）》中提出了"1+7"的城市地域结构构建目标。但由于城市发展方向的偏离，2010 年，武汉市开始调整空间发展模式，向"1 个主城+6 个新城"转变。近年来，武汉市以一小时交通通勤圈为基础，构建武汉大都市区。在既有"1 个主城+6 个新城"的城市空间格局的基础上，升级形成"1 主城、1 副城、3 个新城组群、1 个未来城市"的开放式、多中心、网络化空间结构。

通过上海、广州、武汉三个大都市地区空间结构演变的历程可以看出，在大都市地区城镇发展的过程中，空间结构逐渐由传统的同心圆结构或扇形结构向多中心、网络化、开放式结构转变，大都市城镇系统的网络化程度和复杂程度不断提升。

3.2 大都市地区小城镇变化特征

大都市地区小城镇受大都市地区管辖，因此其发展与演变的过程与大都市发展密切相关。大都市地区小城镇不同于一般地区小城镇，在区域分工与都市区极核发展引力的共同作用下，其发展变化具有一定的独特性，主要体现在以下几个方面。

3.2.1 资源要素流动方式的转变造成小城镇收缩与增长并存

随着大都市地区空间结构向多中心、网络化、开放式转变，大都市城镇网络结构体系复杂度提升，由传统的中心城区-乡镇-中心村向主城区-新城-新市镇-乡村模式转变，网络节点丰富度提升，且资源要素在复杂多元的网络结构中自由流动，打破了传统要素流动的封闭性。

城镇体系结构的转变改变了小城镇和城市以及小城镇和乡村之间的关系。大都市地区四级城镇体系的构建加强了小城镇与城市间的联系，新城是指在大都市地区具有一定人口规模且发展势头强劲的城市，如果说大都市核心区是特大城市，那么新城则可以理解为大城市。新城的建立将中心城区的极化引力有效分解到区域若干节点，并形成新的增长极，影响与带动各个片区的发展。一方面使区域发展相对均衡；另一方面，使小城镇与城市间的相互作用变得更加紧凑多元，既可以受中心城区直接影响，也可以受新城的引领带动，发展模式多样。新市镇替代了传统城镇体系中的乡镇。与传统小城镇相比，新市镇主要职能在于依托小城镇自身的资源禀赋与发展特征，高效整合镇村资源，合理引导镇村对接城市，使小城镇成为乡村就地城镇化的重要空间载体。大都市地区四级城镇体系可有效消解城乡二元对立，并通过阶梯状分布的新体系，打破大都市地区发展过程中中心城区与郊区在发展方面的对立局面，并合理地完善大都市地区服务体系，集聚新产业，疏导城市功能，弥补城镇化进程中的不足。上海市早在 2006 年就提出了 "1966" 四级城镇体系建设的构想，规划在市域范围内打造 1 个中心城、9 个新城、60 个左右的新市镇、600 个左右的中心村。其中，新城规划容纳 60 万～100 万人口，新市镇则按照 5 万人的人口规模打造，对资源条件良好且发展潜力足的新市镇按照 15 万人的人口规模打造。

在 2017 年颁布的总体规划中，上海市对四级城镇体系进行了进一步完善，将新市镇按照功能特点和职能差异细分为核心镇、中心镇、一般镇三级，突出新市镇统筹镇区、集镇和周边乡村地区的作用，并鼓励新市镇依托自身资源优势，因地制宜发展特色产业，实现产城融合发展，促进地区城乡一体化发展。在城镇职能方面，对不同类型的城镇进行分类引导，核心镇按照不低于中等城市标准进行设施建设和服务配置，突出人口集聚能力；中心镇按照中等城市标准进行设施建设和服务配置，强化综合服务和特色产业功能，注重生态保护与空间管控，控制人口增长；一般镇主要为城镇化水平较低的城镇，按照小城市标准进行服务设施配置，强调农业服务职能，满足乡村基本公共服务和就业需求，引导农民集中居住。

随着大都市地区城镇体系的不断丰富与完善，资源要素在镇村、镇城之间流动的封闭性被打破，资源要素在大都市地区各级城镇节点中自由流动（图 3-8）。计划经济时期在传统的城-镇-村三级体系中，资源要素沿着垂直的城镇体系结构单向传导，人流、物流、资金流等要素受地理空间的限制在各个层级节点间堆积。随着大都市地区经济产业的不断发展，工业向郊区迁移，乡镇企业在小城镇集聚，导致

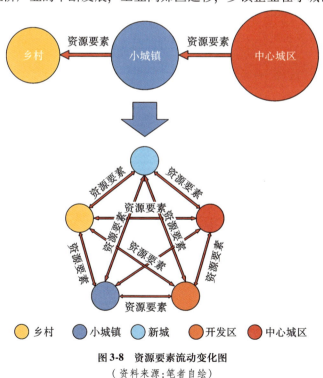

图 3-8 资源要素流动变化图

（资料来源：笔者自绘）

小城镇在区域发展中具有很强的吸引力。尤其是小城镇相比中心城区，低廉的定居成本和空间距离优势对乡村人口产生了强大的吸引力，小城镇逐渐成为城镇体系中的重要节点，资源要素的流动主要表现为镇村间人口的流动以及镇城间经济要素的流动，但资源要素的流动仍旧局限在垂直的城镇体系结构中。随着外部经济环境的转变及四级城镇体系的构建与完善，城镇体系由垂直化向网络化转变。受政策及市场规律的影响，大都市地区工业企业逐渐向开发区和新城转移，造成小城镇产业发展活力下降。同时，新城和不同类型新市镇的出现使乡村向城市的过渡变得更加平缓，大都市地区的各类资源要素的越级流动变得更加容易。因此，现阶段小城镇对人口等资源的吸引力远不及乡镇企业蓬勃发展时期，相反，由于户籍制度的松动，主城区、新城等城镇体系节点对人口的吸引力大幅上升（图3-9）。

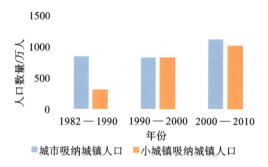

图3-9　1982—2010年城市及小城镇吸纳城镇人口数量示意图
（资料来源：国家统计局）

目前，在以代际分工为主的工农兼业的乡村社会结构下，乡村地区人口迁移决策更多的是以家庭收益最大化为目标，大都市地区乡村居民复杂的需求造成了人口复杂多样的流动模式。乡村地区居民可以在一般镇、重点镇、新城及中心城区间自由选择工作地点与居住地点，企业同样可以根据自己的需求自由选择经营地点。这种变化一方面导致了镇村关系出现松动和瓦解，小城镇对资源的吸引力与其空间发展严重不匹配；另一方面也打破了传统垂直化城镇体系结构对资源流动的束缚，使资源在节点丰富的城镇体系网络中自由流动。

3.2.2　工业产业向园区定向集聚，乡镇企业和小城镇数量逐渐减少

大都市地区小城镇发展变化的另一个重要特征是乡镇企业和小城镇数量逐渐减少，小城镇发展水平两极分化。随着大都市地区发展以及政策方针的转变，大都市

地区小城镇总量大多经历了先增后减的变化过程。

1980年，国务院开始实行"划分收支、分级包干"的财政制度，通过权力下放的形式扩大了地方财政的自主权，逐步激活了地方市场和经济活力。同时家庭联产承包责任制极大地提高了农业生产效率，解放了大量的农村劳动力，带活了农村经济。1980年，《全国城市规划工作会议纪要》提出"控制大城市规模，合理发展中等城市，积极发展小城市""依托小城镇发展经济"的发展路线，小城镇在我国城镇体系发展中的地位逐渐提升。

1982年，我国政府重新确立了乡镇的地位，明确规定乡镇为我国的基层组织，乡镇作为连接城乡的桥梁与纽带，开始逐步复苏。

1984年，十二届三中全会通过《中共中央关于经济体制改革的决定》后，我国逐渐拉开由计划经济向市场经济变革的序幕。这一时期乡镇企业蓬勃发展，吸引了大量从土地上解放出来的农村劳动力，推动了小城镇的建设。

在1985—1991年间，我国城镇发展的重点以发展新城镇为主，通过撤、扩、并等方式推动小城镇的发展，允许农村剩余劳动力进城务工经商，促进农村剩余劳动力向小城镇的转移。

1994年，国家六部委联合发布《关于加强小城镇建设的若干意见》，建设部启动了"625"试点工程，选择经济实力较强、乡镇企业起步较早的小城镇作为乡村城镇化试点。武汉市黄陂区滠口镇入选首批试点小城镇。同年，中央农村工作会议上明确指出要促进乡镇企业相对集中和连片发展，从而带动小城镇的发展。

1998年，《中共中央关于农业和农村工作若干重大问题的决定》提出"小城镇，大战略"的议题，《中华人民共和国国民经济和社会发展第十个五年计划纲要》提出"有重点地发展小城镇"的策略。在国家政策自上而下的支持下，这一阶段全国小城镇的数量跨越式增长，建制镇的数量从2968个增长到20374个。都市地区小城镇数量在这一时间也有所增加，例如上海市建制镇数量从1992年的46个增长到1995年的208个（图3-10、图3-11）。随着大都市地区乡镇企业数量的增长，小城镇飞速发展。

1997年以后，亚洲金融危机爆发，国际形势不断变化，而中国成功加入世界贸易组织更是加快了对外开放的进程，外资企业大举进入中国市场，中心城区进一步扩张，乡镇企业出现衰败的情况。以武汉市为例，武汉市乡镇企业主要以建材、化工、机械、冶金、建筑、纺织等产业为主。在国内需求提升与外部竞争压力增大的

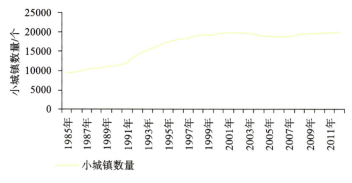

图 3-10　1985—2011 年间全国小城镇数量变化

（资料来源：笔者根据全国乡镇数据自绘）

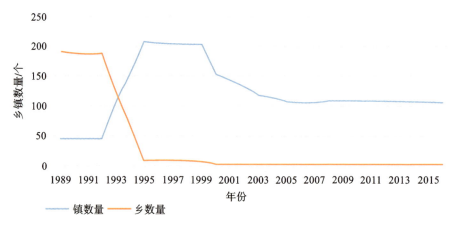

图 3-11　1989—2016 年间上海市乡镇数量

（资料来源：笔者根据上海统计年鉴自绘）

双重打击下，乡镇企业发展速度下降。部分乡镇企业由于产品无市场、设备老化、资金短缺或资不抵债等问题陆续倒闭。2001 年，武汉市乡镇企业数量下降至108806 家。虽然乡镇企业逐渐出现衰败的现象，但由于小城镇的发展在城镇化进程中有重要作用，武汉市响应国家的方针政策，于 2004 年发布《关于加快小城镇建设的意见》，启动第二轮小城镇综合改革，不断加大远城区城关镇、重点镇基础设施建设和城镇环境综合整治力度，显著改善与提升城关镇、重点镇的形象地位，引导远城区城关镇逐步向中小城市发展，城镇建设投资向重点镇倾斜以发挥集聚效益。2008 年颁布的《中共中央关于推进农村改革发展若干重大问题的决定》中明确要求"促进大中小城市和小城镇协调发展，形成城镇化和新农村建设互促共进机制"。2011 年，我国城镇化率首次突破 50%。在中国城镇化路径选择问题上，学术界曾出现过"大城市"与"小城镇"的争论。在2013年发布的《中共中央关于全面深化改革若干重大问题的决定》中明确强调"坚持走中国特色新型城镇化道路",并在2014年颁布的《国家新型城镇化规划(2014—2020年)》中明确提出"以城市群为主体形态,推动大中小城市和小城镇协调发展"的路径。大都市地区小城镇由重点发展向城乡协调发展转变。上海、广州、武汉等大都市随着城镇体系的完善,空间结构向多中心、网络化转变,产业不断向新城和产业园区集中,小城镇的乡镇企业逐渐没落,部分小城镇失去发展活力。

1999年以后,上海大都市地区小城镇数量开始逐年下降。2000年以后,武汉大都市地区小城镇数量和乡镇企业数量也开始下滑,截至2003年末,武汉市乡镇数量调整为21个镇、16个乡。其中人口超过4万人的小城镇共有7个,6个是城关镇。远城区城关镇建成区平均规模达到8.87 km^2,人均道路面积15.9 m^2。远城区小城镇镇区人均居住面积27.9 m^2,高于同时期武汉市城镇人均居住面积。2004年,武汉市对辖区内乡镇进行调整,对部分人口减少、发展缓慢的乡镇进行合并,并开始着手将乡镇一级政府调整为街道办事处。2017年,武汉市已基本完成乡镇一级政府向街道办事处的行政转换,远城区所辖镇与乡(除木兰乡、凤凰镇等地区以外)已全部转换为街道(表3-1)。截至2017年,武汉市小城镇行政区划及发展模式基本稳定。受区位、政策、资源等方面的影响,武汉市小城镇呈现出区域非均衡发展的态势,小城镇的发展动力、职能作用在武汉市城镇发展的过程中发生了转变。

表3-1 武汉市各级政府机构数量变化一览表

年份	城区	乡政府	镇政府	街道办事处	社区居委会	村民委员会
2004年	13	15	19	119	1066	2052
2017年	13	3	1	156	1337	1814

(资料来源:《武汉市统计年鉴—2004》,《武汉市统计年鉴—2017》,武汉市统计局)

武汉市在"十二五"规划中首次提出"工业倍增计划"并谋划进入GDP万亿俱乐部,提出复兴大武汉的战略设想,并计划在距离中心城区10~20 km范围内构建重要功能板块。2014年出台的四大板块综合规划进一步强调产业集聚、空间集中与用地集约的发展要求,尤其是限制位于高效、特色农业圈层小城镇工业产业的发展，重点投入公共服务设施和基础设施建设，土地资源向都市发展区高度集中。2006 年后武汉市新增建设用地集中于主城区与都市发展区，沿交通走廊呈轴向拓展，都市发展区以外城镇新增建设用地较少。 建设用地划拨的不足直接造成了外围具有一定发展基础的街道难以在城镇发展中发挥重要作用，使产业发展受限，部分乡镇呈现出发展衰败的态势。 2005 年武汉市人均 GDP 达到 26238 元，居民的基本生活需求得到满足以后，开始进一步追求高质量的消费，近城的观光旅游、休闲度假旅游成为新的发展趋势。 武汉市内蔡店、姚家集、长轩岭、木兰、李集等自身山水资源具有一定优势的乡镇凭借得天独厚的环境逐步发展成为有特色的旅游型乡镇。 2011 年以后，武汉市都市发展区外围乡镇逐渐转变发展思路，通过农旅结合、扶贫开发结合等模式，重点发展休闲旅游业，并形成了各具特色的乡村旅游产业，带动小城镇发展。

3.2.3 供需关系结构性失衡，小城镇部分功能弱化

大都市地区小城镇在发展的过程中普遍存在着供需关系结构性失衡的现象。 一方面，小城镇生产了大量的中低端产品；另一方面，在更大的区域范围内所产生的中高端需求难以得到有效满足[1]。 在住房城乡建设部对全国 31 个省份小城镇的抽样调查中，发现小城镇普遍存在着产业规模小、产业层次低、就业带动弱等问题。通过调研发放的 1.2 万份调查问卷得出，35.2% 的小城镇居民对小城镇提供的就业机会不满意，21.5% 的居民对小城镇产业发展潜力表示不满，另有 19.4% 的居民对小城镇的基础设施不满意。

改革开放以来，小城镇的存在一直被定位为对接城市、服务乡村，但随着大都市地区发展，大都市核心区和新城对资源的吸引能力逐步增强，同时大都市地区产业不断升级，对生产技术水平的要求不断提升。 然而由于小城镇劳动力技术水平较低，乡镇企业创新能力不足，因此大都市地区大部分小城镇依旧以中低端产品生产为主，例如水泥建材产业、工矿产业、纺织产业，多是相对独立的产业，在实际发展中并不能很好地承接中心城区的产业转移。 由于产能过剩及市场竞争等因素，这些中低端产业发展的局限性增强，发展乏力，对接城市的作用难以有效凸显（图3-12、图 3-13）。

---

[1] 彭震伟.小城镇发展作用演变的回顾及展望[J].小城镇建设，2018，36（9）：16-17.

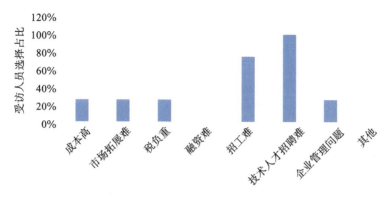

图 3-12　武汉市乡镇企业发展制约因素
（资料来源：笔者根据武汉市小城镇乡镇企业访谈自绘）

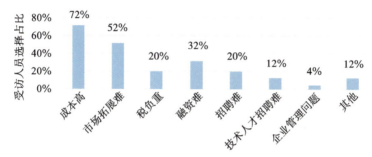

图 3-13　制约全国小城镇乡镇企业发展因素分析
（资料来源：笔者根据全国小城镇调查问卷自绘）

一方面是小城镇中低端产能供给，另一方面是大都市地区中高端产业扩散的需求，两者之间供需的错位造成了小城镇对接城市的定位在大都市地区很难实现。但对接城市仅仅是小城镇发展的手段，小城镇在城镇体系中另一个重要职能是引领与服务乡村，然而由于小城镇公共服务设施供给和居民生活需求间的错位导致小城镇服务职能下降。

（1）随着大都市地区经济的不断增长，大都市核心区居民人均收入不断增加。而随着服务业的不断发展，在大都市核心区和新城不断涌现出越来越多的对学历与专业技能要求较低的就业岗位（如快递、网约车、外卖、餐饮服务等），这些就业岗位对小城镇及乡村居民产生了极大的吸引力。一方面是劳动力被中心城区大量服务业就业岗位和相对丰厚的工资供给吸引；另一方面是乡镇企业就业岗位需求下降，工资较低。在合力的作用下，小城镇生产职能逐渐下降，大量剩余劳动力向中心城区转移。

（2）小城镇的公共服务供给与居民生活需求间存在着供需结构性失衡。大都市地区对小城镇的公共服务配置大多是采用自上而下的均衡配置模式，重点在于公共服务数量上的空间均衡配置，以满足小城镇及乡村居民的基本生活需求。但随着小城镇及乡村居民收入水平的提高，居民对公共服务质量的需求有所增加，小城镇在公共服务配给上难以满足居民的日常需求。

3.3　武汉市小城镇发展演变特征

3.3.1　工业园区的发展影响了小城镇的兴衰

在武汉都市区小城镇发展的过程中，工业园区的建设是其发展的直接驱动力，小城镇的增长与衰退同工业园区的建设密切相关。1949年之后，武汉小城镇处于调整变化阶段，为落实国家"156项重点工程"以及实现武汉市"200项"工业计划，武汉市于1954年开辟了青山、中北路、石牌岭、白沙洲、堤角、易家墩、庙山7个工业区，1959年又新增了关山、余家头、七里庙、唐家墩、鹦鹉洲5处工业区和葛店化工区[1]，并选择一些中小城镇和卫星城镇作为工业基地。受国家级和市级工业园区建设的影响，建设用地需求缺口扩大，外来援建人员、家属以及新企业自主招工扩充劳动力使武汉市的人口激增。然而，武汉市行政区划面积有限，人口大量集中在中心城区，郊区农业生产人口较少，难以与武汉大规模工业建设相匹配[2]。武汉市只能通过频繁的行政区划调整以吸纳周边县城的乡镇来扩大行政版图，支援工业园区的建设。因此，在第一个阶段，武汉市小城镇数量的增长是国家级与市级工业园区建设驱动下行政区划扩张的结果。

改革开放后迎来了小城镇的恢复发展期。武汉市依托建国初期的工业发展基础，鼓励市区内工业园区向郊区外迁，以城带乡，带动郊区发展。这一时期乡镇企业数量激增，小城镇工业园区建设如火如荼。受自下而上乡镇企业发展的影响，武汉市小城镇迎来了第二轮增长。随着武汉经济技术开发区、东湖新技术开发区等位于中心城区周边的国家级工业园区的建成，武汉中心城区工业企业向工业园区迁

---

[1] 吴之凌，胡忆东，汪勰，等.武汉百年规划图记[M].北京：中国建筑工业出版社，2009.
[2] 李艳.建国后（1949—2009）汉阳地区城市空间形态演变研究[D].武汉：武汉大学，2015.

移，新落户的企业向工业园区集聚，几大工业园区在中心城区周边形成了新的增长中心，逐渐带动周边重点镇与中心镇发展。劳动力、社会资本、技术力量等生产要素短时间向具有资源优势、区位优势、政策优势、产业优势的工业区、工业板块流动集聚，周边小城镇在新建国家级工业园区扩散效应的影响下快速发展，而远端小城镇则由于极化效应导致的产业资源及劳动力资源外流，失去原有的发展活力而逐渐衰败。因此，工业园区的发展建设对武汉都市区小城镇的影响贯穿武汉市小城镇发展的全过程，是影响武汉都市区小城镇兴衰的核心要素。

3.3.2 小城镇存在城市社区与乡村社区两大演变方向

大都市地区小城镇地处都市核心区与城郊农业地区之间，其发展与演变存在着两个方向，即随着区域生产网络与产业分工格局的变化，主动承接城市产业转移，转变为城市社区；自身资源向中心城区、重点镇及中心镇转移，发展为仅以服务周边乡村为主的乡村社区。小城镇的两个发展方向由小城镇自身的资源禀赋以及外部政策方针决定，并且是不确定的、可逆的（图3-14）。

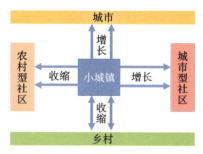

图3-14 大都市地区小城镇演变图
（资料来源：根据资料改绘）

就武汉市而言，小城镇的资源禀赋包括了自身的自然资源、人文资源、与主城联系程度、人口数量、用地规模、资源环境承载能力等。从武汉市小城镇的发展历程来看，大都市地区小城镇在大都市地区集聚发展的过程中具有优先发展的机遇。但由于城市中心的强极化效应，资源往往越过小城镇直接进入城市中心地区，周边的小城镇的资源也会流向城市中心[1]。发展初期，在政策及资金的扶持下，凭借中心城区良好的区位条件及公共服务优势，企业在中心城区周边落户。由于中心城

---

[1] 张京祥，庄林德. 大都市阴影区演化机理及对策研究[J]. 南京大学学报（自然科学版），2000（6）：687-692.

区受限于城区面积及劳动力数量，于是通过向周边乡镇扩张来补充用地与劳动力资源，周边乡镇得到优先发展。而随着企业工人居住区建设及工业园区建设的不断推进，周边乡镇发展水平逐渐比肩中心城区，进而划入中心城区范围，完成向城市社区转变的过程。以青山区最为典型，1954年武钢选址青山区并动工建设，为保障国家"156项重点工程"建设，在政策的调控下，将当时属于郊区范围的洪山区的7个乡镇划归青山区管理，为武钢建设提供土地与劳动力保障。在政策的大力扶持下，武钢快速成长，吸引了大量劳动力就业，技术援助专家及企业工人又带来了大量家属，因此武钢不断扩建工人村，并设立了学校、医院、商场等设施，青山区在武钢的带动下，发展水平逐渐向中心城区靠拢。1957年，青山区被正式划为中心城区范围，并将农业地区划归郊区，完成了小城镇向城市社区的转变。武汉市小城镇后续的发展与主城区城市空间的拓展大多延续这一路径。在乡镇企业蓬勃发展的阶段，武汉市区位条件较好的小城镇凭借其区位资源优势获得了良好的发展机遇，沿交通干道形成了几条小城镇发展带。

在乡村旅游逐渐兴起的时代，武汉都市区范围内资源条件较好的小城镇充分发挥自身资源优势，逐渐形成了各具特色的乡村休闲旅游型小城镇。以旅游资源为主的小城镇多远离主城区，生态环境较敏感，难以像工业型小城镇一样提供大量的就业岗位。但这类小城镇也正是由于其乡土特征与主城区形成差异化发展的路径，激发了城市居民的乡土情结，从而获得旅游发展机遇，自身资源优势决定了其未来向服务周边乡村及旅游点的乡村社区转变。另一种受自身资源及政策方针影响向乡村社区转变的小城镇是自然资源普通、地处中央圈层、依靠乡镇企业发展的一批小城镇。这些小城镇由于自身自然资源平庸，无法在休闲旅游产业中形成特色。它们受工业产业集中发展等一系列政策方针的影响，工业向主城区周边大型工业区集聚以后，在后续的招商引资中难以获得优势的吸引外来企业。而中心城区的扩散效应在一段时期内又很难惠及这些小城镇。因此这类小城镇的剩余劳动力资源大量外流，原有乡镇企业在市场中逐渐衰败，新增建设用地的划批也鲜有涉及。例如新洲区孔埠镇，原为倒水河沿线重要小城镇。1984年，武汉市以"两通"（商业流通和交通流通）为突破口推动小城镇建设，其获得了发展机遇。随着阳逻工业园区的发展建设，孔埠镇因离汉施公路较远发展受限，乡镇企业逐渐衰退，劳动力外流，人口在2000—2004年间逐渐下降。后与汪集镇合并为汪集街道，外来工业企业及新建设的商业服务业向原来的汪集镇镇区集中，原孔埠镇镇区发展为以居住为主的大型乡村社区。这类小城镇在武汉市普遍存在，多呈现出人口减少、土地利用低效等特征。后续的发展中，为提高城镇政府的行政管理效率和城镇发展效率，这类小城镇多以乡村社区的形式与周边其他小城镇合并。

3.3.3 小城镇人口流动性强，土地利用低效

大都市地区小城镇作为解决我国半城镇化问题的重要空间载体，受城市集聚效应和扩散效应的影响，往往表现出半城镇化的发展特征。这一发展特征包含了两个方面：人口的半城镇化及用地的半城镇化。

1. 人口的半城镇化

城镇化的本质是人口在空间上向城市地区的集聚，在我国城镇化发展的过程中存在着半城镇化的现象，而人口的半城镇化又是这一现象的重要表现。半城镇化人口大多是指进城务工，但无法享受城镇户籍及所附带的社会保障和基本公共服务的群体[1]。我国城镇目前有1/3的群体处于这种"非农、非城"的状态。学术界为了准确地反映这一现象，以人口的半城镇化率（即常住人口城镇化率和户籍人口城镇化率之间的差值）来量化半城镇化人口现象[2]。2017年，在武汉市6个远城区当中，除东西湖区常住人口城镇化率低于户籍人口城镇化率以外，其余各区常住人口城镇化率均高于户籍人口城镇化率（图3-15）。

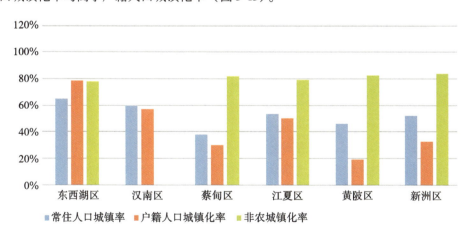

图3-15 2017年武汉市远城区人口城镇化率水平图
（资料来源：《武汉市统计年鉴—2017》，武汉市统计局）

---

[1] 王春光. 农村流动人口的"半城市化"问题研究[J]. 社会学研究，2006（5）：107-122，244.
[2] 李爱民. 中国半城镇化研究[J]. 人口研究，2013，37（4）：80-91.

可见在武汉市 6 个远城区中，有人口的半城镇化现象存在。虽然中心城区及周边功能板块能够为武汉乡村及小城镇剩余劳动力提供充足的就业岗位，但由于城市高昂的定居成本及社会福利制度的制约，进城务工居民难以实现举家迁移，而是利用武汉都市区日益完善的交通设施，通过代际间或夫妻间分工、劳动力近距离流动以维持城乡二元兼业模式[1]。大部分小城镇居民选择在就业地与居住地之间两栖迁移。

在新洲区小城镇调研的过程中了解到，新洲区小城镇大量剩余劳动力选择在就近的区域从事非农生产，并徘徊于城市与乡村之间，外出务工地点主要集中在武汉市中心城区及阳逻等工业区。而既有的针对武汉江夏区的相关研究也表明，江夏区五里界等小城镇 90% 以上的居民选择白天在武汉中心城区务工，晚上返回住地居住，呈现出"离土不离乡，进厂不进城"的状态[2]。2017 年的数据显示，在武汉市 6 个远城区小城镇，非农业产业就业人口数量远高于农业产业就业人口数量。通过对武汉市小城镇的调研可以发现，小城镇外出务工劳动力大多在建筑业、批发零售、餐饮服务等行业从事低端体力型工作，就业选择较为有限。这种"临时工"性质的非农就业岗位导致了乡村劳动力难以在城市中获得一份稳定的收入，从而使在小城镇居住的乡村居民难以彻底放弃农民身份。通过代际分工或夫妻分工等形式，小城镇居民大多以家庭为单位呈现工农兼业的就业模式，青壮年劳动力在外务工，年老的父母和妻子在家务农贴补家用，同时享受小城镇的公共服务，以保证家庭利益。因此形成了城与镇之间两栖迁移的、以工农兼业为主要特征的半城镇化人口。

2. 用地的半城镇化

武汉都市区小城镇半城镇化特征的另一重要体现就是用地的半城镇化，主要反映在用地类型的混杂与功能的混合两个方面。

（1）武汉都市区小城镇发展的过程是由乡村向城市过渡的过程，在中心城区扩张、工业园区建设及乡镇企业发展的过程中，武汉 6 个远城区城镇建成区用地呈现出城镇建设用地、农村集体建设用地交融混杂的现象。都市发展区内的小城镇建设用地相对集中与完整，而都市发展区外的小城镇则大多沿路、沿水扩展成一个孤立的斑块，镶嵌于农业用地中，且城镇建设用地与农村集体建设用地并联交错。以武

---

[1] 罗震东，夏璐，耿磊.家庭视角乡村人口城镇化迁居决策特征与机制——基于武汉的调研[J].城市规划，2016，40（7）：38-47，56.
[2] 廖文秀.基于空间生产理论的武汉市城郊地区"半城镇化"问题研究[D].武汉：华中科技大学，2015.

汉市新洲区汪集街道建成区为例，武汉市土地利用调查数据显示，2016年汪集街道城乡建设用地构成中，主要包括了农村集体所有的村庄建设用地，占城乡建设用地总面积的85.97%；城镇建设用地占城乡建设用地总面积的14.03%，包括区域公共设施用地等其他建设用地。从空间形态与结构上看，城镇建设用地与村庄建设用地相互交错，且逐渐延伸至周边乡村社区。

（2）在空间结构与功能划分方面，都市发展区内小城镇由于规模较大，呈现出组群式扩张的特点，并有较为明确的功能分区与核心节点。都市发展区以外的小城镇大多沿主要交通走廊轴向拓展。空间的功能方面仅将较大的工业园区独立划分出来，并无明确的居住空间与商业空间的划分。通过对武汉市小城镇的调研发现，武汉市大部分小城镇，尤其是都市发展区以外的小城镇，其90%的街巷空间呈现出上住下商、前店后厂的现象，并无明显的商业中心，建成区除工业园区独立成片外，其余用地功能混杂，很难就土地的使用性质做出明确的界定。

3.3.4 城镇结构趋于扁平化，镇村关系逐渐分化解构

在我国城镇发展历程中，由于乡镇企业的崛起，很长一段时期内小城镇是乡村人口转移的目的地。小城镇带动了乡村地区发展，并奠定了"小城镇、大战略"的重要地位。乡、镇作为我国行政区划中的基层管理单元，是乡村地区的政治管理核心、商品交换中心以及公共服务向乡村地区延伸的基本单元，在城-镇-村体系中起到对接城市、服务乡村的作用。

随着市场经济的不断推进，武汉大都市地区部分小城镇经济发展乏力，逐渐丧失了乡村地区经济增长极的功能。而农业生产效率提升释放的大量农村劳动力越过小城镇向更具经济活力的中心城区转移。

以2017年江夏区后湖村为例，60%的外出务工人员跳过行政所属的金口街道向武汉中心城区及区政府所在地纸坊街道转移，以寻求务工机会。在对武汉大都市地区小城镇的调研中发现，虽然公共服务设施在城-镇-村体系中按照层级规划配置，但随着区域交通网络及福利制度的逐渐完善，65%的小城镇居民跨区域选择公共服务设施，层级化的公共服务设施配置逐渐被网络化的公共服务设施共享取代。互联网的普及弱化了小城镇作为乡村地区商品交换中心的职能，户籍制度的改革加速了小城镇人口的流动，弱化了小城镇镇区人口集聚功能。武汉大都市地区小城镇尤其是都市发展区外的小城镇，由于人口规模相对较小，公共服务、基础设施配置及行政管理的效率难以达到最优，很难承担涵盖经济、政治、公共服务等方面内容的自上

而下的管理职能。2004年以后，武汉大都市地区小城镇政府陆续由乡镇一级管理政府向街道一级服务政府转换，截至2017年底，武汉大都市地区范围内的小城镇，除消泗乡、木兰乡、天兴乡、凤凰镇等仍保留乡（镇）一级管理政府外，其余大多调整为街道这一服务型机构。传统镇村关系逐渐分化解构，城镇结构呈现出扁平化发展特征。

3.4 武汉市小城镇收缩产生过程

3.4.1 极化与扩散效应的影响下城镇增长与收缩并存

大都市地区小城镇的发展与中心城区的虹吸效应及扩散效应密切相关。当中心城区处在快速集聚发展阶段时，虹吸效应大于扩散效应，资源要素向中心城区高度集聚，并对中心城区以外的地区产生影响，形成大都市阴影区。处于大都市范围内的小城镇相较其他小城镇易获得优先发展机遇。在某些时段，由于城市中心的强极化效应，资源往往越过小城镇直接进入中心城区，而周边的小城镇资源也会流向中心城区[1]。随着城市的不断发展，中心城区的产业开始扩散转移时，周边的小城镇凭借其优越的地理条件及受城市正外部效应的影响，优先获得发展机遇，并以新的形态成为下一个发展阶段的增长极，带动区域的发展。

通过对武汉市各区及街道人口、经济发展情况分析发现，2012—2017年间，武汉市中心城区及周边各区人口与经济发展呈现增长态势，中心城区与周边各区人口及经济增长间的差距也在逐渐缩小。由于武汉中心城区产业处于转型发展阶段，工业产业发展重心逐渐向周边各区转移。2014—2017年间，主城区内规模以上企业数量减少了98家，而各远城区及都市发展区周边工业园区规模以上企业增加了379家，扩散效应在武汉大都市地区初步显现（图3-16）。但武汉都市区的扩散效应辐射范围有限，资源仅定向扩散至邻近主城区的工业园区及新城。这些工业园区及新城又处在集聚发展的阶段，与各区其他地区在人口、经济及人均收入之间的差距在逐步增大（图3-17）。

---

[1] 张京祥，庄林德. 大都市阴影区演化机理及对策研究[J]. 南京大学学报（自然科学版），2000（6）：687-692.

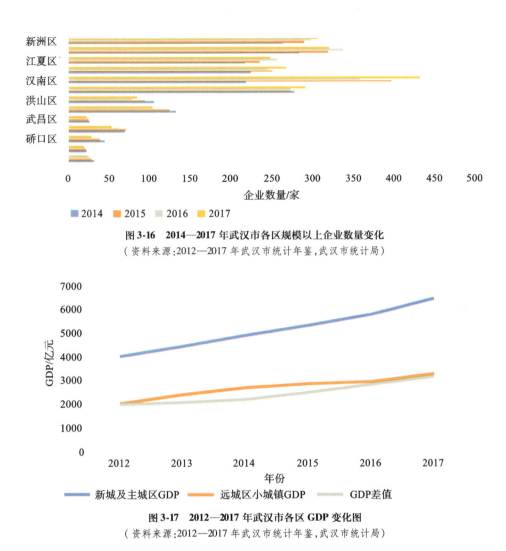

图 3-16　2014—2017 年武汉市各区规模以上企业数量变化
（资料来源：2012—2017 年武汉市统计年鉴，武汉市统计局）

图 3-17　2012—2017 年武汉市各区 GDP 变化图
（资料来源：2012—2017 年武汉市统计年鉴，武汉市统计局）

根据市场经济发展规律，资源总会向经济效益高的地区流动，各区人口向高收入地区转移，经济产业及公共设施投入向有区位优势及政策优势的园区转移，新增建设用地优先向发展速度快的区域划拨，大都市地区小城镇综合发展效率呈现圈层递减的特征。一方面，都市发展区以内的小城镇在人口集聚程度及经济总量上要高于都市发展区外围的小城镇。武汉大都市地区边缘的小城镇，由于现阶段处于都市区扩散效应辐射范围外，受中心城区及新兴增长极的影响，资源外流的同时又难以找到新的发展契机，多以农业产业为主，城镇人口规模及经济收益低，城镇仅仅是居民居住选择地及行政服务中心。另一方面，都市发展区以内的小城镇在空间上积极向重大产业园区及城镇新兴增长极拓展，以获取更大的外部正效应，形成与中心城区及城镇增长极的连片发展态势。而处于都市发展区外围圈层的小城镇，镇区空间较为独立且规模较大；位于都市区边缘的小城镇由于发展乏力，镇区空间规模较小，与周边乡村社区在空间形态上并无较大差别。

武汉都市区小城镇也呈现出明显的轴向集聚特征，依托主要交通干道及重要工业园区在市域范围内形成了四条集聚发展轴，处于发展轴上的小城镇在空间发展方面呈现出轴向集聚的特征。以东西湖区为例，其发展轴以武汉临空港经济技术开发区为起点，沿东西湖大道轴向集聚，位于发展轴上的小城镇镇区规模及产业发展优于发展轴以外的小城镇。小城镇镇区规模及经济发展水平随着轴向集聚程度的降低而逐渐减弱。

3.4.2　人口集聚动力转变造成了小城镇劳动力资源减少

目前武汉都市区小城镇人口老龄化趋势明显，全国第六次人口普查数据显示，武汉都市发展区外围小城镇人口年龄结构呈纺锤形，65岁以上人口占比11.6%，高于国际通行的老龄化水平（65岁以上人口占比7%）。在访谈中发现，小城镇中这部分老年人群出于对乡土的眷恋，具有强烈的返乡定居及养老意愿。这其中有在周边地区国有企业工作的退休职工，有从周边新城搬回镇区养老的老年居民，也有从周边乡村社区自愿搬至镇上居住的老年农民。当问其为何选择在镇上居住时，他们的回答是：小城镇是他们从小生活长大的地方，对这个地方熟悉且亲切，亲朋好友也都在镇上居住；小城镇具有相对安静的居住环境及清新的空气，生活成本较低，公共服务设施获取方便。而通过与小城镇部分年龄在25~40岁之间的返乡居民访谈发现，这部分居民返乡大多是由于家中有老人需要照顾。总之，乡土情结及家庭血缘关系是小城镇居民选择返回小城镇定居的首要原因。

在与武汉都市区小城镇居民访谈的过程中发现，小城镇低廉的生活成本是影响小城镇居民定居选择的重要因素。大部分小城镇居民家庭中的青壮年劳动力外出务工，子女、妻子及老人在小城镇居住，这些家庭大多没有举家迁移到城市的意愿，究其原因，主要是大城市房价较高，小城镇日常生活成本较低。访谈中发现，在小城镇的一户三口之家，妻子在镇上务工的同时可以兼顾照顾老人及小孩，平均月收入在5000元以下，丈夫在外务工的收入是在镇上务工的收入的2~4倍。与中心城区生活习惯不同，小城镇老年居民在周边乡村开垦荒地种菜，在自给自足的同时还可以销售以补贴家用（图3-18~图3-20）。在对仓埠街道调研的过程中发现，小城

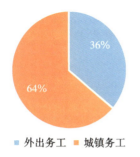

图 3-18　小城镇居民务工地点选择
（资料来源：笔者根据调研数据整理）

图 3-19　小城镇家庭年消费情况
（资料来源：笔者根据调研数据整理）

镇老年居民每天销售自家种植的蔬菜可获得 10~80 元不等的收入补贴家用。在家庭日常开销层面，武汉市都市区小城镇普遍低于中心城区。小城镇有学龄儿童的家庭年生活成本为 50000 元左右，没有学龄儿童的家庭年生活成本为 10000~20000 元。因此，对于在外从事中低端体力劳动的年收入低于 10 万元的小城镇居民，在小城镇居住是更加经济的选择。问卷访谈显示，学历在本科及以上、年龄在 25~40 岁的居民多选择在大中

图 3-20　小城镇居民职业调查
（资料来源：笔者根据调研数据整理）

城市就业定居，其余的小城镇居民选择在小城镇安家。武汉市小城镇（尤其是都市发展区外围的小城镇）的人口集聚动力由就业岗位向低廉的生活成本和乡土情结转换。就业岗位带来的人口增长属于永久性的人口增长，而低廉的生活成本和乡土情结的影响会随着居民家庭总收入的增长以及人口更迭而减弱，因此其带来的人口增长并不稳定。同时，乡村社区的发展完善也使小城镇居住成本的比较优势逐渐降低。现阶段小城镇对人口等资源的集聚动力远弱于乡镇企业蓬勃发展时期，小城镇家庭大多以代际分工等形式保持家庭利益最大化。因此，人口集聚动力的转化也造成了小城镇劳动力的流失。

3.4.3　新增建设用地圈层递减，小城镇空间收缩

通过对 2010—2018 年武汉市各街道行政区划内建设用地总量变化的分析可以看出，武汉市各街道行政区划范围内建设用地总量基本呈增长状态，各街道建设用地增幅波动较大。其中江夏区纸坊街道建设用地增量最大，为 1705 hm²。建设用地

增量较大的街道大多位于都市发展区范围内，并在中心城区边缘形成5个增长极；建设用地总量减少的街道多位于都市区边缘。大部分城镇符合这一发展变化规律，仅黄陂区前川街道在都市发展区范围内，但建设用地呈减少状态，这主要与建设用地变化类型密切相关。

从建设用地类型来看，城镇建设用地主要集中在各街道镇区范围内，而村庄建设用地主要集中在各街道的乡村社区（包含乡镇合并之前旧城镇的城镇中心）。都市区范围内各街道乡村建设用地大量增加，蔡甸区与汉南区街道、黄陂区前川街道与祁家湾街道乡村建设用地大量减少，导致其建设用地总量也呈现出减少态势。前川街道作为黄陂区的城关镇，城镇集聚发展，一方面村庄用地向城镇用地转变，另一方面人口向城区集中，村庄用地减少，城镇用地增加，空间变化符合城镇发展规律。

相较整体建设用地变化，武汉各街道城镇建设用地变化的圈层特征更为明显。新洲区阳逻街道和江夏区纸坊街道城镇建设用地增量最大，紧邻中心城区形成空间扩张的两个增长极。都市发展区范围内及邻近都市发展区范围的街道成为城镇建设用地增长的第一圈层；远离都市发展区的街道处于城镇建设用地增长第二圈层；都市区边缘街道城镇建设用地增量最少，构成了第三圈层；都市区远端的消泗乡、姚家集街道城镇建设用地则呈现减少状态。武汉各街道城镇建设用地随着与中心城区间距离的增加而递减，都市区远端街道或处于建设用地减少的状态，或建设用地增长缓慢。例如新洲区潘塘街道、江夏区湖泗街道等街道城镇建设用地增长缓慢。武汉都市区小城镇个体空间拓展形式多样，主要呈现出单中心扩张、多中心扩张、偏心式扩张与散点式扩张4种扩张模式。

1. 单中心扩张

单中心扩张小城镇新增建设用地主要集中在镇区周边，多为满足镇区产业发展需要，以工业用地为主，大多为城镇建设用地，含有少量村庄建设用地。都市发展区以内的小城镇以及各区的城关镇受中心城区扩散效应的影响，城镇高速发展，形成新的增长极，空间拓展全部表现出单中心连片扩张的特征，例如武湖街道、前川街道、邾城街道等。而部分重点镇在工业园区建设及迁村并点等政策方针的指导下，产业资源与人口资源向镇区高度集中，新增用地以产业用地为主，并以镇区为中心集聚，例如汪集街道等。部分经济发展水平一般的小城镇，城镇建设用地增量较少，也呈现出向镇区单中心集聚的特征，例如李家集街道。

2. 多中心扩张

此类小城镇的新增建设用地并非单独集中在镇区周边，而是以镇区及某几个乡村社区为中心集聚发展，且集聚中心间存在一定的空间距离。新增建设用地中城镇建设用地与村庄建设用地占比相近，城镇呈现多中心发展状态。邻近都市发展区内工业园区的小城镇大多呈现出多中心扩张的特征，一方面，工业园区产业的发展能够为相邻小城镇居民提供就业岗位，而邻近的乡村社区也能为工业园区工人提供优质的居住环境。另一方面，这类小城镇在工业园区产业扩散效应的影响下容易获得优先发展机会，随着城镇产业发展及人口增长，镇区公共设施服务水平及镇区环境进一步提升，镇区空间也得以拓展。以仓埠街道为例，在阳逻新城工业园区建设的影响下，阳逻新城工业园区向仓埠街道南部扩张，距离工业园区 8 km 的周铺镇处于阳逻工业园区与镇区中间，居民既可以享受镇区的公共服务，又可以在阳逻新城工业园区就业，乡村社区空间扩张在质与量两方面均与镇区相近，街道呈现出典型的多中心扩张特征。

3. 偏心式扩张

呈现偏心式扩张特征的小城镇的新增建设用地多以村庄建设用地为主，其区位多远离镇区，沿主干公路呈线状分布。此类小城镇多位于工业园区及城关镇周边，但与多中心扩张型小城镇有所不同，这些小城镇的镇区由于发展乏力，空间拓展不明显，新增建设用地位于工业园区及城关镇周边的乡村社区，表现出与周边城镇连片发展的趋势，以东荆街道、辛冲街道最为典型。其中，东荆街道明显受武汉经济技术开发区的影响，拓展空间位于街道东侧，而处于西侧的镇区空间并未发生明显的变化。辛冲街道的空间变化则是受新洲区城关镇邾城街道城镇空间拓展的影响，邻近邾城街道的北部乡村社区空间显著扩张，并以工业用地增长为主，而镇区空间几乎没有变化，城镇空间发展呈现出典型的偏心式扩张特征。

4. 散点式扩张

呈现散点式扩张特征的小城镇的新增建设用地以村庄建设用地为主，新增建设用地呈散点状分布在镇域范围内各个村庄周围。这类小城镇大多位于都市区边缘，远离中心城区、工业园区及城关镇，发展乏力，镇区主要以服务周边乡村居民点为主，人口及资源流失现象较为显著，以农业为主的产业特征明显。因此，这类小城镇空间扩张缓慢，少量新增建设用地零星分布于各个乡村居民点（表 3-2）。

表 3-2 武汉都市区小城镇空间扩张类型

类型	单中心扩张	多中心扩张	偏心式扩张	散点式扩张
新洲区	邾城街道、汪集街道、阳逻街道	仓埠街道、凤凰镇、双柳街道	辛冲街道、李集街道	三店街道、徐古街道、旧街街道、涨渡湖街道
黄陂区	前川街道、木兰乡、蔡家榨街道、李家集街道、祁家湾街道、横店街道、天河街道、滠口街道	罗汉寺街道		六指街道、王家河街道、长轩岭街道、蔡店街道
东西湖区	柏泉街道、吴家山街道、径河街道、走马岭街道、新沟镇街道、东山街道、辛安渡街道			
蔡甸区	蔡甸街道、沌口街道、奓山街道、军山街道、侏儒山街道、	大集街道、永安街道	张湾街道	玉贤街道、索河街道
汉南区	纱帽街道、湘口街道	邓南街道	东荆街道	
江夏区	金水办事处、法泗街道、纸坊街道、佛祖岭街道、安山街道、豹澥街道	郑店街道、乌龙泉街道、山坡街道、五里界街道		舒安街道、湖泗街道

（资料来源：笔者自绘）

3.4.4 城镇职能不断分化解构，小城镇功能收缩初现

小城镇的职能以一般职能为主。一般职能是指小城镇普遍具有的职能，包括载体职能、经济职能和社会职能等[1]。载体职能是指为人类生产、生活提供基本物质条件的职能，可以具体细化为居住职能及服务职能两方面。经济职能主要是指小

---

[1] 许玲.大城市周边地区小城镇发展研究[D].咸阳：西北农林科技大学，2004.

城镇的生产功能，具有集聚、高效、开放等特性，是小城镇的核心职能。社会职能主要是指为城镇居民各种社会活动提供管理及服务的职能，是小城镇的基本职能。这三种职能在武汉都市区小城镇中普遍存在，但在经济发展、交通网络、政策方针等因素的影响下，小城镇的职能开始逐渐分化。一方面，小城镇由综合职能中心分化为以某一类或某几类职能为主的中心。另一方面，小城镇职能在镇域范围内位移，由多功能复合的整体分化为各具特征的个体。

（1）在武汉都市区范围内既存在职能全面发展的小城镇，也存在某些职能不断弱化的小城镇。例如新洲区汪集街道紧邻汉施公路并位于武英高速（2015年更名为沪鄂高速）出入口旁，镇区工业园区建设情况较好，吸引了武汉高龙水产食品有限公司、湖北玉如意农业集团有限公司等农产品加工企业，也吸引了武汉市金三宝交通构件有限公司等能够提供大量就业岗位的建材加工企业。企业雇工大多来自省外，由于工业园区与镇区仅一路之隔，工业企业发展带来的流动人口增量能够为城镇发展增添活力。调研中发现，汪集街道镇区人口由2015年的1.5万人增加到1.7万人，有40～50户外来务工人员选择在汪集街道购房。同时，外来货运车辆的停靠、务工人员日常消费等活动带动了小城镇零售业及服务业的发展，小城镇经济职能依旧存在。以教育及医疗为核心的服务功能是汪集街道主要的服务职能，也是部分乡村居民选择在城镇定居的主要因素。因此，武汉都市区范围内以汪集街道为代表的小城镇依然是集经济、服务、居住、社会等职能于一体的综合职能中心。以武汉市汉南区及蔡甸区部分街道为代表的、地处都市发展阴影区范围内的小城镇，务工人口外流至附近的常福工业园及武汉经济技术开发区，在居住地与工作地之间一日往返通勤，城镇经济职能逐渐弱化，小城镇成为以居住职能及社会职能为主的空间载体。

（2）武汉市小城镇职能在行政地域范围内发生空间上的分化转移。部分小城镇在其行政地域空间范围内形成不同的功能地域分区，各类功能地域分区之间相隔一定的距离。例如新洲区仓埠街道，经济增长中心与城镇中心不重合。规模以上工业企业位于靠近阳逻的"三街一园"工业园区内，工业产业发展并未给镇区带来有效的人口集聚效应。同时以旅游为主的第三产业分散在周边自然资源及农业资源条件良好的乡村社区，游客的消费行为又很难带动镇区的消费活力。小城镇表现出经济中心、居住中心、服务及社会管理中心分离的特征，功能地域空间与小城镇实体地域空间不重合。

3.5　大都市地区小城镇发展变化特征总结

在我国经济发展的过程中，以武汉市为代表的大都市在城市规模、产业发展模式及城镇体系结构等方面发生了变化。在大都市不断发展变化的背景下，大都市地区小城镇的发展也发生了一系列的变化。随着大都市城镇体系结构丰富度的不断提升，资源要素在城镇网络各级节点中的流动变得更加自由，部分资源跨过小城镇向城市或乡村转移，造成大都市地区小城镇收缩与增长并存。受大都市核心区产业转型的影响，工业企业向近郊产业园区聚集，远郊小城镇乡镇企业经历了由兴盛向衰败转变的过程，大都市地区小城镇的数量和小城镇乡镇企业的数量经历了由增到减的变化过程。同时，随着居民生活水平的不断提高，居民对高质量服务的需求也不断提升，大都市地区小城镇普遍存在着供需关系结构性失衡的问题，小城镇部分功能逐渐弱化。武汉市小城镇发展同样存在着类似的问题，在工业园区发展的同时，部分远郊小城镇发展乏力。在武汉市小城镇发展的过程中，存在着乡村社区与城市社区两大演变方向，小城镇人口流动性较强，土地利用效率较低，部分小城镇结构趋于扁平化，镇村关系逐渐分化解构。

通过对武汉市小城镇发展变化特征的追溯总结可以发现，武汉市小城镇在发展的过程中存在较为明显的收缩现象。①在小城镇与大都市发展的过程中，一些于20世纪90年代蓬勃发展的小城镇在都市核心区极化效应的影响下发展动力逐渐减弱，发展乏力。而近郊小城镇在扩散效应的作用下获得了新的发展动力。②随着武汉市小城镇人口集聚动力的变化，小城镇对人口的吸纳能力逐渐减弱，劳动力资源减少现象较为普遍。③部分小城镇新增建设用地数量的减少使小城镇逐渐出现空间收缩的特征。④随着武汉市小城镇职能的不断分化解构，部分小城镇开始出现功能收缩的现象。

武汉大都市地区小城镇发展变化的特征也表明大都市地区小城镇是一个动态的复杂系统。小城镇在发展变化的过程中，增长与收缩并存。小城镇在我国城镇体系中具有极其重要的地位，增长与收缩在小城镇的发展历程中大多交替出现。不断增长的小城镇毋庸置疑可以为我国城镇化率的提升、城镇与乡村的发展做出巨大贡献。但受外部因素及内部条件影响而收缩的小城镇是否仍具有存在的必要性以及是否会影响我国健康城镇化进程？回答相关问题需要我们对小城镇收缩的特征进行更进一步的研究。中部地区作为连接东西部的区域节点具有很强的代表性，既有农业社会的特征，又有工业发展基础。武汉市作为中部地区中心城市，小城镇的发展历程及特征极具代表性。同时，作为中部崛起的重要战略支点，武汉市近年来飞速发展，其小城镇发展经历了我国小城镇发展的全部阶段，可以说是中国小城镇发展历程的缩影，而其都市区的圈层特征以及虹吸、扩散效应的显现更使其都市区范围内小城镇呈现增长与收缩并存的发展特征，是研究大都市地区小城镇收缩现象的最佳样本。

4

大都市地区小城镇收缩的特征与表现

随着我国城镇发展进程的不断推进，我国的城镇发展逐渐出现城市收缩的现象。城市收缩的特征表现、产生原因、内在机制及其对城镇发展的影响引起了关注与讨论。前文对大都市地区小城镇发展历程的梳理表明，在不同的时间段，在外部市场环境、政策制度变化以及都市核心区吸引力的影响下，大都市地区小城镇的发展是一个动态变化的过程。在这期间，部分小城镇的职能向上转移，成长为区域新的增长核心，另一部分小城镇职能作用下沉，向乡村社区转变。在资源自由流动的过程中，部分小城镇逐渐开始显现出收缩发展的现象。大都市地区小城镇作为城市的一部分，是我国城镇体系的重要节点。小城镇的收缩同样会对区域整体发展产生一系列的影响。如果不能对小城镇收缩有准确的认识，则极有可能造成资源的浪费、城镇结构的塌陷以及地区功能的缺失等问题。因此，本章主要从小城镇收缩的特征及表现入手，首先对小城镇收缩的特征进行归纳总结，厘清小城镇收缩与城市收缩之间的关联与差别；其次，详细阐述武汉市小城镇收缩在要素、功能及容量三个方面的表现。

4.1 大都市地区小城镇收缩的特征

4.1.1 小城镇收缩与城市收缩存在关联性与差异性

（1）小城镇收缩是城市收缩话语体系的重要组成部分，也是城市局部收缩的主要表现。

针对城市收缩问题的研究最早起源于德国，是对去工业化及德国统一后城市人口减少与经济逐步衰退带来的城市问题的讨论[1]。随着制造业在全球范围内转移，收缩逐渐成为各国讨论的普遍性问题，并在近几年引起了国内学者的广泛关注。但由于城市发展阶段、行政体制、文化环境等方面的差异，各国城市收缩的特征、成因及类型各不相同[2]。城市收缩的概念目前并没有一个准确的界定。

---

[1] 高舒琦. 收缩城市研究综述[J]. 城市规划学刊, 2015（3）: 44-49.
[2] MALLACH A, HAASE A, HATTORI K. The shrinking city in comparative perspective: contrasting dynamics and responses to urban shrinkage[J]. Cities, 2017（69）: 102-108.

按照国际界定标准，虽然我国也有部分城市出现收缩的现象，但大多是资源型城市及产业转移地区，地理位置相对较为偏远。我国目前仍处于快速城镇化时期，大都市地区由于经济产业发展的领先优势依旧是人口转移的主要目的地。但在大都市中，人口的转移与经济产业的发展并不是均等地分布在大都市行政管辖范围内，而是在都市核心区与新城范围内非均衡分布。在这种非均衡分布影响下，隶属于大都市地区的小城镇的收缩就会被大都市整体的增长所掩盖。大都市地区小城镇在社会经济发展及土地利用方面表现出半城镇化特征，小城镇在发展的过程中兼具城镇与乡村的特点。因此，在大都市地区内部也普遍存在小城镇人口向都市核心区转移的现象，并且在大都市的影响下呈现出小城镇收缩的现象。例如上海市合庆镇在外部环境和内部演化的双重作用下的收缩[1]以及在湖南省域范围内出现的以人口减少为代表的小城镇收缩现象[2]。我国城市收缩在小城镇层面多有显现。

1983年至今，我国城镇发展经历了城市化、城镇化再到新型城镇化的转变，在这个转变的过程中，城镇发展诉求及发展模式发生了巨大的转变[3]。小城镇由于具备大中城市不可替代的独特作用，成为我国城镇体系的重要组成部分，既要作为大都市地区区域生产网络中的节点承接大城市功能及产业转移[4]；也要成为带动乡村发展、服务乡村居民的乡村社区服务中心[5]；还需要吸纳乡村剩余劳动力，成为乡村城镇化的载体[6]。随着大都市及乡村地区的发展变化，区别于西方城市的整体收缩，以小城镇收缩为特征的城市局部收缩成为我国城市收缩的主要表现。小城镇介于城市与乡村之间的独特性质使得小城镇收缩与城市收缩既有共通之处又有差异点，同时也是我国城市收缩区别于国外城市收缩问题的独特表现。城市收缩的表现特征及识别指标同样适用于小城镇。

（2）小城镇收缩与城市收缩在外部表现方面存在着一定的差异。

虽然小城镇收缩是我国城市收缩话语体系的重要组成部分，但小城镇收缩与城

---

[1] 朱金，李强，王璐妍.从被动衰退到精明收缩——论特大城市郊区小城镇的"收缩型规划"转型趋势及路径[J].城市规划，2019，43（3）：34-40，49.

[2] 周恺，钱芳芳，严妍.湖南省多地理尺度下的人口"收缩地图"[J].地理研究，2017，36（2）：267-280.

[3] 许皓，李百浩.URBANIZATION在中国——从都市化到新型城镇化[J].城市规划，2019，43（2）：22-28.

[4] 吴闫.小城镇在城市群中的大作用[J].人民论坛，2017（11）：88-89.

[5] 蓝万炼.论乡村工业的未来与农村小城镇的发展阶段[J].经济地理，2001（6）：684-689.

[6] 张立.新时期的"小城镇、大战略"——试论人口高输出地区的小城镇发展机制[J].城市规划学刊，2012（1）：23-32.

市收缩的原因不同，导致了两者在表现特征上存在一定的差异。城市收缩主要归因于全球化、资源枯竭、去工业化、经济发展非均衡等外部大环境导致的城市工厂企业倒闭、工业用地闲置、就业结构改变、就业需求减少、城市吸引力下降，从而形成以人口数量及经济总量减少为特征的不可逆的衰退。大都市地区小城镇的发展依附于大都市，与大都市地区的产业格局、功能布局密切相关，小城镇的收缩主要与其依附的大都市的发展密切相关，具体呈现出以下相关性。①在某一时间节点，由于大都市功能布局及产业格局的变化，小城镇某类产业消失或者转移，从而呈现出断崖式的收缩。②由于大都市扩散效应的产生，呈现收缩的小城镇又会因为大都市产业格局的变动获得新的发展契机，从而获得新的发展动力。因此，大都市地区小城镇的收缩是一种可逆的过程，或呈现出如城市收缩普遍性表征的人口及经济整体衰退的显性收缩，或表现为以部分功能性要素收缩为特征的隐性收缩。因此，大都市地区小城镇收缩的表现包含但不局限于人口及经济方面的变化。而厘清大都市地区小城镇收缩的具体表现，对大都市地区小城镇收缩的研究十分重要，是界定大都市地区小城镇收缩的基础。

4.1.2 大都市地区小城镇收缩存在非均衡性特征

大都市地区小城镇具有人口数量的非均衡、资源配置的非均衡、空间容量的非均衡及区位条件的非均衡等特征，而大都市地区小城镇的收缩与小城镇的发展、资源的流动、政策的引导等因素息息相关。因此，大都市地区小城镇收缩也存在着典型的非均衡特征，小城镇收缩的非均衡性特征主要体现在以下几个方面。

1. 收缩的量值非均衡：数量级的差别反映出收缩程度的不同

从个体层面看，由于小城镇自身资源禀赋及发展状态存在着差异，小城镇收缩在人口、经济、空间等方面存在着量值的差异。以武汉市为例，从2010年、2016年武汉市人口数量变化看，武汉市市域范围内人口数量减少的小城镇共9个。其中走马岭街道人口数量减少最多，减少了4362人，三里桥街道人口减少数量最少，减少了192人，在收缩的量值上存在着数量级的差距（图4-1），也反映出了小城镇收缩程度的不同。

2. 收缩的空间非均衡：空间分布与空间类型的差异

由于大都市地区小城镇的发展效率呈现出断崖式递减和沿交通干线指状延伸的

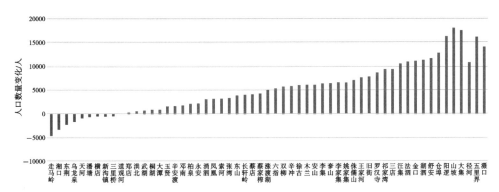

图 4-1 2010 年、2016 年武汉市小城镇人口数量变化图
（资料来源：笔者根据各街道统计年鉴整理）

特征，小城镇发展水平在空间上存在着较大的差异。处于都市发展区内部及主要交通轴线上的小城镇的人口、用地呈现出增长的态势，且城镇发展效率较高，而处于边缘地带的小城镇则面临着发展低效、人口流失等问题。

大都市地区小城镇收缩在空间类型上也存在着差异。由于大都市地区小城镇发展特征的差异，小城镇空间的变化不尽相同。例如，通过 2010—2018 年武汉市小城镇空间数据的变化可以发现，武汉市小城镇空间的减少包括了城镇建设用地数量的减少与乡村建设用地数量的减少两类。其中，城镇建设用地减少的小城镇主要集中在城市的边缘及武汉市生态廊道上，而乡村建设用地减少的小城镇则主要集中分布在蔡甸区、东西湖区、汉南区这 3 个远城区。小城镇收缩在空间方面既存在类型的差异，也存在空间位置的差异。

3. 收缩的内涵非均衡：小城镇根据收缩要素的不同有不同的类型与表现

大都市地区小城镇收缩的非均衡性也体现在小城镇收缩内涵的差异方面，根据目前国际上识别城市收缩的指标，小城镇收缩会表现为人口、空间、经济总量的减少。通过武汉市 2010—2018 年城镇人口、经济、空间等方面的数据变化可以发现，武汉市走马岭、湘口、东荆、乌龙泉、天河、潘塘、横店、新沟镇、三里桥 9 个小城镇表现出人口减少的现象，仅有溦口、五里界 2 个小城镇在经济方面的指标有所减少，而城镇建设用地减少的小城镇仅有消泗、侏儒山、武湖、桐湖、祁家湾、潘塘 6 个小城镇（表 4-1）。由此可以看出，武汉市小城镇收缩的过程中，人口、经济、空间收缩并不一定在同一小城镇样本中同时出现，小城镇收缩根据其收缩要素的不同存在着不同的类型与表现。

表 4-1 武汉市小城镇人口、经济、空间收缩情况统计

收缩要素	小城镇
人口收缩	走马岭、湘口、东荆、乌龙泉、天河、潘塘、横店、新沟镇、三里桥
经济收缩	溾口、五里界
空间收缩	消泗、侏儒山、武湖、桐湖、祁家湾、潘塘

（资料来源：笔者自绘）

4.1.3 大都市地区小城镇收缩存在显性与隐性两种表现

根据以人口为标准的对城市收缩的界定，2010—2018年间武汉市小城镇人口总量出现减少的仅有9个。由于小城镇存在着大量流动人口，导致小城镇人口在统计上存在着一定的难度。通过收缩的非均衡性特征，可以看出部分人口增长的小城镇在经济和空间层面也会表现出收缩的现象。而单纯从经济角度考察，虽然武汉市小城镇经济总量大都保持增长状态，但小城镇的发展效率却有所下降。相关研究表明，2004—2014年，武汉市小城镇有效发展效率数量从2004年的16个减少到2014年的7个，分别占当时城镇数量的27.59%和12.07%[1]。从小城镇发展效率层面看，武汉市低效发展的小城镇数量在不断增加，这类小城镇在人口方面却表现出人口数量的增加。

空间收缩作为城市收缩的表现，同样可以反映出小城镇的收缩。从武汉市新增建设用地分布看，2002—2014年全市新增建设用地中仅有4.12%的建设用地分布在小城镇内，且大多数分布于邻近主城区的小城镇，城镇发展建设所依托的重要资源被都市核心区抢占。

目前大部分小城镇依旧采取增长型规划思路，建设用地数量减少的小城镇在实际发展的过程中较少，然而，流动人口的存在以及产业发展的乏力，导致部分小城镇内部存在着住房闲置、企业衰败、设施陈旧等现象。因此，武汉大都市地区小城镇在发展的过程中，不仅存在着以人口、经济、用地等统计数据减少为表现的显性收缩，也存在着人口流失、发展效率低下以及城镇活力下降等方面的隐性收缩，小城镇收缩具有显性和隐性并存的特征。

---

[1] 耿虹，时二鹏，王立舟，等.基于GIS-DEA的大城市周边小城镇发展效率评价——以武汉为例[J].经济地理，2018，38（10）：72-79.

4.2 大都市地区小城镇要素收缩的一般表现

4.2.1 人口要素：总量减少与两栖迁移

1. 小城镇人口总量减少

与城市收缩相同，人口总量减少是小城镇收缩的主要表现之一。

国际上针对收缩的研究目前普遍以人口数量的减少作为认定城市收缩的基准。Oswalt等（2016）学者将人口流失在10%或年均人口流失大于1%的城市认定为收缩的城市。Wiechmann等人认为总人口在10000人以上的密集区人口流失超过两年的为收缩的地区。人口数量减少同样也是大都市地区小城镇收缩的表现。新兴市场国家逐渐涌现出一批超级城市，这些城市正逐渐成为地区财富和人才的集中地，并成为全球经济活动焦点转换的重要推动因素。麦肯锡全球研究院的研究表明，到2025年，全球1/3的经济增长来自西方主要城市和新兴市场的超级城市，1/3的经济增长来自新兴市场的中等规模城市，剩下的1/3的经济增长来自发展中国家的小城镇和农村地区[1]。这些主要城市、超级城市及中等规模城市通过其多元的文化和多样的消费服务转变为消费型城市，并通过高品质的生活吸引人口向城市转移。越来越多的乡村居民愿意选择去大城市生活及工作。相关研究表明，一个具有代表性的移民愿意牺牲1.72%的月收入，去更大的城市居住[2]。而大都市核心区发展的规模经济效应也增加了其就业机会，城市人口每增加100万，个人的就业概率就会平均提高0.66个百分点[3]。因此大都市核心区凭借其发展的外部效应不断吸引高素质人才，同时，由于就业岗位数量繁多与类型丰富，低技能劳动者也会到大城市找相关的工作。大都市地区小城镇发展与都市核心区密切相关，随着都市核心区对劳动力吸引程度的提高，小城镇的高素质人才在毕业后选择留在都市核心区就业

---

[1] 康纳.超级版图[M].崔传刚，周大昕，译.北京：中信出版社，2016.
[2] XING C B, ZHANG J F. The preference for larger cities in China: evidence from rural-urban migrants[J]. China Economic Review, 2017, 43 (4): 72-90.
[3] 陆铭.大国大城[M].上海：上海人民出版社，2016.

及定居,而部分低技能劳动者也会前往都市核心区寻找就业机会。另外,由于大都市地区扩散效应具有一定的时间效应及空间效应,受到城市扩散效应影响的小城镇的企业向工业园区集中,自身就业岗位数量有限,人口吸纳能力较弱,小城镇人口总数在某一时期内会呈现减少的态势。根据武汉市 2010 年与 2016 年统计数据可以发现,共有 9 个小城镇表现出人口总量减少的现象,这里的人口总量包括了小城镇行政管辖范围内的乡村人口。虽然在 2010 年以后受乡镇合并和撤镇改街的影响,武汉市各个小城镇人口总量有所增长,但部分小城镇人口吸纳能力并没有发生较大的变化。

人口总量的减少表明了城镇对本地居民的居住吸引力下降,而城镇作为人活动的空间载体,城镇活力、空间品质、产业发展潜力等也会随着人口数量的减少而减弱,因此人口减少是小城镇收缩的充分条件。由于小城镇收缩的复杂性,部分人口在数据上呈现增长状态的小城镇依旧存在收缩现象。例如江夏区山坡街道,在 2012—2017 年间,城镇人口增长了 256 人(图 4-2)。但在调研的过程中发现,城镇小学生数量却在不断下降,5 年间减少了 301 人(图 4-3),小学生数量的减少反映了小城镇实际常住人口数量的不断下降。因此小城镇收缩并不一定意味着小城镇人口总量的减少,人口总量的减少是小城镇收缩的非必要条件。

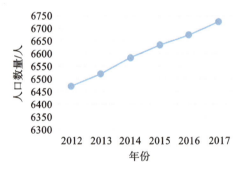

图 4-2　2012—2017 年山坡街道镇区人口变化

(资料来源:根据街道农业统计年报绘制)

2. 城镇劳动力两栖迁移

大都市地区小城镇流失的人口大致可以划分为两类。一类是具有本科及以上学历可以在大城市从事高技能工作的青年群体,另一类是以从事低技能劳动为主的中青年群体。这两类群体虽然在某一时间段都离开了小城镇,但由于职业及收入不同,其居住行为选择出现差异。其中,高学历人群由于大都市能够为其提供更好的

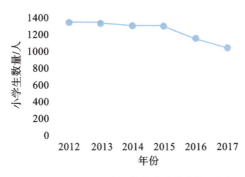

图 4-3　2012—2017 年山坡街道小学生数量变化

（资料来源：根据街道农业统计年报绘制）

职业发展前景及更稳定的就业收入，因此这部分人群倾向于在大都市永久性定居。而以从事低技能劳动为主的从业者，虽然在大都市就业机会更多，工资收入较小城镇更高，但大都市地区相对小城镇较高的居住成本使这部分人群难以完成向大都市的彻底迁移，而是在大都市与周边的小城镇之间两栖迁移。大部分低技能劳动者依旧选择在小城镇生活，将幼年子女留在小城镇由父母照顾，而自己则选择在大都市工作生活，节假日返回小城镇。这部分人口的户籍归属地依旧是小城镇，因此这部分人口的临时性流失在统计数据上不会降低小城镇人口总量。一方面，这部分临时性流失人口的日常消费是在大都市，并未有效增加小城镇消费活力。另一方面，这部分临时性流失人口并未在小城镇长期居住。因此小城镇难以形成与统计数据相对等的人口规模，造成小城镇服务业业态的丰富程度很难有所提升，对小城镇发展所产生的影响与永久性流失人口所带来的影响相同，都会引起小城镇空间闲置、小城镇发展活力下降等结果。

正如前文所述，武汉都市区小城镇在社会经济发展及土地利用方面呈现出半城镇化特征，存在大量两栖迁移及工农兼业的半城镇化人口。调研中发现，江夏区五里界街道等小城镇多数居民选择白天在武汉中心城区务工，晚上返回小城镇居住。而江夏区山坡街道 40% 的青年居民在城关镇纸坊街道工作，但户籍依旧保留在山坡街道，其中部分小城镇居民节假日返回山坡街道。正是这部分半城镇化人口的存在导致武汉市小城镇人口总量减少在统计层面表现出隐性特征，但对小城镇造成的影响却与永久性流失人口造成的影响相同。因此，小城镇劳动力两栖迁移也是小城镇收缩在人口要素层面的重要体现之一。甚至由于小城镇与所依托的大都市之间廉价的交通成本以及小城镇具有比较优势的居住环境，这一表现特征在小城镇收缩的语境下比城镇人口总量的减少更能直观地反映小城镇收缩的现象。

4.2.2 空间要素：建设用地总量减少与空间的集聚

空间是小城镇社会经济发展的载体，小城镇收缩现象同样也会直观反映在小城镇空间上。同人口要素的表现特征类似，空间要素的表现特征同样分为隐性与显性两个方面。其中显性要素是收缩的直接体现，即建设用地的减少与空间的闲置。而隐性要素则是小城镇收缩区别于城市收缩的重要体现，主要表现为建设用地的收缩集聚。

1. 建设用地总量减少与空间闲置

小城镇收缩在空间方面的直观表现就是建设用地总量的减少与空间的闲置。都市核心区与小城镇在土地价格及土地利用效率方面存在巨大的差距，政府在建设用地指标划拨的过程中会向大都市地区倾斜，大都市地区外围有发展需求的小城镇难以获得足够的建设用地指标作为空间增长的基础。以武汉市为例，在2002—2014年间，武汉市城镇建设用地增长了548 km^2，而都市发展区外的城镇建设用地仅增长了22.58 km^2，仅占总量的4.12%。大量的建设用地增量指标分配到土地增值收益更高的都市发展区内，外围有发展需求的小城镇难以获得建设用地增量指标的支持。随着国家对基本农田保护、生态保护红线及城镇开发边界管控的要求不断提高，以及"多规合一"、规划"一张图"等要求的提出，城镇建设用地增量指标变得更为紧张。而为了解决耕地保护和城镇发展之间的矛盾，国家推出了城乡建设用地增减挂钩的一系列办法，以促进城乡统筹发展，实现建设用地总量不增加与耕地面积不减少，并颁布了《城乡建设用地增减挂钩结余指标跨省域调剂管理办法》及《城乡建设用地增减挂钩结余指标跨省域调剂实施办法》等相关法规。而在"多规合一"等规划编制以及建设用地增减挂钩等工作实际操作的过程中，小城镇及其行政管辖范围内的乡村地区往往成为都市核心区建设用地增量指标补充的"源头"，即在规划编制过程中遇到城乡规划和土地利用规划间斑块冲突及核心区建设用地指标不足等问题时，大多通过在小城镇地区进行用地占补平衡来解决，以获取更多的建设用地增量，支撑都市核心区经济产业发展。而这也就直接导致了小城镇在法定规划层面用地指标的必然性减少。小城镇建设用地增量指标划拨的减少导致了小城镇缺乏足够的空间载体支撑城镇经济产业发展，企业向能够提供充足建设用地的都市发展区附近的工业园区转移。小城镇企业的转移与经济产业发展乏力又导致就业岗位数量的大幅度下降及大量外出务工人口的出现。人口规模的减少又逆向加剧了小城镇建设用地总量及建设用地增量指标划拨的减少。如此循环往复，收缩型小城镇建设用地在一个长期持续的过程中会出现数量减少的现象。

另外，由于小城镇自身产业发展衰退，就业岗位数量减少，产生了临时性流失及永久性流失人口，使小城镇收缩呈现出空间闲置的特征。小城镇的空间闲置主要分三类。①由于产业转移、乡镇企业倒闭等情况导致的工业厂房及生产经营性空间闲置。②由于居民在其他城镇定居导致的居住空间长期闲置。③外出务工的两栖迁移人群的居住空间的临时性闲置。笔者在调研中发现，部分小城镇的企业在倒闭后其生产经营空间由于没有新的企业入驻而呈现荒废闲置的状态，同时政府又缺少足够的资金对其进行自上而下的改造，导致空间破败闲置。例如江夏区乌龙泉街道，随着工矿企业的转型以及生态保护要求的提高，小城镇大量工矿企业倒闭，原有厂房长期闲置，建筑破败，给人一种荒凉、危险的空间体验（图4-4）。

同样，江夏区山坡街道主街两侧房屋也有空间闲置的情况出现，早期乡镇的供销社在倒闭后将房屋分给职工居住，但职工仅有使用权并无产权。而山坡街道行政管辖范围内有大量的基本农田和生态保护区，自身建设用地指标不足，缺少企业进驻，就业岗位数量有限，大量城镇人口外出务工。因此原本分给职工居住的供销社房屋随着人口逐渐流失呈现出二层空置、一层惨淡经营的状态。小城镇部分户籍人口依旧享受着小城镇廉价的空间资源福利，但实际居住人口却在不断减少，由此引发空间结构性失衡。居住空间闲置的现象在各个小城镇都有出现（图4-5）。

2. 城镇空间收缩集聚

与欧美等地区处于后工业化阶段的城市不同，我国目前大部分城市还处在工业化深度发展的阶段，城镇人口数量的增长与城镇空间的拓展方兴未艾。建设用地总量显著减少的小城镇尚属少见，以武汉市为例，2010—2018年间，建设用地总量出现明显减少的小城镇仅有黄陂区祁家湾街道、姚家集街道及蔡甸区消泗乡等小城镇。

小城镇在空间方面的主要变化还体现在空间的集聚层面。小城镇空间的集聚可以分为两种类型，一种是向镇区集中，另一种是向城镇几个主要功能区集聚。

与前文所述武汉市小城镇空间扩张模式相对应，武汉市小城镇空间集聚也可以分为单中心集聚、多中心集聚、偏心式集聚和散点式分布四种类型（图4-6），其中单中心集聚、多中心集聚及偏心式集聚属于空间的向心集聚。单中心集聚的小城镇空间向镇区集聚；多中心集聚的小城镇空间除了向镇区集聚，还会向几个主要功能区集聚；偏心式集聚的小城镇空间向镇区以外的功能区集聚。小城镇空间集聚现象的产生大多是乡村社区的定向迁移、商业设施的集中布置及工业向园区集中的结果。例如空间呈现多中心集聚的山坡街道，镇区新增空间为大型农贸市场，将周边

图 4-4　乌龙泉街道闲置房屋空间位置
注：图中数字标示闲置房屋空间位置。
（资料来源：根据调研情况自绘）

图 4-5　武汉市周边小城镇闲置房屋
（资料来源：笔者自摄）

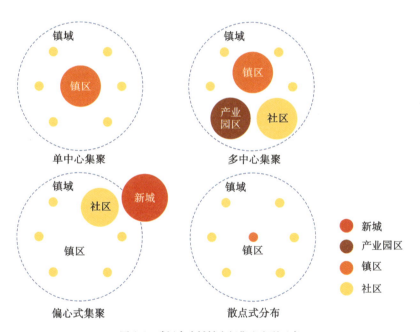

图 4-6　武汉市小城镇空间集聚类型示意
（资料来源：笔者自绘）

农村农产品销售及日常居民买菜行为活动集中到镇区，而镇区以南的增长极空间集聚则以居民点迁移为主。仓埠街道的空间集聚是工业入园和居民点迁移双重作用的结果（图4-7）。这种空间的集聚有效地腾退了土地资源，使城镇空间形态由分散向集中转变，是空间形态层面收缩发展的典型表现。

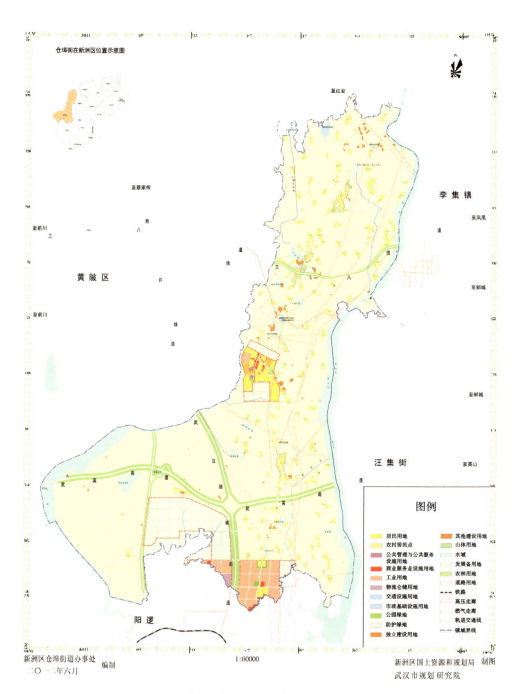

图 4-7 仓埠街道镇域总体规划图
（资料来源：《新洲区仓埠街总体规划（2010—2020 年）》）

4.2.3 经济要素：就业岗位减少，农业产业占比增加，工业发展乏力

在小城镇发展过程中，经济要素的变化主要有两种，一种是经济总量的改变，经济总量的变化主要是国民生产总值的提高；另一种是种类的变化，种类的变化主要反映在产业在小城镇经济结构中所占的比例上。不同类型产业的产出效率各不相同。小城镇经济要素的种类变化和总量变化之间具有一定的相关性。

工业和服务业对经济增长的贡献度远高于农业，因此工业及服务业在经济结构中占比的提升一般情况下会增加小城镇经济总产值，提升工业及服务业在经济结构中的占比也是我国经济结构调整的大趋势。1990年，农业、矿业以及渔业等基础产业的产值占整体经济总量的27%，制造业和建筑业占40%，第三产业（零售、交通运输、医疗卫生、旅游等）仅占30%。2010年，各产业的产值在经济总量中的占比，农业已下降到10%，而制造业已经上升到46%，服务业上升到44%。大部分地区城市的经济结构以工业产业为主导，同时农业产业的占比有所下降，乡村剩余劳动力向城市的工业与服务业转移。小城镇在发展的过程中大体上遵循以工业为主导的发展路径。但是由于大都市地区小城镇典型的半城镇化特征以及对资源的弱吸附能力，部分地区小城镇经济增长依旧依靠农业带动，农业在经济结构中的占比持续增加，工业及服务业的占比或变化微弱或有所下降。小城镇这种经济变化虽然能够保持经济总量的持续增长，但由于农业生产技术的提升，农业依旧在不断向外释放劳动力，而工业及服务业占比的下降导致小城镇难以提供足够的就业岗位吸纳劳动力。在市场机制作用下，劳动力会向经济收入更高、就业岗位更丰富的地区转移，这是小城镇人口数量减少的主要原因。小城镇就业岗位的减少以及农业产业在经济结构中占比的增加虽然不一定会导致经济总量的减少，却是人口减少的主要原因。因此小城镇就业岗位的减少以及经济结构中农业产业占比的增加是小城镇经济收缩的表现。

以武汉市黄陂区李家集街道和江夏区安山街道为例。2009年以前，李家集街道作为黄陂区农业大镇，乡镇经济基础较好且乡镇企业迅猛发展，早期位于小城镇镇区的制造工厂年产值高达1500万元。但受区域经济发展的影响，乡镇企业发展乏力，农业规模化生产对劳动力进一步释放，李家集街道所能提供的就业岗位难以满足乡村剩余劳动力的就业需求，造成大量劳动力外流。在调研时，李家集街道在外

务工人员比例高达 35.7%，乡村空心率高达 70%。由于小城镇就业岗位数量的不足，乡村剩余劳动力的流动方向以武汉市中心城区和省外为主。与李家集街道情况类似，江夏区安山街道由于工业基础薄弱，产业发展缓慢，大部分剩余劳动力向省外及武汉市主城区迁移。因此，小城镇工业发展乏力所造成的就业岗位数量减少，以及农业设施化水平提升对农村劳动力的进一步释放，是小城镇经济收缩的重要表现。

4.3　大都市地区小城镇功能收缩的一般表现

大都市地区小城镇收缩还体现在城镇职能的变化方面。在大都市地区小城镇发展初期，服务乡村地区生产生活、解决乡村剩余劳动力就业问题等是其基本功能。20 世纪 90 年代初期，乡镇企业的崛起使小城镇成为都市经济发展的重要空间载体，吸纳了大量乡村剩余劳动力，改变了镇村的经济结构，推动了大量乡村剩余劳动力流入小城镇。但受市场经济环境变化的影响，当以乡镇企业为发展核心的小城镇产业发展陷入低迷时，小城镇服务乡村的能力开始逐渐弱化。在多元经济主体、要素的复杂流动等因素的综合作用下，小城镇的职能开始逐渐解构，镇区功能转移现象开始出现。因此，小城镇功能收缩主要表现在职能弱化与镇区功能分化转移两个方面。

4.3.1　小城镇职能弱化，镇村关系瓦解

小城镇的发展变化与其在区域中所承担的职能密切相关，1992 年起我国进入高速工业化时期，工业不断吸纳城乡就业人群，乡镇企业的蓬勃发展提升了国家与社会对小城镇发展的重视程度。这一阶段的小城镇是我国城镇化的重要节点。作为吸纳乡村剩余劳动力的关键节点，小城镇既具备带动区域经济生产的经济职能，也是乡村地区的行政中心，同时还是服务行政管辖范围内乡村地区的重要节点。为了保障转移人口的生产生活需要，基础设施与公共服务设施向小城镇均等投放。2001年中国加入世界贸易组织后，受世界经济格局的影响，乡镇企业发展受挫，国家城镇化战略向大城市及城市群转变。小城镇在区域中的经济职能开始弱化。随着乡

镇企业的衰败，小城镇吸纳乡村地区剩余劳动力的能力随着小城镇自身就业岗位数量的减少而逐渐减弱，区域经济中心的职能逐渐被大都市及新城取代。2012年，全国20个县、乡、村劳动力就业抽样调查统计数据显示，16～59岁的劳动力中仅有17.8%的人群在本地务工，24.8%的人群常年外出务工，23.2%的人群呈现出工农兼业的状态[1]。《中国农村住户调查年鉴—2010》数据显示，34.4%的乡村剩余劳动力务工地点在地级市，县级市仅占18.5%，而小城镇仅占13.8%（表4-2）。小城镇对乡村剩余劳动力的吸引力大幅度下降，部分小城镇经济职能缺失。

表4-2 2009年全国乡村劳动力外出务工流向及从业情况

流向地	劳动力占比/（%）	从事行业	占比/（%）
直辖市	9.1	制造业	39.1
省会城市	19.8	建筑业	17.3
地级市	34.4	服务业	11.8
县级市	18.5	批发零售业	7.8
建制镇	13.8	住宿餐饮业	7.8
其他区域	4.4	交通运输、仓储、邮政业	5.9

（资料来源：乔晶. 大都市地区镇村关系重构研究——以武汉市为例[D]. 武汉：华中科技大学，2019.）

2003年，为解决武汉市小城镇乡镇企业发展乏力的问题，武汉市开始着手启动小城镇的第二轮综合改革工作，将发展重点向远城区的城关镇转变。而后，随着"工业倍增计划"的提出以及四大板块综合规划的出台，武汉市中心城区外围工业企业向都市发展区内的工业园区定向集聚，都市发展区以外，尤其是位于高效特色农业圈层的小城镇的工业产业发展受到严格的限制，禁止在这类地区建立工业园区，远城区小城镇工业产业向都市近郊迁移（图4-8）。这导致都市发展区外围一部分具有发展基础的小城镇在新的城镇化进程中职能缺位，城镇发展呈现出衰败的态势。

受"工业倍增计划"及四大板块综合规划的影响，经济资源向都市发展区内的工业园区集中，四大板块及周围城关镇产生了大量的就业岗位，武汉市远城区部分

---

[1] 李晓江，尹强，张娟，等.《中国城镇化道路、模式与政策》研究报告综述[J]. 城市规划学刊，2014（2）：1-14.

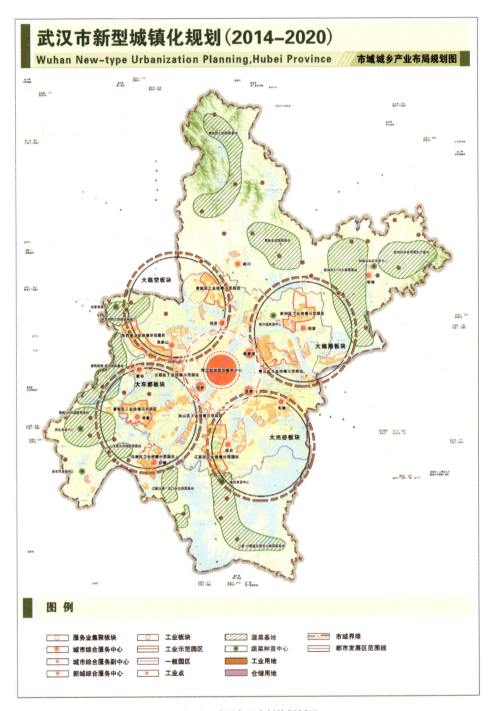

图 4-8 武汉市四大板块规划图
(资料来源:《武汉市新型城镇化规划(2014—2020)》)

小城镇在区域中的经济职能逐渐被四大板块及城关镇取代。在小城镇工业开始向城市转移的同时，乡村地区的农业生产方式也发生了转变。在一体化生产、多样化经营、社会化服务、企业化管理等多种生产与管理模式的影响下，规模化、商品化、专业化成为乡村地区农业产业新的发展模式。农业规模化生产代替了精耕细作的小农生产模式，农业产业的经济效益得到迅猛提升[1]。由于农业生产方式的转变及农业技术的提升，农村从事农业生产的居民数量持续降低，出现了大量剩余劳动力（图4-9）。

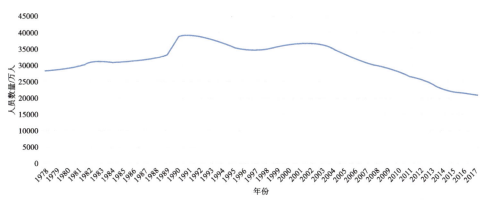

图4-9　改革开放后我国第一产业从业人员数量变化
（资料来源：国家统计局、人力资源社会保障部统计数据）

这种农业生产方式的变革使农业生产、技术引进、农产品销售等环节变得更加开放多元，不再仅局限于小城镇市场环境，而是直接与外界市场环境对接，从外部获得资源与技术的支撑。在外部需求发生变化的过程中，多种多样的农业产业生产模式也在乡村地区相继涌现，家庭农场、农业专业合作社等多种农业生产经营模式在小城镇中不断出现，生产经营主体趋向多元。2014年，武汉市出现了690家农业龙头企业，3046家农业合作社，2802家家庭农场，而专业种植大户的数量达到了6096家，78个村组建了土地股份合作社、社区股份合作社。2018年，武汉市农业合作社增加到5000家，企业+农户、企业+合作社+农户等产业化经营模式在武汉市乡村地区涌现。多元的农业产业化经营模式弱化了小城镇对农业生产的服务效能，农业产业服务功能向乡村下沉。一方面，在武汉市四大板块综合规划及"工业倍增计划"的影响下，小城镇经济职能与吸纳乡村剩余劳动力的职能向工业板块及城关

---

[1] 许然. 浅析我国农业产业化的理论与实践[J]. 河南教育学院学报（自然科学版），1999，8（1）：63-66.

镇转移。另一方面，由于设施农业、都市农业的兴起，武汉市各区形成了一批由知名农业企业和乡贤创办的生态农园、生态庄园，推动了乡村旅游产业的发展，以山水休闲、农业观光为主导的旅游产业逐渐成为小城镇发展的主要方向。在这种转变下，小城镇的生产职能进一步向资源禀赋好的乡村下沉，乡村生产对小城镇的依赖程度逐渐降低。在这两方面作用力的影响下，小城镇经济职能逐渐减弱。小城镇的功能由综合性向单一化转变，城镇职能类型呈现出收缩的特征。

4.3.2 镇区功能在镇域范围内分化转移

除了小城镇职能的整体弱化，小城镇功能收缩还体现为镇区功能在镇域范围内分化转移。

（1）特色小镇的建设加速了小城镇功能的分化转移。2014年浙江省发布《关于加快特色小镇规划建设的指导意见》，首次提出了特色小镇的发展建设问题。2015年，中央就推进特色小镇建设做出了专门指示，指出"抓特色小镇、小城镇建设大有可为"。2016年，政府印发了《关于深入推进新型城镇化建设的若干意见》和《关于开展特色小镇培育工作的通知》，指出要加快中小城市和特色小镇的建设与培育，并提出至2020年培育1000个左右的特色小镇的目标。2017年，国家发展改革委联合国家开发银行发布了《关于开发性金融支持特色小（城）镇建设促进脱贫攻坚的意见》，将开发性金融支持特色小（城）镇建设作为主要扶贫攻坚工具之一。随后，住房城乡建设部会同国家开发银行发布了《关于推进开发性金融支持小城镇建设的通知》，推动金融力量支持小城镇宜居环境的塑造和传统文化传承建设。在一系列政策和行动计划的支持下，特色小镇的建设如火如荼。2017年12月，国家发展改革委同国土资源部、环境保护部、住房城乡建设部联合发布了《关于规范推进特色小镇和特色小城镇建设的若干意见》，规范特色小镇和特色小城镇建设行为，明确了特色小镇和特色小城镇建设的差异[1]。特色小镇与特色小城镇不同，是指在几平方千米的土地上，由一个或几个主导企业牵头建设并吸引若干企业共同加入的集聚特色产业、生产生活生态空间相融合的创新创业平台，是产业、社区、文化、旅游四位一体的产城融合综合体。

---

[1] 张立，白郁欣.403个国家（培育）特色小城镇的特征分析及若干讨论[J].小城镇建设，2018，36（9）：20-30.

2016—2017年间，国家先后组织评选了两批共计403个特色小镇作为全国特色小镇的培育对象，武汉市蔡甸区玉贤镇入选国家第二批特色小镇名单。而武汉市早在2014年就选取了武湖地铁小镇、桃桥湖地铁小镇、走马岭地铁小镇、柏林地铁小镇、青龙山地铁小镇及黄家湖地铁小镇共6个小镇打造地铁小镇，每个地铁小镇面积为1~5 km²。例如引入天下控股集团在新洲区仓埠街道建设紫薇特色小镇，紫薇特色小镇总规划面积4.24 km²，在镇区的南端独立开发，可每日接待游客3万人次。

在特色小镇建设的推动下，外来资本注入小城镇，针对小城镇的特色片区进行重点开发，形成新的产城融合综合体，可对小城镇行政辖区内剩余乡村劳动力起到吸引作用。特色小镇的建设弱化了小城镇镇区的经济职能、服务职能与居住职能，由于大量建设资金及企业资本的注入，短期内对小城镇行政管辖范围内的乡村剩余劳动力产生了较强的吸引力，小城镇自身资源在镇区及特色小镇之间非均衡配置，导致了镇区部分功能的消失。

（2）武汉市都市发展区周边部分小城镇的空间位置在都市发展区以外，但镇域部分用地被划入都市发展区范围，与都市发展区内的乡镇融合发展形成共建工业园区。这类小城镇的工业板块大多邻近都市发展区内的大型工业园区。例如新洲区仓埠街道的工业企业主要集中在与阳逻共建的工业园区中，汉南区东荆街道的工业板块与武汉经济技术开发区接壤，与镇区相隔较远，经济职能、居住职能以及行政职能出现分异。部分邻近城关镇的小城镇在发展的过程中也会出现功能的空间转移。例如邻近城关镇邾城街道的新洲区辛冲街道（图4-10），近年来居住空间的拓展集中在邻近邾城街道的乡村社区，并且有和邾城街道连片发展的趋势，镇区空间接近零增长。为了便于使用邾城街道的公共服务设施，大部分居民选择向邻近邾城街道的农村社区集中，镇区居住功能向新的增长极迁移。

都市区小城镇功能在行政管辖范围内的空间转移虽然对小城镇在区域中的整体职能并没有实质性的影响，但在小城镇个体层面，导致了小城镇资源在镇域空间内的重新分配。从镇区的角度出发，城镇的发展需要较强的集聚效应做支撑，包括人口集聚及经济产业的集聚，而功能在镇域范围内的转移分散弱化了镇区集聚资源的能力，导致了镇区部分功能的缺失及人口向新的增长极集聚，对小城镇镇区的发展产生影响，这是小城镇收缩独特的表现。

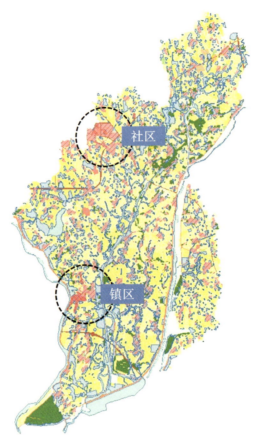

图 4-10　2016 年辛冲街道土地利用状况
（资料来源：湖北省自然资源厅）

4.4　大都市地区小城镇容量收缩的一般表现

　　大都市地区小城镇是城市复杂系统的重要组成部分，也是一个复杂且独立的系统。当资源要素不断变化时，小城镇机体通过自身的发展适应环境的变化。而良好的内外部环境可以有效支撑小城镇的发展。小城镇发展所需要的资源要素的集合及其所占的空间构成了小城镇发展的内部环境，包括可扩展的城镇空间和可缓冲的生态空间两部分。而外部环境则是指小城镇以外的能够为小城镇发展提供有用资源要素的环境。当内外部环境紧缩时，小城镇机体会表现出收缩的现象以适应环境的变化。机体自身的复杂性导致其在适应环境变化而变化的过程中存在着滞后性。相关研究表明，城市收缩的外部影响与内部表现之间也存在一定的滞后性。例如，我国高铁网络的建设反而加速了收缩城市的人口流失，但这一影响存在着4～5年的滞后性，即在高铁站点及网络建成的前四五年，对收缩城市人口并没有什么实质性的影响，而在四五年以后会加速收缩城市人口的流失[1]。小城镇所处的内外部环境的表现对小城镇收缩起到一定的预警作用，而外部环境的影响是小城镇收缩的重要原因之一，因此大都市地区小城镇收缩也反映在城镇容量的变化方面。

4.4.1 空间容量：空间容量下降

为了防止快速城镇化过程中大都市出现空间失控现象，有效遏制"冒进式"城镇化的空间失控态势，深入贯彻习近平生态文明思想，落实中央保护基本农田面积不减少的指示。2019年，中共中央办公厅、国务院办公厅联合印发了《关于在国土空间规划中统筹划定落实三条控制线的指导意见》。各地市开始大力推进生态保护红线、永久基本农田、城镇开发边界的划定工作，并在市一级国土空间总体规划层面划定生态保护红线、永久基本农田、城镇开发边界。武汉都市区独特的自然地理条件导致都市发展区外围大部分小城镇行政管辖范围内存在大量的河湖水系、山林农田，生态敏感度较高。而生态保护红线及永久基本农田划定的事权在市一级人民政府，出于总体保护开发的考虑，大量生态保护红线范围及永久基本农田范围落在远城区小城镇行政管辖范围内，压缩了远城区小城镇的城镇发展空间。虽然小城镇发展方向及发展路径的决定权在镇一级政府及区一级政府，但生态保护红线及永久基本农田的划定在空间方面限定了小城镇的发展。这类小城镇向外拓展空间不足，城镇只能依托现有的存量空间转型发展。部分小城镇只能利用现有资源，削减功能、聚核强心走特色化发展路线。上位规划层面"三线"（生态保护红线、永久基本农田、城镇开发边界）的划定降低了小城镇建设用地空间容量，导致小城镇的功能与结构在未来发展中呈现出必然性的收缩。

武汉市为落实生态保护政策，提升都市环境，提出"郊野公园+"战略行动计划，结合武汉市全市的生态格局，形成"一环两翼"的郊野公园群空间格局。利用

---

[1] DENG T T, WANG D D, YANG Y, et al. Shrinking cities in growing China: did high speed rail further aggravate urban shrinkage? [J]. Cities, 2019, 86（3）：210-219.

区域与城市交通廊道和生态廊道，按照"一区一集群"的原则，在黄陂云雾山片区、东西湖府河-柏泉片区、蔡甸知音湖片区、武汉经济技术开发区（汉南）武湖片区、江夏鲁湖片区、东湖高新花山片区和新洲区涨渡湖片区打造7大郊野公园群作为各区郊野公园实施主体；并通过土地整治相关政策，从高标准基本农田建设、耕地占补平衡、城乡建设用地增减挂钩等方面提出政策配套建议（图4-11）。在郊野

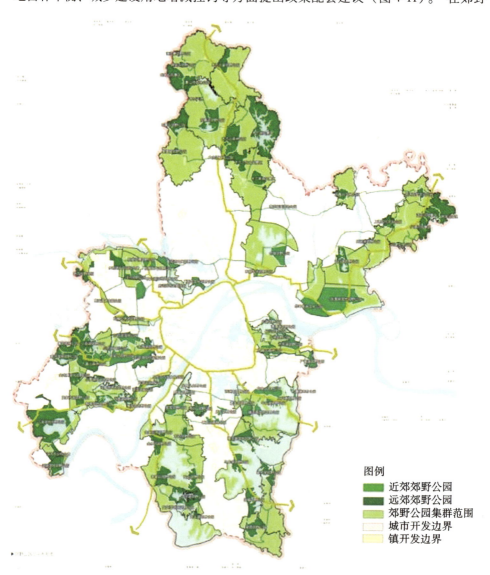

图4-11 武汉市郊野公园规划示意图
（资料来源：《武汉市城市总体规划（2019—2035）》）

公园规划中，远城区部分小城镇被划入郊野公园范围，成为建设用地腾退方。例如江夏区山坡街道，镇域范围内85%的面积为永久基本农田和生态保护区，城镇拓展空间不足。在生态保护和高标准基本农田保护的要求下，部分有发展需求的小城镇工业发展以及城镇建设会受到一定的影响与限制。

4.4.2 居住容量：设施丰富度降低，居住环境比较优势减弱

小城镇除了能够提供充足的就业岗位吸引乡村剩余劳动力，居住环境也是吸引乡村居民定居的核心优势。随着新农村建设、美丽乡村建设、乡村振兴战略的提出与实施，政府对乡村社区的建设给予了政策及资金方面的大力支持，乡村社区居民点在基础设施及居住环境方面得到了大幅度提升。部分小城镇由于自身发展的限制及人口集聚能力的减弱，商业设施及城镇环境建设停滞不前。虽然镇区商业设施的数量有所增长，但在对武汉市小城镇调研的过程中发现，武汉市小城镇的商业及服务业依旧以零售业和餐饮业为主，休闲娱乐产业与外卖行业等新型服务业在小城镇相对匮乏。小城镇商业与服务业在种类及规模上与乡村社区间的差别逐渐缩小，与城市的差距逐渐加大。而随着网购便民服务站点对乡村地区的进一步覆盖，乡村社区在人均居住面积上的优势弱化了小城镇居住环境的优势，镇区生活环境对乡村居民的吸引力减弱。设施丰富度降低也导致小城镇居住环境比较优势的减弱，引起小城镇人口集聚能力的下降。

4.4.3 交通容量：与都市核心区交通联系紧密度降低

都市区小城镇的发展得益于社会环境、经济环境、自然环境、交通环境等外部环境要素的共同作用，在大都市地区对小城镇发展产生最直接影响的因素是交通环境因素。其中，干线公路是现阶段与大都市地区小城镇关联最紧密的交通运输线路，并且能够对小城镇的空间体系、内部空间形态、城镇职能与产业发展转型产生巨大的影响，在小城镇发展过程中起到举足轻重的作用。一方面，在镇域层面能够促进镇域整体空间形态由零散分布向轴向组团式发展演变。另一方面，促进镇区核心空间由沿线拓展、四周蔓延向内聚优化转变[1]。干线公路是小城镇与外界联系的主要载体，是资源转运的重要通道。资源要素及信息要素的快速流通是城市提高

---

[1] 杨龙.干线公路引导下武汉远郊小城镇空间形态演变研究[D].武汉：华中科技大学，2017.

核心竞争力的关键。当前，世界各大城市的主要交通物流运输正从铁路和公路运输主导向航空运输主导转变[1]。但在大都市内部，公路运输依旧是资源交换的主要载体。而受地理区位的影响，武汉市小城镇的交通开放程度各不相同，道路网密度及干线公路数量各不相同。仍有部分小城镇与中心城区及周边重要工业园区的交通联系度低，导致城镇发展呈现出衰退状态。

武汉市小城镇等级公路与城乡公交的覆盖率较高。目前，武汉市域范围内的等级公路已经覆盖市域范围内的全部小城镇。连接县城与主城区的公共交通已经延伸到各区小城镇及小城镇行政辖区内的各个乡村，武汉市基本实现了城乡公交一体化。

但部分边缘小城镇受交通条件的限制，与主城区的交通联系依旧不便利，到主城区的交通时间较长（图4-12）。

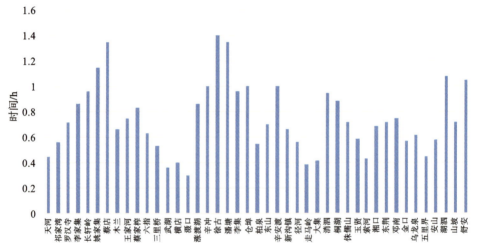

图4-12 小城镇到武汉三环线时间统计图
（资料来源：笔者自绘）

目前武汉市镇区道路建设基本达到标准要求的小城镇约占80%，但都市发展区内外小城镇的道路建设水平仍存在着较大的差异。都市发展区内的小城镇的道路交通网络普遍能够融入中心城区道路交通网络，镇区内部道路与区域干道无缝衔接，路网密度为 2.5～3.5 km/km²。但都市发展区外围小城镇的干道依旧以一两条道路为主（图4-13），道路系统不成网络，路网密度仅为 1.0～2.0 km/km²，远低于都市发展区内的小城镇。

---

[1] 林小如. 反脆弱性大城市地域结构的目标准则和理论模式[D]. 武汉：华中科技大学，2015.

图 4-13　武汉都市发展区外围小城镇干道与城镇关系图
（资料来源：笔者自摄）

交通环境的衰退会对小城镇的发展造成直接的影响，一方面会造成人口的永久流失，另一方面会导致小城镇与中心城区及新城之间的疏离。

从 2010—2018 年武汉市用地变化情况可以看出，武汉市存在着部分道路交通面积减少的小城镇，这类小城镇普遍位于武汉市边缘地区，交通区位条件较差。这类小城镇由于交通条件的减弱，在发展的过程中难以受到周围地区的辐射带动，资源单向流失，在发展的过程中难以获得较好的发展机遇。因此交通容量的减少，也是武汉市小城镇收缩的表现之一。

大都市地区小城镇收缩与城市收缩之间既存在关联性也存在差异性。小城镇收缩是我国城市收缩话语体系的重要组成部分，但小城镇收缩在成因和表现形式上又与大城市收缩有所不同。都市区小城镇收缩主要表现在要素、功能、环境三个维度。与城市收缩不同的是，小城镇收缩除了人口、空间、经济要素在数量上出现明显减少，还表现出劳动力在城镇间两栖迁移、空间集聚及农业产业占比增加等特征。从小城镇功能方面看，小城镇收缩主要表现为城镇职能的弱化及镇区功能在镇域范围内的转移。在小城镇容量方面，小城镇收缩表现为城镇空间容量下降、设施丰富度降低以及小城镇交通开放度减弱三个方面。

通过武汉市小城镇收缩的特征与表现可以看出，小城镇收缩是小城镇发展过程中自下而上的一种特征显现，是多种合力作用下的必然结果。收缩现象的产生导致了小城镇发展的低效问题。武汉大都市地区小城镇比一般地区面临更多的公共资源投放机会，因此，无论是从自身发展需求、区域经济转型要求方面，还是从公共资源投放效率方面，都应该对小城镇收缩现象背后的机制与成因进行深入探讨，挖掘小城镇收缩产生的影响，趋利避害，为构建大都市地区健康可持续的城镇体系结构奠定基础。

大都市地区小城镇收缩机制探索

小城镇收缩是城市收缩话语体系的重要组成部分，但小城镇与城市在发展特征上的差异导致了小城镇收缩与城市收缩在外部表现和内在机制上存在着较大的区别。由于小城镇发展的非均衡性造成了小城镇收缩在量级、空间位置、收缩类型等方面呈现出非均衡性特征，并存在隐性与显性两种表现。大都市地区小城镇收缩主要体现在要素、功能及容量三个方面。对小城镇收缩现象的探索虽然有助于识别收缩，但尚难以深入理解收缩现象背后的动因，无法对小城镇收缩产生的原因做出合理的判断，更无法确定小城镇收缩现象产生的内在机制，也无法进一步精准确定收缩小城镇未来发展的方向、路径以及策略。而只有掌握了小城镇收缩现象的产生规律，厘清了小城镇收缩的动因与机制，才能对小城镇收缩的影响做出合理的判断，从而针对具有不同收缩表现的小城镇提出合理且具有针对性的引导策略。因此，为进一步确定大都市地区小城镇收缩的内在机制及收缩现象产生的影响，本章通过复杂适应性系统理论剖析小城镇收缩产生的理论内涵，并借助复杂适应性系统理论中的经典理论模型对小城镇收缩现象产生的动因及机制做出深入的解析，明确小城镇收缩现象产生的影响，解决如何判断小城镇收缩合理性的问题，为收缩小城镇的评价做出理论铺垫。

5.1 小城镇收缩的理论解释基础

小城镇既是大都市地区城市巨系统的关键节点，也是一个包含了城镇与乡村、囊括了各种资源要素的复杂系统。本节借鉴复杂适应性系统理论的基本特征与内容体系，从要素、特征等层面对小城镇复杂适应性系统属性进行论证，为后续构建小城镇收缩的理论解释框架奠定基础。

5.1.1 小城镇是复杂适应性系统的一种

根据霍兰在复杂适应性系统理论中的描述，所有复杂适应性系统都具备相同的特征，即前文提到的7个基本点（4个特性、3个机制）。因此，在对小城镇收缩进行复杂适应性系统理论解释时首先需要对大都市地区小城镇进行基本点的匹配。

1. 集聚：小城镇及城镇中的各类主体具有集聚的特性

在复杂适应性系统中，集聚包括两种含义。①集聚是将相似物体集聚成类的简化复杂系统的标准。从这一维度出发，小城镇本身就是人口、空间、经济等要素集聚的产物。传统农耕文明时代，在血缘、地缘与业缘关系的影响下，农村居民定向集聚形成了乡村聚落，每个乡村聚落各自独立。为了便于管理，可将若干个乡村聚落主体集聚构成一个具有行政管理职能的建制镇个体。随着生产力的不断提高，以剩余农产品交换为主的商品交换行为使商品要素在空间上集聚并涌现出具有交易功能的集镇，在政府介入后产生了综合性的建制镇。改革开放以后，在市场经济与政策引导的双重驱动下，乡镇企业蓬勃发展，企业出于设施及资源共享的考虑在空间上定向集聚，形成若干个具有一定规模的产业园区，凭借丰富的就业岗位吸引了大量乡村剩余劳动力，也催生了一系列种类丰富的服务业岗位。在空间和个体属性方面，劳动力、企业等微观主体的定向集聚使小城镇产生了区别于乡村聚落的特性，成为区别于乡村的群体。②集聚的第二种含义则是涌现现象的产生，即主体的集聚可以生成更高一级的介主体或介介主体。主体集聚后会涌现出复杂的大尺度行为。例如，在空间上农村家庭的集聚会形成若干个乡村聚落，企业的集聚会形成具有一定规模的产业园区等。总之，主体不断集聚形成介主体或介介主体后的大尺度涌现行为使系统呈现出典型特征，使集聚后的新主体能够抽象表达为某些具体的特征（图5-1）。

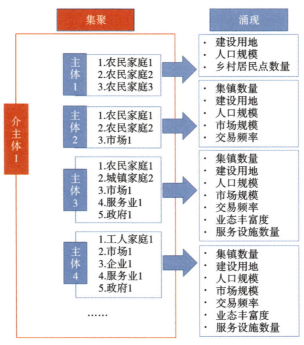

图5-1 集聚与涌现

（资料来源：笔者自绘）

2. 标识：小城镇内部的各个主体均存在着明显的相对独立的特征标识界线

在复杂适应性系统中，作用于适应性主体从而使主体集聚形成集聚体的潜在的机制称为标识。标识是为了集聚和生成边界而存在的机制。标识具有层次性和选择性两大特征，在小城镇中也存在着明显的标识。①大都市地区小城镇具有明确的边界。即大都市地区小城镇具有明确的空间范围，小城镇是大都市地区乡村人口就地城镇化的主要空间载体，每个小城镇都有一个明确的城镇人口聚集地（即镇区）。《中共中央 国务院关于建立国土空间规划体系并监督实施的若干意见》中强调科学划定"三区三线"，"三线"中的城镇开发边界限定了城镇建设活动的范围，城镇建设活动在城建开发边界内进行，标志着城镇主体在集聚的过程中会产生一个明确的区别城镇与乡村的空间范围。②小城镇行政职能存在着明确的层级关系，具有层次明确的组织机构，即由建制镇-集镇-行政村-自然村构成的镇村层级体系。在主体集聚的过程中，由于标识特征的不同，在小城镇系统内部可能形成不同层次的介主体与介介主体，各个层级的主体存在竞争、共生、淘汰等相互作用机制，为各个介主体筛选、特化和合作提供了合理适应性的基础。例如，劳动力主体具有"剩余"标识，而企业集聚形成的介主体则具有"剩余就业岗位"标识，两者间的相互作用就会形成新的介主体"城镇流动就业人口"。

3. 非线性：小城镇发展的过程中，各类要素间存在明显的非线性特性

在复杂适应性系统中，由于主体的复杂性，很难找到一个统一适用的集聚反应公式来表达主体的集聚效应，整个系统呈现出部分之和大于整体的非线性特征。在小城镇发展的过程中，人口、空间、经济发展等要素间的线性关系并不明显。这里选取武汉市都市区小城镇2014年指标为例，通过对小城镇镇区常住人口同镇区建设面积、公共绿地面积、财政预算等指标的线性回归分析可以发现，除地区生产总值及固定资产投资外，相关性均大于0.05，各要素间不具备显著的线性关系[1]。小城镇在发展的过程中，各类主体要素间相互关联，但各主体之和大于整体，主体间的相互作用能够产生复杂的内生反应，形成复杂的内部作用效果，构成了小城镇系统的复杂性。

4. 流：资源在小城镇各个节点及小城镇与小城镇间自由流动

流是复杂适应性系统的重要特性，不仅仅局限于液体的运动，还包含了网络系

---

[1] 乔晶.大都市地区镇村关系重构研究——以武汉市为例[D].武汉：华中科技大学，2019.

统中各个节点间的各类资源的流动（图5-2）。在复杂适应性系统中，流包含了乘数效应与再循环效应两大特征，在小城镇这一复杂系统中也同样存在这两大特征的资源流动。在由都市区小城镇构成的复杂系统中，小城镇内部具有复杂的层级性特征，而小城镇与小城镇之间也会相互作用形成一个具有多元节点的小城镇网络。

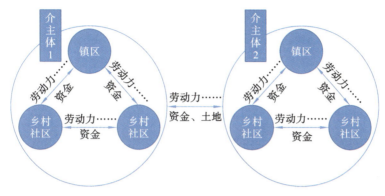

图 5-2 流
（资料来源：笔者自绘）

网络的节点包括了镇区、小城镇管辖范围的乡村社区以及其他小城镇。而城镇发展的过程实际就是各类资源在各个节点中流动变化的过程。随着资源流动速度、流动效率的变化，各个节点相互作用，从而影响整个城镇网络的发展。资源除了在小城镇内部流动，也存在着与外部环境间的资源交换。小城镇的流动资源与交换资源包括劳动力、农产品、土地等资源。资源流动的载体既可以是各节点之间的实体交通网络，也可以是行政管辖关系，而流动的路径是多元可逆的。根据经济学原理，乘数效应是指：资源在某一节点投放以后，沿着网络从一个节点传输到另一个节点的过程中会发生一系列的变化，最终使投放的资源发生倍数的变化。再循环效应是指资源会在网络系统的各个节点中循环往复地流动，并且这种流动是双向多元的。

在城镇复杂系统中，资源要素流动的根本原因在于供给与需求间的不均衡，尤其是大都市地区小城镇。以武汉市劳动力资源为例，武汉市小城镇资源存量本身具有非均衡特征，而资源在都市区小城镇中的非均衡投放加剧了小城镇发展的非均衡性。资源在小城镇复杂系统内部各个节点中流动的乘数效应具有个体差异与圈层分化的特征。远城区小城镇由于镇区产业发展乏力，就业岗位数量较少，尚不能满足镇区劳动力就业需求，乡村社区的剩余劳动力资源会越过行政范围内的小城镇向其他小城镇节点跃迁流动，而由于大都市地区能够提供的就业岗位在收入和工作模式上要优于部分小城镇，因此从小城镇节点流入大都市地区的劳动力资源将会成倍增加。而当乡村社区乡村旅游与都市农业发展潜力巨大的时候，又能够吸引劳动力回乡，从而形成劳动力的回流效应。

5. 多样性：大都市地区小城镇在发展模式与职能作用方面存在着多样性

大都市地区小城镇的多样性表现为以下几个方面。①小城镇类型与内涵的多样性。虽然大都市地区各个小城镇在城镇体系中处于同样的位序，但小城镇个体在空间形态、经济发展、人口规模、公共服务效能方面的差异造成了小城镇在复杂系统中的职能作用、发展模式、发展方向存在着不同，即处于不同的生态位，从而形成了小城镇主体的多样性。②小城镇系统是各类适应性主体集聚形成的，由于要素的多样性，小城镇系统也具有多样性。同时系统中每个主体都安顿在以该主体为中心的、合适的生态位上，若从系统中移走一个主体，则会产生一个"空位"，这时系统会发生一系列的反应，产生一个新的主体来"填空"。③小城镇系统与主体所处的环境具有多样性。当大都市地区小城镇作为一个大都市地区小城镇系统中的某个主体时，这一主体所处的环境是由大都市地区、其他小城镇主体共同组成的，其他小城镇主体的异质性和差异性必然导致整体环境的多样性，而环境的多样性又反作用于主体，加剧了主体和系统的复杂性。④适应性的多样性。大都市地区的政策、经济环境的活跃度远远高于其他地区，适应性主体在活跃环境中受环境的影响并会随着环境的变化而发生变动甚至重塑，并且每一次变化形成的新的主体都为城镇间下一步相互作用关系的产生及新的生态位的开辟提供了新的可能性。因此，小城镇系统的多样性本质上是一种动态变化的适应性发展模式，即多样性造就了复杂性与适应性，而小城镇系统也为了适应政策环境与经济环境保持着不断发展变化的恒新性。

6. 内部模型：小城镇发展的内部模型决定了小城镇系统发展变化过程

内部模型是系统接受外部环境刺激产生适应性行为变化的一种内在机制和内部运行规律。正如前文所述，小城镇发展变化的过程与小城镇收缩现象的产生具有一定的合理性与必然性，这种合理性与必然性本质上就是小城镇在发展过程中适应外部环境与内部结构变化的过程。在复杂适应性系统中，内部模型分为两种。①对未来环境的预测（仅表明一种当前行为），这种预测是否具有有效性结果并不明确，需要时间维度加以证明。正如前文所述，小城镇在发展过程中受外部挤压会产生一种被动的收缩，而这种收缩是否能够适应环境的变化尚需时间证明。这类小城镇应对外界环境刺激形成的反馈就构成了一个隐性的内部模型，同时由于这类收缩行为对未来小城镇主体发展的影响难以有效预知，因此这类内部模型是一种无效的内部模型。②通过前瞻过程主动收缩以获得更好发展的小城镇，在其收缩的行为产生时进行了充分的内部探索，并且能够有效形成适应性发展的良性结果，这类小城镇的内部模型是一种有效的显性模型。因此，在对小城镇内部模型进行提炼以后，当主体再次遭遇刺激时，能够剔除无意义或无关的部分，从而对有意义的内部模型进行强调与重复表达，这也是引导小城镇有效收缩的重点所在。

7. 积木：小城镇发展变化过程中存在多种资源要素及功能结构的迭代组合方式

内部模型是主体适应性产生的关键，但内部模型只有在模型所描述的情景重复出现的时候才有意义。而现实中，系统长期立足于一个恒新的环境中，复杂适应性系统通过积木机制解决这中间的悖论。所谓积木即各类系统中各类基础要素，当系统中的主体遇到刺激时，系统将外部刺激进行拆分与识别，再通过内部模型选择对应的积木进行拆分与迭代，通过多次试错与重组，导出新的积木组合模式，即产生新的应对模式。在小城镇发展的过程中，积木机制尤其重要。小城镇在发展变化的过程中通过对资源要素、功能结构等的不断重组、转化、拆分、迭代，不断形成新的组合模式，既包括某些功能的收缩，也包括某种发展模式的转变，一方面维持了城镇系统的恒新性，另一方面使小城镇在发展演变的过程中向着适应性高的模式迭代演变，维持自身的适应性变化。

5.1.2　小城镇具备适应性主体的基本特征

适应性是复杂适应性系统的核心，也是造成系统复杂性的根本所在，是认知、解释系统变化行为与预测系统发展方向的关键所在。适应性隐含的自我学习及经验积累能力是复杂适应性系统理论区别于控制论和耗散论的根本所在。在复杂适应性系统理论中，主体通过由一系列规则组成的内部模型进行调节，在与环境及其他适应性主体相互作用的过程中，对其行为进行修正与调试，最终实现适应性发展。因此，适应性主体的行为、表现、适应过程等是复杂适应性系统理论研究的重点。结合复杂适应性系统理论的基本特征，适应性主体应该具有以下几个特征。

1. 小城镇及小城镇内部蕴含的主体数量庞大

在复杂适应性系统中，主体的首要特征就是数量庞大，只有具有数量庞大的主体才能形成特征复杂的系统，从而在外部环境变化的过程中产生新的适应性特征。系统是由主体与主体间相互作用形成的，在小城镇系统中，人口、空间、企业、环境等要素相互作用、集聚涌现，共同构成了小城镇复杂系统。小城镇复杂系统具有丰富的主体要素。不同的小城镇之间也会相互作用，而不同的小城镇在外部环境、内部结构间的差异，导致其组成要素在性状特征等方面存在着一定的差异。因此整个小城镇系统的主体样本数量庞大，主体与主体之间的相互作用纷繁复杂，既包括了系统内部主体要素间的相互作用，也包含了系统内部主体与外部环境之间的相互作用，因此小城镇复杂系统的建立符合复杂适应性系统对主体的基本要求。

2. 小城镇中的各类主体具有明显的层次性

在复杂适应性系统中，主体元素具有集聚的特征并能够通过集聚进一步涌现出新的介主体与介介主体，因此，在复杂适应性系统中适应性主体具有明显的层次性特征，并能通过标识形成不同的边界。小城镇系统中的适应性主体不仅包括作为网络节点的城镇、集镇、行政村和自然村，还包含在节点发生聚集的乡村居民、乡镇企业、政府以及对节点形成直接作用力的主体元素。在小城镇系统中，不同主体元素的集聚形成了各个层级的介主体，小城镇系统内部存在着诸如镇区-中心村-一般村-自然村之类的层级结构，而主体集聚后的大尺度涌现又使小城镇与小城镇之间存在着特征上的差异，形成了诸如新市镇-重点镇-一般镇的层级划分（图5-3）。

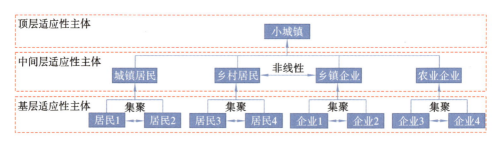

图5-3 小城镇系统中主体的层级涌现
（资料来源：笔者自绘）

3. 小城镇系统及系统内部的微观主体具有学习能力

复杂适应性系统理论同第一代、第二代系统理论最大的区别在于主体具有学习与积累经验的能力。复杂适应性系统理论认为，适应性主体对周围环境及其他主体的刺激能够通过自身的学习与转化进行适应，能够对外界刺激做出反应。大都市地区小城镇系统涵盖了社会、经济、空间与功能等多个维度，系统主体必然具有主动适应的能力与特征。从微观层面看，居民家庭个体、乡镇企业及当地政府就是具有自主学习能力的行为个体，在不同的外部环境与发展阶段中具有不同的发展诉求，并能针对自身特征与优势并综合考虑环境要素做出有利于自身发展的行为决策。例如，小城镇人口城乡两栖迁移与代际分工、城乡兼业等行为的产生，正是小城镇家庭主体在外部环境变化与自身诉求下产生的内部结构响应。小城镇这一复杂系统在规划建设的引导下，还能够通过对环境的判断、主体行为规律的总结学习来对未来发展做出预测，这是系统自适应能力的进一步体现。

5.1.3 复杂适应性系统理论对小城镇收缩的解释维度

1. 小城镇收缩是复杂适应性系统中适应性主体应对外界刺激的行为反馈

介于复杂适应性系统中适应性主体数量大、类型多、层次丰富等特征，霍兰为了对各类适应性系统进行统一的说明描述而构建了适应性主体基本行为模型。这个基本行为模型包含了执行系统、信用分派和规则发现三个部分。

执行系统由探测器、内部规则、效应器三个元素组成，刻画了主体在某个固定时间点上的能力，即在尚不知进一步如何适应的情况下能够做什么。在复杂适应性系统中，霍兰将内部规则描述为 IF/THEN 规则，适应性主体通过对探测器接收到的外部信息进行筛选处理后，通过执行系统内部规则进行分析处理，最终通过效应器发出应对环境变化的消息，这是主体适应性行为产生的基本过程。小城镇收缩是小城镇发展过程中的一种外部行为表现，也是小城镇应对外部环境变化的一种适应性反馈。因此，通过复杂适应性系统中适应性主体的个体行为模型可以对这一现象做出合理有效的解释。主体通过执行系统内部的某些规则（称为 A 类规则）筛选、作用于探测器接收到的信息，并通过效应器发出作用于环境的消息。以小城镇发展过程中的乡镇企业作为主体解释适应性机制（图5-4），在主体通过探测器接收到消息后，乡镇企业从外界筛选了"企业效益"这个消息，并将该消息进一步分解对应到多个目标中，从而决定下一步的行为。企业效益涉及对劳动力资源的处理，主体在识别环境中劳动力的数量、质量、价格等多个特性后，发出扩建、迁移或倒闭等作用于环境的消息，这类行为中就包含了小城镇收缩的重要表现特征。

在执行系统中，还存在另外一类规则，称为 B 类规则。这类规则主要作用于其

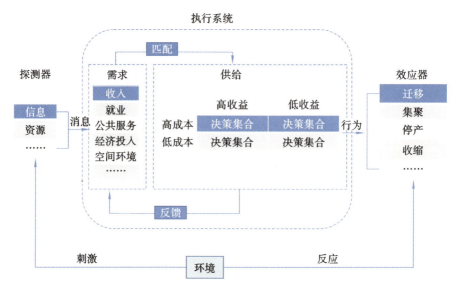

图 5-4 小城镇收缩中微观适应性主体行为模型
（资料来源：笔者自绘）

他规则发出的行为信息，即当主体通过 A 类规则处理信息后，B 类规则对 A 类规则产生的效用进行评价，并以此来对不同的 A 类规则进行信用分派。在上文所述的案例中，即检验"IF 高质量劳动力数量大于 x 人且生产资料成本低，THEN 扩大规模"这条规则是否对乡镇企业收益提升具有有效性：若有，则给予该规则较高的信用值；若无，则该规则在适应性系统规则集合中处于底层。在复杂适应性系统中，这一对规则进行信用值分配的过程称为信用分派。在不同的环境和条件影响下，最佳的决策方案并非是规定不变的唯一方案，这种信用赋予的规则机制能够在系统不断试错的过程中变化演进。在演进的过程中对信用值较高的规则的使用强度会不断增加，因此适应性主体的某种行为会在发展的过程中不断强化，产生出具有不同行为表征的集聚特性。在小城镇系统中，B 类规则反映了小城镇适应环境的能力，是一种适应性规则。例如"乡镇企业向产业园区迁移集聚"，适应性也因此而产生。正是在这种适应性主体的个体行为规则下，不同的积木在规则（如劳动力规则、成本规则、收益规则等）不断修正的基础上形成了多样化的发展模式，小城镇的收缩发展正是其中一种类型。同时，某一个适应性主体的主体行为也会引起另一类适应性主体新的应激反应，系统的复杂性也因此而产生。对不同小城镇的不同适应性主体的个体行为模型的探索，可以很好地解释小城镇各类收缩行为产生的内在机制，为小城镇收缩的类型识别与引导策略的提出提供基础理论支撑。

2. 回声模型为解释小城镇适应性主体收缩的聚类及大规模层级涌现提供了理论基础

复杂适应性系统是一个自下而上的演化系统。为了解释系统的复杂性与系统整体的演化机制，霍兰进一步构建了回声模型。小城镇作为一个复杂适应性系统，组成该系统的主体自然具有多样性特征。根据适应性主体个体行为模型的论述，系统中主体间的交互活动受制于从学习与长时间适应中产生的期望。而在特定的复杂适应性系统中，有些期望是主体共有的，另一些期望则因主体不同而存在差异。多样性和期望这两个特征，则是复杂适应性系统复杂性的真实写照，并且这两个特征都来源于类似的适应和进化机制。

根据复杂适应性系统理论的描述，只有通过统一的回声模型才能将这些机制统一纳入一个完整系统中，进而发现影响小城镇发展变化的临界现象（杠杆）。回声模型的关键是资源和位置，通过本书对小城镇发展演变历程的描述以及对小城镇收缩表现的论述可以发现，小城镇发展演变的过程以及小城镇收缩的产生归根结底是资源在区域间的非均衡配置与流动。小城镇中的各类适应性主体通过不断发展变化以获取更多的资源，小城镇通过各种新的发展模式在区域中获取更多的资源以得到更好的发展。小城镇的复杂适应性系统属性表明小城镇中各类主体具有层级性，也就是说小城镇中的各类适应性主体在发展演化的过程中具有自己的生态位及空间位置。例如镇与村间的层级关系、镇与镇之间的等级关系等，不同位置的主体间相互作用。同时，小城镇与小城镇、小城镇与其行政管辖范围内的乡村间存在竞争、合作、共生、寄生等各类复杂的作用关系，对小城镇系统的发展演进产生多样化的影响。在这个过程中，某类要素的减少或缺失可能是系统发展过程中复杂的自适应现象的合理性表达。因此，回声模型的引入在建构、模拟小城镇发展演化规律的同时，很好地解释了收缩现象产生的必然性与合理性，同时将小城镇单个主体的收缩表征与整体的层次涌现特征联系起来，为构建小城镇收缩的理论模型奠定基础。

5.2 小城镇收缩的复杂适应性理论解释

正如前文所述，在系统的整体属性与主体特征两个维度上，大都市地区小城镇与复杂适应性系统理论的基本特征相契合，复杂适应性系统有关适应性主体及系统整体的研究方法对小城镇系统完全适用。因此,大都市地区小城镇收缩的产生、成因与内在机制可以通过复杂适应性系统理论的相关机制进行合理而科学的解释。本书根据复杂适应性系统理论的理论研究方法构建两个维度的理论模型,即主体的适应性变化模型以及系统整体演进的回声模型,分析大都市地区小城镇收缩的产生机制与原因,并进行理论模型的构建。由于复杂适应性系统是自下而上演进的,理论模型的建构也将按照这一规律,从适应性主体的变化的个体行为模型到系统整体演化的回声模型这一自下而上的顺序进行。

5.2.1　理论解释的逻辑顺序

在大都市地区小城镇复杂适应性系统中,适应性主体的个体行为模型以及整个系统的回声模型的建立是将系统的适应性演化抽象为可以统一描述的框架与机制,从而寻找识别小城镇收缩产生的内在机制及有效引导收缩小城镇发展。适应性是指在外界刺激下小城镇通过自身的执行系统做出内部调整的能力。根据复杂适应性系统自下而上的演化特性可以发现,适应性主体的层级涌现最终将导致整个系统的适应性变化。因此,在对小城镇收缩变化进行理论模型建构的过程中,首先通过刺激-反应的内部规则建立适合各个层级主体变化的个体解释模型,解释各个主体收缩现象的涌现。研究打破了规划学科一贯的自上而下的思维模式,在研究小城镇收缩的过程中,从高层次的整体的涌现特征入手,归纳微观视角主体的适应性行为特征。因此,在理论模型构建的过程中,要求我们以一种新的思维模式进行探索。小城镇收缩现象作为小城镇系统各层级适应性主体涌现出的行为特征的一种,在对其进行理论解释时,无论是微观的个体行为模型,还是系统的回声模型,在建构的过程中都应该以小城镇作为对象来探究,将收缩当成系统适应环境过程中随机出现的现象,并探索具有这一现象的系统的适应性特征,以及系统中出现收缩现象的各类主体的适应性特征。因此,本书以小城镇系统为对象,按照复杂适应性系统理论中理论解释模型构建的方法,以自下而上的涌现机制,针对小城镇发展变化进行理论模型的构建,在小城镇发展变化的复杂适应性系统解释模型中探索涌现出收缩现象的主体的内部作用机制,明确大都市地区小城镇收缩识别与引导的关键点——适应性作用机制,为收缩小城镇的评价与引导提供理论铺垫。

5.2.2 大都市地区小城镇适应性主体的刺激-反应微观理论解释模型

1. 小城镇微观适应性主体行为变化的探索

在大都市地区小城镇发展变化的过程中，若仅仅将小城镇看作都市区城镇体系中区别于城市与乡村的主体，则与复杂适应性系统中主体样本数量庞大且多样化的特征不相符。小城镇本身也是各类适应性主体集聚后产生的介主体，自身就能够构成一个复杂适应性系统。一方面，小城镇的规模有限，产业结构简单，在发展的过程中对资源与外部环境的依赖性较强。因此，区位条件及资源禀赋不同的小城镇在产业特色、功能定位以及空间形态方面存在着较大的个体差异。另一方面，各类适应性主体不同的微观行为表现会导致小城镇呈现出不同的发展特征。因此，在小城镇收缩的复杂适应性系统理论构建之前，首先需要对小城镇这一较高层级的复杂系统进行解构，明确其内部容纳的各类微观适应性主体。

在前文论证小城镇复杂适应性系统集聚的基本属性时，已经构建了居民、企业、政府等微观主体集聚涌现形成乡村、集镇介主体最终至形成小城镇这一较高层级的介介主体的过程。从微观视角出发，小城镇系统中的各类微观适应性主体数量庞大，且各类适应性主体之间又会相互影响，这无疑会增加研究的复杂性。因此，在微观行为解释框架构建的过程中，需要建构一个各主体都能适用的规则描述工具。这个规则需要符合三个标准：①规则必须使用单一且统一的语法去描述所有的复杂适应性主体；②规则的语法必须规定主体间的所有相互作用；③必须有一个可以接受的程序以适应性地调整规则。在前文对于复杂适应性系统理论的论述中可以发现，刺激-反应（IF/THEN）规则是适用于各类适应性主体的行为规则，对小城镇系统也完全适用。因此，在小城镇系统中，不论是居民个体的行为选择，还是企业应对外部环境变化的行为决策，都是各类微观适应性主体在刺激-反应规则机制下对环境与资源反馈和匹配的结果。

在明确了小城镇微观适应性主体的类别及基本规则后，下一步需要构建相应的执行系统。前文中已经以乡镇企业为例，对微观适应性主体的内在机制进行了详细的解释。这里并不是要对系统中每一类主体的行为进行研究，而是通过将复杂的具体行为抽象成可以用复杂适应性系统语言概述的内容，在主体的行为模拟中找到重要的执行规则，并以此解释适应性主体行为特征产生的主要机制。

在小城镇系统中，居民、企业、政府等各类适应性主体的行为虽然具有内部的复杂性，但归根结底是应对探测器收集到的信息、匹配自身内部规则并做出行为应对的过程（图5-5）。

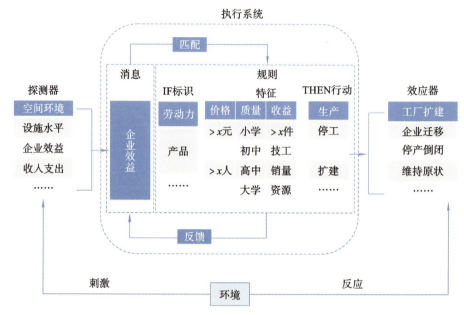

图5-5 小城镇适应性主体刺激-反应解释框架
（资料来源：笔者自绘）

大都市地区小城镇的各类适应性主体主要通过探测器接收来自大都市经济环境、政策环境、社会环境以及原生地理环境的输入信号，并根据各自的需求进行匹配，综合考虑成本与收益后做出反馈，发出响应自身需求的信息，并通过效应器转化为不同的行为表征。小城镇微观适应性主体的这种行为过程就是复杂适应性系统中内部机制指导积木进行不同组合的过程，也是微观主体应对环境变化的基本适应机制。在执行系统进行决策与博弈的过程中，各类主体会根据不同的反馈结果，结合积木形成不同的行为模式。被证实具有较高效益的行为模式会反馈给适应性主体，获得较高强度的信用分派，并作为经验积累在适应性主体中散播、学习，在下一次适应性主体决策的过程中重复使用。规则的重复使用使得某种行为模式在适应性群体中大量出现，形成了集聚特征，并出现了涌现现象。

2. 小城镇适应性主体的集聚与层级涌现

小城镇复杂系统中适应性主体的集聚与层级涌现包括两个层面，一是适应性主体自身的集聚和层级涌现,二是由于适应性主体的某种规则被不断复制学习而导致的行为活动的集聚和涌现。适应性主体自身的集聚与适应性主体的基本类别相关,反映了小城镇由无到有的过程。各种类型的适应性主体按照其自身特性的不同,集聚形成了诸如乡村居民点、行政村、集镇、建制镇等介主体与介介主体。而主体行为的集聚与涌现则是主体在适应性行为选择后表现出来的不同特征的集聚。涌现产生的基本条件是适应性主体异质性行为不断积累导致系统整体性质发生变化,小城镇系统中各类适应性主体在各自的刺激-反应规则的作用下,通过不同积木的组合会呈现出不同的特征,而根据适应性主体信用分派过程和规则发现过程,各类适应性主体的不同规模特征在主体适应性发展的过程中会形成规模性效应。

在小城镇的发展中,居民、企业、政府等适应性主体由于数量众多且内部规则复杂,在适应性发展的过程中形成了不同行为特征群体,也就是系统论中提到的主体的异质性特征。这种异质性特征由于主体的自我学习及自我完善能力而不断积累,由单个特征的个体集聚成具有同类特征的主体,并进一步集聚成群体。这些按照适应性主体行为表现特征集聚形成的介主体与按照适应性主体自身特征集聚形成的介主体不同,两者之间存在着交叉与隔离。这种交叉与隔离形成了要素的流动,也最终导致小城镇系统收缩表征的出现。

根据复杂适应性系统理论描述,涌现的产生是适应性主体异质性行为不断积累的过程,从而引起整体的变化。当适应性主体异质性行为不具备一定的规模效应时,整体的层级涌现也就不会产生(图5-6)。在小城镇发展的过程中,收缩现象的产生主要是各类适应性主体做出行为决策后产生的流动行为所致,即居民、企业等适应性主体根据各自的内部规则自发向其他城镇转移。当产生这种行为的适应性主体数量巨大且种类繁多时,小城镇就表现出明显的收缩现象;当数量及种类相对

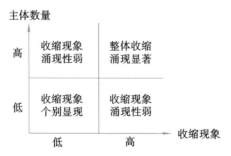

图5-6 小城镇适应性主体刺激-反应解释框架

(资料来源:笔者自绘)

较少时，则表现为个体局部的收缩现象。因此，小城镇收缩现象的产生是微观适应性主体层级涌现的结果。

3. 小城镇收缩现象是适应性主体集聚与节点间流共同作用的结果

大都市地区小城镇的各类微观适应性主体应对外部环境及内部需求会涌现出各类行为，并根据不同的行为特征集聚成各类介主体与介介主体。小城镇发展变化的过程就是小城镇复杂适应性系统中的各类适应性主体不断响应外部变化而做出调整的过程（图5-7）。

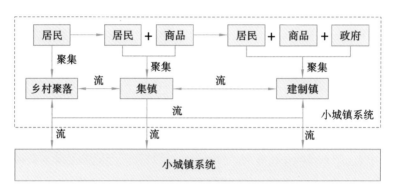

图5-7 小城镇收缩的复杂适应性系统个体解释逻辑
（资料来源：笔者自绘）

从微观适应性主体出发，居民、企业、政府等数量众多、类型丰富的主体集聚成各类介主体（如外部表现为农耕活动的居民主体集聚形成乡村聚落、以从事商品交易为主的居民集聚形成集镇等），同时主体大规模涌现出不同的特征（如乡村聚落的空间特征、产品交易集聚形成的经济发展特征等）。这些主体通过不同的标识集聚成乡村聚落、集镇、建制镇等要素、功能、容量各不相同的结构层级。这里的标识不但指地理范围上的区分，更包含了生活方式、生产方式、经济特征、空间特征等方面的区别。

在小城镇的发展过程中，随着各类微观适应性主体需求的变化，主体内部的刺激-反应规则会发生变化，并引导主体的行为特征发生改变。一方面，由于系统的复杂性，主体会产生新的适应性特征，另一方面，在信用分派和规则发现过程的作用下，微观适应性主体的行为选择特征会向收益更高的集聚涌现介主体转移。最终导致资源要素在小城镇系统内部的各个节点间以非线性的复杂状态流动，造成了一部分节点所包含的适应性主体数量与种类的减少和另一部分节点所包含的适应性主体数量与种类的增加。

这里需要对系统中的资源要素和适应性主体间的关系做一个界定。从微观视角出发，小城镇系统中的适应性主体包括了居民、企业、政府等具有自主行为能力的主体，而小城镇的资源则包含了土地、资金、设施、地理环境等能够被主体利用的要素。由于系统的复杂性，小城镇系统中的微观主体有时也会转化为其他微观主体的资源，例如小城镇的剩余劳动力会成为企业的重要生产力资源。因此，资源要素的流动也包含了微观适应性主体的流动，从而导致系统中的其他微观适应性主体的适应性行为出现相应的决策调整，使小城镇系统在自下而上的变化过程中产生从微观到宏观的新的集聚与涌现，直至各个节点之间的状态与相互作用发生改变。

系统与微观主体的每一次适应性变化以及新的转变都会为下一步的相互作用以及新的生态位的开辟提供可能性，并通过这样循环往复的过程来维持系统的动态性、多样性。通过适应性主体的微观理论解释模型可以看出，在复杂适应性系统的4个特性与3个机制中，大都市地区小城镇收缩现象的产生一方面是由于系统内部微观适应性主体集聚后的大规模层级涌现，另一方面是受内部节点之间流的影响。

微观适应性主体为应对外部环境及内部需求发生变化，集聚成介主体和介介主体后，介主体与介介主体间就具有了一定的层级关系并占据了不同的生态位。生态位既包含了适应性主体，也包含了各类资源。不同生态位所占有的资源总量与资源类型是不同的，资源可以在各个生态位之间自由流动。在小城镇系统中，流是指劳动力、设施、土地、资本、技术等能够引发区域发展变化的要素在系统的不同节点及不同生态位之间跃迁转移的过程。根据复杂适应性系统理论的描述，适应性主体只有获取相应的资源后才能完成发展与繁衍。而通过小城镇微观适应性主体刺激-反应解释模型可以看出，作用于小城镇微观适应性主体的内部规则实质是需求-供给规则。具体来说，随着社会经济的发展，居民、企业、政府等主体的需求会发生根本转变。为了谋求更好的发展，其原本的生态位包含的资源早已不能满足自身发展的需要。综合考虑成本与收益后，适应性主体会主动获取所需的资源以适应环境的变化和自身的发展。虽然资源是具有流动性的，但并非所有资源都能够自由流动。例如土地、设施等资源根据其所处的生态位不同，资源的属性、等级、丰富度也会不同。适应性主体为了获取其他生态位上的固定资源，只能通过其自身的跃迁转移来达到目的。因此，也就出现了适应性主体在不同生态位间跃迁的现象，形成了新的流。流的存在是主体适应环境变化与自身需求的结果，同时也导致了部分生态位内资源和适应性主体数量与种类的下降，甚至出现生态位被其他生态位取代的情况，也就导致了小城镇系统内部局部收缩现象的产生。同理，小城镇与小城镇之间流的存在导致了小城镇整体收缩现象的产生，因此小城镇收缩现象是微观主体适应性行为选择的必然结果。

在对小城镇适应性主体进行理论解释模型构建时，是假设小城镇系统已经完成了初始的集聚与层级涌现，研究适应性主体应对外部环境变化而产生的适应性行为。小城镇系统的适应性调整过程需要一定的时间，按照复杂适应性系统理论的描述，适应性主体通过经验积累以及学习来完成信用分派和规则发现的过程需要时间的积累，而适应性主体根据不同的内部规则应对环境变化所产生的行为特征却是一个既具有偶然性又具有必然性的即时发生的事件。因此，在小城镇系统中，以居民、企业、政府等为主的微观适应性主体能够及时做出符合自身效益最大化的供需行为选择，而主体通过信用分派和规则发现来确定每种行为选择是否能够最终适应整体发展需要一个较长的过程。从主体根据环境变化产生各类行为到主体通过信用分派和规则发现来强化某类行为之间存在着时间的滞后性。在这个过程中，居民、企业、政府等微观适应性主体针对外部环境刺激，根据内部不同的需求-供给规则会产生多种类型的行为表现。具有相同行为表现的适应性主体在完成信用分派和规则发现之前会形成新的集聚与层级涌现。例如，镇村群体两栖迁移、企业向外部园区集聚等。这类集聚也标志着资源和适应性主体在不同生态位间重新集聚、跃迁，导致了原生态位表现出以资源要素及适应性主体数量、种类减少为特征的收缩现象。而这种新的集聚仅仅是个体适应性行为多样化导致的系统复杂性的表现，在完成新的集聚和层级涌现后会出现适应与部分不适应并存的情况，导致了小城镇整体收缩与局部收缩在某一时间段具有一定的风险性与不确定性。

5.2.3 大都市地区小城镇收缩的宏观理论解释模型——回声模型构建

通过对小城镇微观适应性主体刺激-反应理论解释模型的建构，可以发现小城镇收缩的风险性与不确定性产生于微观主体产生适应性与系统整体产生适应性的过程，而小城镇收缩的产生源自于资源、适应性主体在系统各个节点与不同层级间的跃迁，即流。小城镇微观适应性主体的理论解释模型的建构是从个体视角出发的、自下而上的模型建构过程，旨在厘清个体适应性过程和集聚涌现方式，忽略了主体外在形式的多样性与主体之间的相互作用。但小城镇作为一个复杂适应性系统，其典型的特征就是多样性。因此，仍然需要对小城镇收缩在系统整体层面进行进一步提炼，明确收缩多样性、复杂性产生的机制。结合适应性主体的理论解释模型，通过霍兰的回声模型，构建大都市地区小城镇发展的回声模型。

按照霍兰对回声模型的规定，主体只有在收集了足够的资源、能够复制其他染色体字符串的时候，才能够繁殖。因此，主体的适应度就隐含在其收集资源的能力中。根据复杂适应性系统理论对回声模型的描述，可以发现，主体既可以从所在位置收集资源，也可以从与其他主体交互的过程中获取资源。因此，小城镇系统的回声模型能够很好地解释小城镇整体与局部的收缩成因。资源和位置是回声模型中至关重要的部分。①在小城镇系统中，每个适应性主体都携带一定的资源，例如居民主体能够提供大量的劳动力资源，企业主体可以提供就业岗位、资金等资源，政府主体可以提供设施及政策保障等资源。②各类适应性主体通过集聚所形成的新的介主体或介介主体会在系统中占据不同的生态位，小城镇系统中的生态位既包括了空间区位也包括了等级地位。在不同的生态位中，除了占据该生态位的主体携带的资源外，生态位本身还包含了一些可供主体使用的公共资源，例如土地资源、公共服务设施资源等。这些资源中有一部分资源是仅对本生态位主体开放的资源（例如土地资源等），另一部分资源是可以供不同生态位的不同主体使用的资源。这些处于各个生态位的各类资源可以划分为两大类，一类是能够自由流动转移的资源，另一类是固定的资源（即使用者只能在资源所在地使用）。

在回声模型中，主体与主体之间具有以下几种机制。

（1）交换机制。主体和主体之间具有交换资源的能力。例如居民主体与企业主体间存在劳动力资源与经济资源的交换。

（2）转换机制。主体对内部资源和生态位的公共资源具有进一步加工、重组、利用和再生的能力。例如小城镇各类主体对城镇空间的建设活动可以理解为主体对空间资源的加工与利用，以及居民通过个人学习与技能提升从而提高劳动力价值的过程等。

（3）黏着机制。 主体与主体之间可以建立固定的关联，并形成一种共生关系，从而形成一个具有多主体、多重边界的、在系统中继续活动的聚合体。 聚合体比单个主体形成的集聚体具有更强的资源获取能力，同时形成了层级跃迁的属性。

（4）选择性交换机制。 主体在拥有足够的资源之后有选择与其他主体进行资源交换的能力，从而形成更强的主体。 在小城镇中，各类主体在获得足够的资源后可以与其他主体发生交换，在交换的过程中获得新的利益并产生新的需求，从而形成新的主体。

（5）条件复制机制。 在主体占据有利位置且具有足够的资源时，主体可以进行自身结构的扩充或复制。 以小城镇系统为例，居民在获得足够的资金资源和设施资源后，可以选择在城镇定居或进行家庭的整体搬迁等。

在复杂适应性系统中，回声模型建立在进攻、防御和仓库的基本模型之上。 由于小城镇与生态学中所讲述的生态系统之间存在着差异，根据前文对适应性主体微观理论模型的研究可以发现，小城镇系统演进的核心驱动力是供给与需求。 因此，小城镇系统回声模型建立的基础在于供给、需求和仓库机制。 即主体由两部分组成：存放收集的资源的仓库和标识能力的染色体。 染色体主要存在两个标识（即供给标识与需求标识），模型中主体的各类交互活动都受这两个标识的调节和控制。

根据上文对小城镇系统回声模型构建要求的论述，可以建构出大都市地区小城镇系统收缩的回声模型（图 5-8）。

在小城镇回声模型中，用 D 来表示主体的需求（demand），用 S 来表示主体的供给（supply），则每个主体都有一个 D-S 染色体，当不同主体之间 D-S 染色体相互匹配时，主体与主体就会发生资源交换。 例如当企业主体对劳动力的需求和对薪酬的供给与居民主体对薪酬的需求及对劳动力的供给相吻合时，即使两者处于不同的生态位，在主体适应性选择的作用下两者也会发生资源的交换。 在小城镇的回声模型中，主体与主体间的资源交换是一种基本的作用模式。 在现实中，由于主体的复杂性其往往具有多种需求 D_1、D_2、D_3、……同时也能够提供多种供给 S_1、S_2、S_3、……当各类主体间具有共同的需求，主体与主体之间的某类供给和某种需求又能够很好地匹配时，两个主体就形成了一种黏着关系（图 5-9）。

例如位于产业链不同位置的企业对利益有共同的需求，企业与企业之间存在着产品与原材料供给的需求-供给匹配，两者之间会构成一种黏着关系，也就是城市研

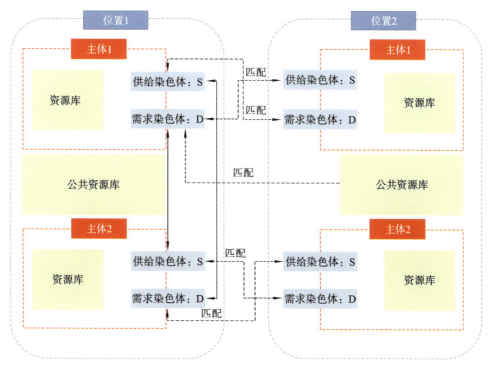

图 5-8　小城镇回声模型演示
（资料来源：笔者自绘）

究中提及的集聚的外部正效应。而根据回声模型的基本描述，黏着关系的产生依赖于边界机制的形成。在系统中每个主体在形成之初都会有一个边界。边界可以包含多个主体，也可以只包含一个主体。例如小城镇的产业园区可以只有一个企业，也可以有多个企业，不同的企业按照企业类型也可以划分为一、二、三产业等。而主体只能够与同属于一条边界的主体或属于相邻边界的主体进行交互作用，且根据两者之间的不同匹配情况形成不同的匹配结果。当两者之间的匹配度很低时就不会形成黏着现象，这时产生的子主体就会被父主体排斥出去，并形成一个新的集聚体。例如，在小城镇系统中的制造业产业与以农业旅游为主的休闲农业产业之间，会形成两个相互独立并且各自占据不同空间位置的集聚体。当二者匹配度接近时，子主体将被纳入所选主体的边界内，即产业向大的产业园区集聚。当所选择的主体匹配度远远高于子主体匹配度时，子主体就会被放到紧邻所选主体边界的边界内。如果所选主体没有边界，就会形成一个包含子主体的新的边界。子主体就会被迫占据一个不会被其他主体占据的位置，即在小城镇内或大型工业园区的周围形成若干

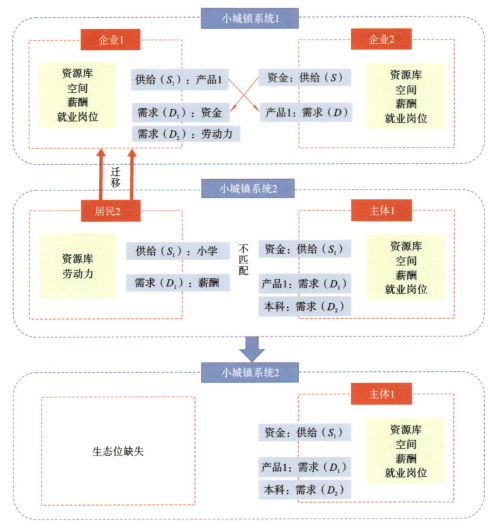

图 5-9 回声模型中小城镇收缩演变示意
（资料来源：笔者自绘）

个小规模的产业园区（图 5-10）。同时，主体还具有选择性交换和条件复制的能力，即适应性主体可根据其自身需求对进行资源交换的主体进行选择。例如，企业对劳动力的选择以及劳动力对企业的选择、企业对环境的选择行为等。而小城镇中的适应性主体为了吸引更多的资源并顺利地对既有资源进行加工转化，会主动做出完善基础设施、提升劳动技能、改善环境等行为活动。

在回声模型中，主体的适应能力主要体现在其对资源的获取以及对资源的加工方面。只有收集到了足够的资源，主体才能获得发展。通过小城镇回声模型的构

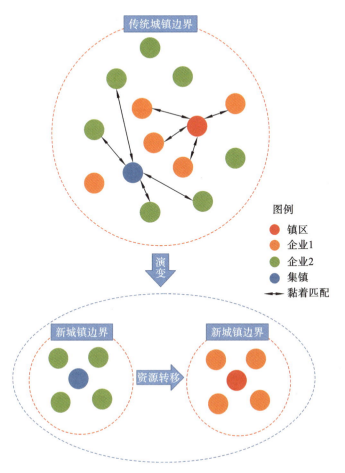

图 5-10 小城镇系统边界生成过程演示
（资料来源：笔者自绘）

建可以发现，小城镇发展的适应性变化来自：各个主体为获取支撑自身发展的资源会在不同的生态位间跃迁流动，这种流动与跃迁正是收缩现象产生的基础。总体来说，小城镇在系统整体层面的适应性表现为三个方面：①资源的获取能力；②对内部资源进行二次加工和利用的能力；③利用资源在生态位中不断跃迁与优化的能力。在适应能力的作用下，各类适应性主体由于黏着机制、选择性交换机制以及条件复制机制的存在，在主体适应性变化的过程中，会造成系统部分生态位出现以资源减少、功能分化等为表征的收缩现象。同时，由于各类适应性主体的定向集聚，小城镇表现出某种功能的提升及镇域范围内的功能结构的分化，并在小城镇镇域范围内形成不同的增长极，从而导致镇区出现功能上的收缩。小城镇适应性主体的选择性交换与条件复制则促进了主体某种能力的提升,并会带来另一种能力的减弱,例如小城镇对生态环境管控的加强会导致生态用地总量的增加,从而限制建设开发活动,降低城镇开发容量,使小城镇呈现出容量的收缩。

综上所述,在小城镇适应性主体的个体行为中,匹配、反馈等刺激-反应模型的基本规则,决定了适应性主体在外界环境变化下的适应性行为。涌现机制则决定了适应性主体适应性行为的外部表现特征。对微观适应性主体的层级涌现机制的认知,明确了小城镇收缩的表现及特征的多样性。通过小城镇回声模型的构建以及需求-供给解释规则的运用,进一步明确了小城镇整体收缩现象产生的原因,即小城镇整体及内部主体在资源获取方面的适应性行为以及由此产生的在生态位之间的跃迁,是系统整体及内部主体适应性行为的外部表现。由于主体行为的多样性以及微观主体和系统适应性行为之间的时滞性,小城镇收缩有其必然性,也有一定的风险性。决定小城镇收缩行为选择的关键在于适应能力,这也是研究大都市地区小城镇收缩类型及引导策略的重要依据。

5.3 大都市地区小城镇收缩的机制及影响

本书结合复杂适应性系统理论构建了小城镇系统适应性变化的微观个体解释模型和整体回声模型,从理论层面解释小城镇微观主体的适应性行为变化与系统整体的适应性变化过程,为解释收缩现象的形成提供了理论基础,同时也为后文收缩类型的识别提供理论依据。本节将结合这两个理论模型对小城镇收缩现象的产生机制以及影响做出详细的理论解释。

5.3.1 小城镇收缩是小城镇系统适应性行为表现

在构建小城镇发展演变理论模型的过程中发现,适应性是大都市地区小城镇收缩产生的关键机制,是复杂适应性系统及系统内部各类主体进化的关键。从适应性的基本定义来看,适应性是指生物体根据外部环境变化对自身行为活动、形态结构等做出调整变化并在新环境下继续生存繁殖的过程。适应性具有两个层面的含义:一是主体应对外部环境变化产生的适应性行为;二是主体适应性行为是否能够支持其在某种环境条件下生存下去。因此，从适应性的定义可以看出，主体的适应性存在着全面适应与局部适应的类型差别、短暂适应与长期适应的时间差异以及被动适应与主动适应的机制区别。而不适应则是指主体的行为活动与环境变化不耦合，最终导致主体在自然条件下无法生存。在小城镇发展演变的过程中，现实中主体的适应性行为会形成多样的外部表达，其中包括了以总量减少、空间集聚、功能分化为表现的收缩现象。

在小城镇构成的复杂适应性系统中，适应能力具体体现在以下三个方面：一是适应性主体从系统不同位置获取资源的能力；二是适应性主体对自身资源进行加工与再利用的能力；三是适应性主体获取资源后转变自身结构占据新的生态位的能力。适应性主体在系统不同位置获取资源的能力是主体维持自身发展及保持自身结构稳定的基本条件。

从小城镇发展演变的回声模型中可以看出，大都市地区小城镇的发展来源于对人口、空间、经济、环境等资源的吸取；而小城镇的收缩则是由于大都市及周边其他地区小城镇在资源供给及资源收集方面的压迫，小城镇难以从所在的生态位获取满足自身发展需求的资源。因此，适应性主体从系统不同位置获取资源的能力造成了小城镇其他位置资源的短缺，而在资源短缺的情况下，主体为了维持其发展只能被动精简功能、调整结构，表现出收缩的特征。

小城镇各类适应性主体对资源加工与再利用的能力是适应性主体从局部适应向全局适应、短暂适应向长期适应、被动适应向主动适应转变的关键。当大都市地区小城镇在大都市及其他增长极的压迫下资源总量不足时，主体对既有有限资源的加工再利用的能力就显得尤为重要。例如，以农业为特色的小城镇，通过大力发展农业及乡村旅游业谋求发展，在这种发展路径下，由于农业产业化进程的推进，小城镇只能进一步释放劳动力资源，而城镇对环境的要求也进一步限定了城镇空间拓展的范围与空间建设强度。因此，可以理解为小城镇将空间与劳动力资源通过加工转化成一种能够使城镇获得新的发展动力的产业资源，从而使城镇在新的环境中占据一定的生态位并继续生存发展下去，这种转化也伴随了城镇局部功能及某一主体的收缩。无论是主体的主动收缩还是被动收缩，其最终目的是使小城镇系统能够在变化的环境中获得生存和发展的机会。因此，适应性主体获取资源、转变结构最终占据生态位的能力在城镇发展的过程中至关重要，这也是主体以及系统适应性的最终目标。

由于系统具有自我学习及经验积累的能力，主体在发展的过程中呈现出的各类适应性现象会随着时间的推移得到检验，尤其是大都市地区小城镇收缩现象。小城镇由于居民、企业、政府等主体的适应性行为呈现出多样化的收缩表现。在没有外界干预时，这些收缩现象在小城镇发展的过程中会不断出现并且集聚，但并非所有的收缩现象都能适应整体的发展。随着时间的推移，一部分收缩的小城镇丧失了参与区域分工的能力与潜力，在系统整体发展的过程中表现出不适应性，并逐渐消失。而另一部分收缩的小城镇通过资源转换将优势资源集中做大做强，能够在新的系统中占据一个稳定的生态位并得到新的发展。

由此可见，适应性是小城镇收缩现象产生的关键机制：微观主体的适应性行为导致了小城镇多样化收缩现象的产生；主体获取资源能力的不同造成了小城镇的局部与整体收缩；主体对有限资源加工、转化、再利用的能力决定了小城镇收缩的被动性与主动性；而主体调整自身结构并且占据新的生态位的能力决定了小城镇收缩的合理性。由此可见，适应性决定了收缩现象存在的必然性，适应性不但是小城镇收缩现象产生的关键机制，更是对小城镇收缩行为进行评价的关键因素。

5.3.2 微观主体的多样性造成了小城镇收缩现象的多样性

大都市地区小城镇不同收缩现象的产生是主体适应性行为的集中表现。根据前文对大都市地区小城镇适应性主体的刺激-反应理论解释模型的构建可以看出，大都市地区小城镇收缩外部表现的多样性主要源自微观主体在小城镇系统发展过程中的多样化的适应性行为。收缩的多样性源自主体的多样性，多样性是复杂适应性系统的主要特征之一，表现在小城镇系统中即存在不同类型的主体，如居民、企业、政府等，而每个不同类型的主体又会有不同的收缩表现。正如本书所述，小城镇收缩存在着要素、功能、环境三个方面的表现，而不同的小城镇在每个方面又有各自不同的表现。随着外部环境的变化，即使是同一类主体也会产生不同的适应性行为。

（1）适应性主体的行为变化产生于执行系统中复杂的内部规则。与一般的生态系统不同，在小城镇系统中，内部规则是由需求-供给关系确立的。随着市场经济的不断推进，大都市地区经济社会环境变得丰富多样。就武汉市而言，在城镇化进程不断推进以及经济发展水平不断提升的过程中，都市区可以为其中的各类主体提供多样化的资源供给，其中包括多样的医疗设施、教育设施，多种类的就业机会，多元化出行方式以及多类型的居住地等。根据武汉市教育、医疗、商业设施密度分析可以发现，武汉市教育设施、医疗设施、商业设施主要集中在主城区及远城区的新城城区内。而随着居民生活水平的提升，居民对高质量的教育、医疗、商业设施的需求大幅增加。一方面是丰富的设施使用选择，另一方面是居民多元的需求。大都市地区设施供给虽然能够满足小城镇居民不同的需求，但设施空间分布的不均衡造成了居民需求与设施供给的空间错位。随着交通网络的发展完善，空间距离对居民设施使用选择不再构成障碍，因此都市区整体的设施供给与居民个体需求之间的空间错位会对小城镇服务效能带来冲击。

（2）根据微观理论模型，主体适应性规则的产生有两种方法，一种是由规则发现产生，另一种是由信用分派产生。而现实中适应性行为的产生大多是这两种方法共同作用的结果。规则发现的本质是一种创新，即当居民、企业等主体遭遇新的外部环境变化时，能根据自身需求对其所能掌控的基本资源（积木）进行重新组合与利用，从而产生新的行为模式。而信用分派的核心则是竞争，即通过竞争为收益高的适应性行为分配较高的信用强度，从而强化某一类行为。就小城镇发展而言，信用分派获取规则的速度远赶不上环境变化的速度，因此规则发现对适应性行为的产生尤为重要。尤其是大都市地区小城镇，一方面受到都市中心区的挤压，另一方面受到整体外部市场的影响。因此，在武汉都市区小城镇存在着多种发展模式，微观适应性主体也产生了一些新的适应性行为。例如人口的两栖迁移、企业向产业园区的集聚、迁村并点、乡镇合并等。正如第4章所述，这些行为是小城镇收缩的特有表现，也是居民、企业、政府等主体适应性行为的表现。因此，小城镇多样化收缩现象的产生是适应性主体为了应对高速变化的新环境，通过规则发现产生的新的适应性行为。

（3）在微观适应性主体集聚与涌现作用下，小城镇最终会呈现出有不同特征与表现的收缩。如前文所述，在复杂适应性系统中，集聚具有两种含义。大都市地区小城镇主体按照不同的类型属性会集聚形成诸如人口、产业、用地等不同类型的聚类。这些主体集聚后相互作用，会产生大尺度行为涌现从而形成生产总值、空间形态与结构、人口类型等不同的表现指标。小城镇的各类适应性主体由于各自不同的适应性行为也会按照其他的分类规则形成另一层级的集聚，诸如外出人口、外迁或倒闭企业、闲置空间等主体的集聚会涌现出人口数量减少、国民生产总值下降、空间利用率低等特征。这些特征正是小城镇收缩多样化的外在表现的具体显现。因此，主体的集聚与涌现最终导致了小城镇多样化收缩现象的形成。

根据适应性系统理论的微观解释模型分析可以得出，大都市范围内各类主体多样化的供给模式与各类主体不同的需求促使主体探寻新规则。因此，多样的供给与不同的需求是小城镇收缩现象产生的原动力。在原动力形成后，由于规则发现和信用分派的存在，主体在资源减少的前提下为适应环境产生了新的行为，因此规则发现和信用分派是适应性主体收缩现象产生的方法与规则，而新的行为主体的集聚与涌现最终将不同类型的收缩转化为直观可见的外部现象。

5.3.3 资源流动与主体跃迁导致了小城镇收缩的非均衡性特征

大都市地区小城镇收缩的非均衡性特征主要体现在小城镇收缩程度的差异上，即局部收缩与整体收缩并存、增长与收缩并存两个方面。追本溯源，从宏观角度出发，小城镇收缩特征的产生是在需求-供给适应性规则下，资源在系统各个节点自由流动以及各类适应性主体在不同生态位跃迁导致的。现实环境中供给与需求的非均衡性造成了小城镇非均衡收缩必然存在。这里所提到的供给与需求的非均衡是指非瓦尔拉均衡，即认为现实中价格调节机制不可能使各个市场同时结清，总存在着非零的超额供给或超额需求；现实生活中存在的均衡实际上是在外部调节下达到或接近帕累托最优状态时供给与需求的相对均衡。基于克洛尔（Clower）、巴罗（Barro）等人提出的非均衡理论，在小城镇系统中供给与需求不存在绝对的均衡，并且在不同的主体间存在非均衡性。例如，企业主体主导的商品市场的超额供给会对居民主体主导的劳动力市场产生溢出效应，而居民形成的主体在面临劳动力数量约束时，倾向于先决定能够卖出的劳动力数量，然后再决定购买商品的数量，而两者并不一定能够满足其真实需求，即双重决策理论[1]。复杂适应性系统理论仅描述了资源可以在系统各个节点之间自由流动，而这种流动要遵循系统或系统内微观个体的某种规则。在小城镇系统中起主导作用的刺激-反应规则实质是需求-供给规则。因此，在理想市场环境下，资源在小城镇内部及小城镇与小城镇之间的各个主体间是自由流动的，但在现实中，理想的市场（即完全由价格控制的市场）是不存在的。

对我国而言，目前在社会主义基本经济制度下的经济运行就是一种非均衡状态的经济运行，在资源配置的过程中存在着"两只手"，即由市场作用的"看不见的

---

[1] 方颖，陆铭.非均衡理论及其在中国的应用——评袁志刚《非瓦尔拉均衡理论及其在中国经济中的应用》[J].经济研究，1997（8）：68-71.

手"和由政府调控的"看得见的手"。因此，需求-供给规则下的资源的流动配置除了要受价格的调控，还要受到数量配额的限制。在发展的过程中，武汉市小城镇对用地、设施都有着强烈的需求，但出于土地经济效益最大化的考虑，建设用地的划拨主要集中在都市发展区以内，远城区的小城镇在建设用地指标上的需求受到数量配额的限制。同样，通过武汉市公共服务及商业设施核密度的分析可以发现，公共服务设施尤其是高质量的公共服务设施主要集中在中心城区及远城区的城关镇，而小城镇居民日益提升的收入水平拉高了其对公共服务设施的需求。

由此可见，武汉市都市区小城镇资源配置存在着实际供给与实际需求之间的差距。而这种差距只能通过数量配额的调整以达到整体社会效益的最大化，即帕累托最优状态。因此，在资源的流动与配置的过程中就会存在着倾斜与侧重，资源配置的不平衡造成了小城镇收缩的不均衡。由于资源自上而下的非均衡配置，小城镇各类适应性主体在需求-供给规则的引导下，产生趋利性行为，导致适应性主体的迁移。例如武汉市江夏区山坡街道，建设用地配额数量不足限制了乡镇企业的发展，企业为了获取更多的发展空间只能向周围工业园区转移，造成了山坡街道产业发展结构的塌陷。同时这种自上而下的资源配置带来的需求-供给的不适应也会造成小城镇局部的收缩。例如武汉市江夏区舒安街道，在发展的过程中，人口、产业呈收缩发展状态，但医疗设施资源在政府扶持下建设配额远高于日常需求，形成了一种以闲置为特征的收缩现象，即仅仅是硬件资源得到了提升，而商业水平、医疗水平等依旧不能满足居民日常需求，最终导致了设施配置的增长与实际使用的收缩。

资源要素多样的流动方式造成了小城镇整体收缩与局部收缩并存的现象。在小城镇系统中，资源一方面可以在内部各个主体间流动，另一方面可以在小城镇与小城镇间甚至在小城镇与中心城区间流动。在武汉市的小城镇中，正是由于这种多样化的资源流动模式形成整体收缩与局部收缩同时存在的非均衡特征。

根据资源要素禀赋理论，原始资源禀赋与区域环境的先天差异导致了部分小城镇在区域分工之初便占据了较高的产业结构位序。而武汉大都市地区空间结构的圈层特征更是表明了都市区附近的小城镇在产业集聚、经济发展方面的优势。同时，由于资源配额数量的差异，在资源配额数量高的城镇出现资源供给大于需求的概率更高，因此都市区周边的小城镇在空间资源、基础设施资源等方面占据了巨大的优势。在这种情况下，都市发展区外围小城镇受集聚效应的影响，劳动力、经济产业资源会进一步向都市发展区内的小城镇聚集。例如蔡店街道、消泗乡等地处都市区边缘的小城镇，资源向小城镇系统外流出，造成了小城镇在要素、功能及容量三方面的整体收缩。反观都市发展区内的部分小城镇，虽然在区域分工之初能够占据较高的产业结构位序，后期资源配额数量也相对充足，但由于小城镇内部各个主体之间区位、功能等方面的差异，资源在小城镇内部各个主体之间的配置也是非均衡的。例如新洲区仓埠街道，用地、经济产业等资源向靠近阳逻的产业园区集中投放，而出于促进乡村旅游发展的考虑，建设资金向资源条件较好的乡村社区倾斜，小城镇产业功能逐渐从镇区剥离。部分居民出于就业的需要以及乡村旅游经营需求，选择乡村社区作为居住地，居住功能也向镇区周边大型乡村居民点分散。在自上而下的资源非均衡配置及自下而上的资源非均衡流动的共同作用下，小城镇呈现出以功能收缩为特征的局部收缩。由此可见，同一时间段，在资源要素流动及资源非均衡配置的共同作用下，大都市地区既存在小城镇的整体收缩，也存在小城镇的局部收缩现象。局部收缩的小城镇由于流出资源的类型差异以及资源供需短板的不同，又在要素、功能结构、容量三个方面表现出不同程度的收缩。而这也表明小城镇收缩非均衡性特征的产生，是小城镇适应资源流动及资源非均衡配置的必然结果。

5.3.4　适应性的时滞性导致了小城镇收缩的风险性与不确定性

根据小城镇微观适应性主体的刺激-反应理论的解释，小城镇不同收缩现象的产生是主体应对外界环境变化产生的适应性行为的大规模涌现。由于微观主体的适应性行为与整体的适应性存在时滞性，小城镇收缩的行为在一定时间段内存在风险性与不确定性。

在大都市地区小城镇发展的过程中，外部环境在不断发生变化，资源交换在城镇间频发，为了应对多变的环境，小城镇居民、企业、政府等主体会根据规则发现原则形成多种新的发展模式，诸如外出务工人群的出现、企业迁移、乡镇合并等。这些行为的集聚会出现大规模层级涌现，形成小城镇收缩的不同类型表征。根据适应性理论，这些收缩表征仅仅是微观主体适应性行为的外在体现，是主体应激反应的表现，本身不具备任何风险。但适应性行为产生的最终目的是使系统在变化的环境中得到新的生存发展机会。从这一角度出发，微观主体的适应性行为就会给主体乃至由主体构成的系统造成一定的影响，或帮助主体及其所构成的系统得到新的生存机会，或者这种适应性行为集聚产生的新群体在发展的过程中不能够适应外部环境的变化而逐渐消亡。

在城镇发展的过程中，随着时间的推移，有利于主体及系统整体发展的适应性行为会通过经验积累与学习加强，而不适应整体及系统发展的个体适应性行为会逐渐被淘汰，这一过程在理论解释模型中被称为信用分派。信用分派的产生与微观主体适应性行为的产生之间存在时滞性，且信用分派产生的过程滞后于主体适应性行为。也就是说在小城镇收缩行为特征产生以后，收缩在城镇发展过程中的适应性才能表现出来，而在这一时间段内由于集聚效应的存在会有大量同类型的收缩现象涌现出来。一旦存在不适应情况，则会导致小城镇的消亡，进而引起结构的塌陷，使原本小城镇及微观主体占据的生态位出现空缺，而新的"替补"出现又需要一定的时间，所以小城镇收缩的不适应会对微观主体、小城镇系统乃至整个城镇体系产生结构性塌陷的风险。在系统适应性未得到证实之前，小城镇收缩产生的结果存在不确定性。因此，微观主体与系统整体适应性的时滞性导致了小城镇收缩存在风险性与不确定性。

通过回声模型可以发现，小城镇发生适应性变化的关键在于适应性主体根据自身的需求结合环境在不同的生态位获取各类资源。各个生态位在资源供给能力方面的差异导致了适应性主体会在不同的生态位之间跃迁。不同生态位所包含的要素数量、种类、等级存在着差异，这种差异是导致系统整体及局部发生适应性变化的根本原因。

对于小城镇系统来说，整个系统存在着层级差异，不同层级也就是不同生态位中的要素也会有所区别，生态位的层级越高，其结构复杂程度就越强，要素集中度越高，活跃度越大。以大都市地区为例，中心城区在行政等级及功能层级方面都远高于小城镇，从系统论的角度出发，城市的系统复杂程度也要远高于小城镇，也就是说城市在要素集聚的类型方面远比小城镇系统丰富。因此，中心城区可以为不同的适应性主体提供多样化的需求选择，尤其是将经济效益放在首位的企业。随着经济的发展以及产业竞争强度的不断增加，企业对劳动力、设施、空间的需求越来越高，虽然小城镇同样可以提供大量的剩余劳动力、充足的用地保障、完整的设施配套，但是在新的外部环境中，企业需求早已由数量需求转变质量要求，即对高素质劳动力的需求、对优质园区环境的需求、对产业链的需求、对高水平配套设施的需要以及对资本要素的追逐。反观小城镇，系统整体在企业、资本、高素质劳动力以及建设用地等要素方面的需求均大于供给，在资源方面的短板导致其很难从高于自身的生态位上获取资源。因此，根据复杂适应性系统理论，小城镇在发展的过程中只有三种路径选择，第一种是成为为其他生态位中的适应性主体提供资源的资源库；第二种是尽可能从高层级生态位及同层级生态位的其他小城镇系统中获取所需的资源要素；第三种是从低层级生态位中获取原始资源，并通过对资源的加工，将其转化为自身需要的要素资源加以利用。

当小城镇成为其他生态位中适应性主体获取资源的资源库时，由于其他生态位中的适应性主体对资源的汲取，导致小城镇自身资源数量与种类下降。由于小城镇自身系统内部对资源的需求大于供给，小城镇系统中的各类适应性主体只能根据自身需求向其他生态位跃迁以获得满足自身发展需要的资源。而这类小城镇及其所在的生态位就会由于资源要素的外流以及适应性主体的跃迁呈现出收缩甚至消亡，并在整个城镇系统中产生一个"空位"。这一过程本身是系统适应性行为的体现。同时，根据复杂适应性系统理论也可以知晓系统会继续做出一系列的适应性行为从而产生一个新主体来"填空"，并占据消失主体的生态位。由于后续的适应性过程具有一定的时序性，因此，小城镇的收缩会在新主体未产生之前给系统带来结构塌陷的风险。

小城镇在发展过程中的另一种路径选择是尽可能从高层级生态位及同层级生态位中获取发展所需的资源。大都市地区小城镇与中心城区和其他城镇增长极相比，在资源的初始配置及区域分工之初就处于劣势，在资源吸纳能力方面远弱于城市中心区和都市区其他增长极，在发展之初就处在资源不足的位置。因此，小城镇若要从其他生态位获取资源，只能集中有限的资源发挥自身优势，与中心区及周边增长极呈差异化发展；从功能齐全的完整系统转变为城市巨系统中不可或缺的一环，承担区域分工中更细致、更专业的职能，并以此吸纳对这部分专精功能有需求的主体向小城镇节点流动。而小城镇集中资源的同时也导致了小城镇其他功能的收缩，造成了小城镇局部收缩与整体增长并存的现象。最后，由于小城镇所处生态位在资源数量与种类上的不足，根据回声模型中主体适应性发展的理论解释可以看出，小城镇及其内部的各类主体还可以通过对自身资源的加工转化，将资源转变为能够为主体发展所用的资源，这个过程也造成了小城镇某类资源的收缩。但由于个体适应性行为与整体适应性行为之间的时滞性，这一适应性行为对小城镇整体发展造成的适应性影响是未知的，因此资源转化造成的小城镇收缩在小城镇发展的过程中会构成不确定性。

5.3.5 大都市地区小城镇收缩会对区域及自身发展产生正反两方面影响

1. 积极影响：资源腾退，以更专精的功能参与区域分工并获得新的发展机遇

从个体层面出发，大都市地区小城镇的收缩虽然会对小城镇本体的发展造成一些不确定的消极影响。但从区域发展的视角，由于资源的非均衡配置以及在区域发展中专业分工的精细化，小城镇的收缩是区域非均衡发展的必然表现，能够为区域健康发展做出贡献。

（1）资源腾退，促进区域健康发展。

从区域角度出发，部分小城镇的收缩能够为区域发展腾退资源，通过对收缩小城镇资源的再分配，可以大幅度加快都市区健康城镇化的进程。通过城市经济增长和建设用地扩张的线性分析可以看出，武汉市国内生产总值（gross domestic product, GDP）与建设用地增长之间呈现正相关关系，其中国内生产总值每提高1%，建设用地就对应扩张0.418%，即经济发展速度越快，城镇对建设用地的需求就越大[1]。但武汉市建设用地指标严重不足，1996年，武汉市全市GDP占全省GDP总量的26%，但上级分配的建设用地净增指标仅有12418 hm^2，占全省总量的10%。而1997—2005年间，全市实际净增建设用地16804 hm^2，建设占用耕地10487 hm^2，在64%的时间段内使用了130%的建设用地增量指标和112%的建设占用耕地指标。节约集约利用土地成为武汉市空间发展的重要指导目标，经济发展模式及经济发展速度的变化也对城市空间扩张的速度、周期与模式提出了新的要求。武汉市经济增长迅速，国内生产总值由2014年的10069亿元增长至2017年的13410.34亿元，其中，第一产业与第二产业的占比逐渐减少，第三产业的占比逐渐增加（图5-11）。武汉市中心城区依旧是武汉市经济发展的核心力量，中心城区经济增长占比由2014年的64.58%提升至2017年的66.18%。城市经济发展与空间变化之间的正相关关系揭示了非农建设用地需求的增长以及空间增长的变化。根据《武汉市土地利用总

---
[1] 张勇超，陈荣清. 武汉市城乡建设用地增减挂钩实施缘由及效果分析[J]. 湖北民族学院学报（自然科学版），2015，33（2）：235-240.

图 5-11 武汉市 2007—2017 年各产业总产值变化图
(资料来源：武汉市统计年鉴，武汉市统计局)

体规划（2006—2020）》要求，到 2020 年全市城乡建设用地总规模控制在 135300 hm^2。但根据武汉市土地变更调查统计数据，2016 年武汉市城乡建设用地达到 137861 hm^2，已突破建设用地指标红线。而武汉市依旧处于经济快速增长阶段，重点项目及工业企业的发展需要建设用地的支撑。城乡建设用地的增减挂钩是武汉市解决城市建用地紧张问题、促进建设用地节约集约利用的重要手段。

武汉市作为全国第一批城乡建设用地增减挂钩的试点城市，针对城乡建设用地增减挂钩编制了各类相关专项规划，规划涉及主城区以外的所有区域，包括 22 个乡镇、102 个行政村、6 个废弃工矿、3 所废弃学校，共计可腾退周转指标 1303.66 hm^2，城镇新增建设用地指标 1077.16 hm^2。截至 2017 年，武汉市腾退周转指标 554.95 hm^2，涉及 53 个行政村[1]。都市区小城镇在要素、功能及环境方面的收缩恰恰可以从宏观层面为区域发展腾退用地指标，通过对收缩小城镇闲置空间的整治、空间的集聚等手段，将建设用地指标分配到经济效益高的增长极，大幅度提升区域发展效率，促进城镇化健康稳步推进。

小城镇收缩一方面为有发展需要的城镇地区腾退了建设用地资源，另一方面通过加强生态保护与基本农田保护力度，完善区域环境，以郊野公园等形式参与区域城镇化进程，为城市地区提供生态休闲空间。例如，黄陂区以姚家集街道为代表和蔡甸区以消泗乡为代表的现代农业型小城镇，虽然在空间等方面呈现出收缩的现

---

[1] 彭艳丽.武汉市城乡建设用地增减挂钩工作的实践与思考[J].房地产导刊，2017（8）：11，59.

象，但通过完善生态环境、加强乡村建设和提升农业产业化水平，力争成为休闲农业、都市旅游业的示范地，为维护大都市地区生态环境和促进大都市地区整体健康城镇化发展做出贡献。

（2）功能专精，核心竞争力增强。

在小城镇个体层面上，都市区小城镇功能的收缩使小城镇在未来的发展中以更专精的功能角色参与区域分工，以谋求更好的发展，提升城镇核心竞争力。随着市场环境的改变、户籍制度的松动、公共服务设施区域共享及交通网络的向下延伸，小城镇作为城市与乡村之间综合服务中心的职能逐渐丧失。在市场作用力与政策推动力的共同作用下，乡村社区的发展逐渐脱离小城镇的束缚，城市的产业转移也开始在区域层面扩散，都市区小城镇出现以农业服务功能向乡村转移、经济带动职能向区域新增长极转移为表现的功能收缩现象。这种功能的收缩大多是政策引导及市场经济的产物，虽然弱化了小城镇的综合服务功能，但却使小城镇在未来发展的过程中能够聚焦某一特色功能的发展，集中有限的资源，走特色化发展的道路，成为带动乡村地区发展的新动力。例如，在对武汉都市区小城镇的调研中发现，虽然大部分小城镇处于人口流失及功能精简的状态，但由于镇区廉价的房租及相对于乡村社区较好的教育环境，吸引了大量行政管辖范围内的乡村居民租房陪读，虽然这种居住群体是随着学生学龄而变化的临时居住人群，但在一定的时间范围内能够保持稳定，有效激活了小城镇的经济活力。在这种现象下，乡村社区均等化配置的教育设施就成为一种浪费。乡村社区居住空间的比较优势及便捷的交通网络使这部分人群并没有永久定居小城镇的意愿。因此在小城镇的发展中，某类功能的专一化、特色化发展可以增强小城镇在城、镇、村三级体系中的核心竞争力，成为小城镇维持或提升人口集聚效应的手段。

武汉市小城镇（尤其是位于武汉市远郊的小城镇）在发展过程中面临的最大问题就是发展所需的用地、资金等资源紧缺。而小城镇通过收缩可以将有限的资源精准投放到优势产业中，一方面避免了资源的浪费；另一方面通过收缩蓄力，调整发展方向和明确优势产业与核心功能后，以更精准的功能定位参与都市区产业分工，从而为小城镇带来新的发展机遇。例如，黄陂区李家集街道虽然在发展的过程中大量劳动力外流造成了人口要素的收缩，但随着产业的转型及自身工业的发展，依旧具备参与区域分工的潜力。随着人口的减少，小城镇剩余居民在本镇的就业压力逐渐降低，收入逐渐增加，小城镇通过收缩达到的新的平衡点。以黄陂区木兰乡为代表的旅游型小城镇和以东西湖区柏泉街道为代表的农业型小城镇，通过容量方面的收缩，进一步加强了自身的生态资源优势及农业生产优势，而这些得到加强的资源正是这类小城镇在区域中的核心竞争力所在。因此，这类小城镇通过收缩，强化了自身优势，以更专精的功能参与区域竞争，增强了其核心竞争力。

2. 消极影响：影响城镇活力，造成资源浪费，制约城镇发展

收缩现象仅仅是事物发展状态的一种中性表述，但在大都市地区小城镇出现的要素收缩、功能收缩、环境收缩现象却会对小城镇自身的发展效能、小城镇在城镇体系中的结构位序等产生消极的影响。

（1）要素收缩的影响：小城镇活力下降，发展效能断崖式下跌。

大都市地区小城镇的收缩带来的直接影响就是小城镇发展效能的下降以及小城镇活力的降低。目前，武汉市主城区城镇化水平较高，已进入工业化后期，而都市发展区外围的小城镇的平均城镇化水平不高，还处于工业化中期阶段，黄陂区等地区仍处于工业化初期阶段。在这一背景下，小城镇人口、空间、经济要素的收缩加速了区域非均衡发展。而这些城镇由于经济衰退、人口数量下降引发了诸如空间衰败、老龄人口占比上升等一系列问题。以老人和儿童为主的留守人群在体力、技术、创新及学习能力上的不足削弱了小城镇对企业的吸引力。企业转移带来的就业岗位减少及经济的衰退又加剧了小城镇的人口流失，形成恶性循环。

经济和人口的收缩共同对小城镇空间发展产生影响，使小城镇出现了以空间闲置等现象为主的空间收缩。闲置的空间由于物权的束缚及政府建设资金的不足难以再次开发利用，随着时间的推移逐渐破败，导致小城镇出现与城市收缩类似的空间破败问题。破败闲置的空间一方面导致小城镇原本就紧张的建设用地指标的浪费，另一方面影响了居住者对居住环境的感受，引发公众不满等一系列问题。种种现象的叠加导致了小城镇活力下降，在对武汉市小城镇调研的过程中发现，不同小城镇的发展活力存在着明显的差别。以新洲区仓埠街道为例，该街道的收缩主要体现在功能在镇域内的分化方面，小城镇在要素层面并没有明显的收缩现象，因此，这类小城镇依旧保持着较高的城镇活力。农贸市场作为小城镇主要的商品交易地，人流的密集程度可以很好地反映小城镇的活力。研究发现，每天6：30—8：30这段时间，仓埠街道农贸市场人流量密集，平均每半个小时有325位居民进入农贸市场购买蔬菜、肉类等日常生活必需品（图5-12）。潘塘街道、舒安街道等小城镇，由于人口、就业岗位数量以及空间的减少，镇区活力大幅下降，全天主要街道人流及车流量极低，同一时间段（6：30—8：30）城镇农贸市场每半小时客流仅100人左右，潘塘街道和三店街道的农贸市场更是呈现出闲置的状态（图5-13）。

图5-12　武汉市仓埠街道农贸市场
（资料来源：作者自摄）

图5-13　潘塘街道和三店街道农贸市场
（资料来源：笔者自摄）

对武汉市56个小城镇要素指标的综合评价显示，武汉市小城镇在2004—2019年间发展效率与都市区圈层发展结构相吻合，并且依托主要交通网络呈现出指状延伸的特征。交通区位较差的小城镇的镇级空间单元呈现出发展效率持续低下的状态,而都市区小城镇发展效率整体呈现出圈层式的断崖下跌[1](图5-14)。 武汉都市区小城镇发展效率的塌陷主要集中在远城区,且这种都市区外围的发展塌陷趋势会随着主城区的集聚发展程度的加剧以及小城镇要素的收缩而变得日益明显。 这种现象对大都市地区整体的发展效率将产生不可忽视的影响。 若这种发展效能的塌陷持续下去,小城镇的经济发展将陷入停滞,从而造成区域分工转型的困难与区域协调发展的低效。

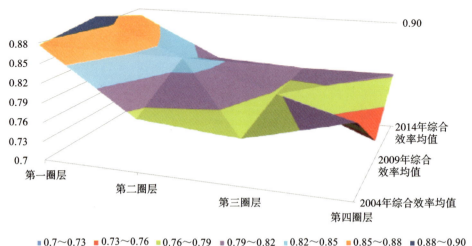

图5-14 武汉城镇发展效率空间格局示意
(资料来源:文献[2])

(2)功能收缩的影响:公共服务供需错位导致资源浪费。

都市区小城镇功能收缩现象的出现会导致小城镇集聚效能的减弱与区域功能结构的塌陷。 2000年以来,武汉市小城镇在市域城乡发展格局中的总体结构位序逐渐下降,并且与主城区拉开了较大的距离,在镇村关系中的组织能力逐渐松散[3]。 武汉市小城镇吸纳乡村剩余劳动力、带动区域经济发展的经济职能逐渐转移至都市发展区内的工业园区及周边的新城,而服务农业生产的职能随着农业产业化的推进向乡村下沉。 随着交通设施网络的延伸,城市公共服务设施辐射范围逐渐扩大,公共服务设施的区域共享弱化了小城镇对乡村社区的服务职能。 这种变化使部分小城镇镇区仅作为区域的行政中心存在,对周边乡村居民的吸引力逐渐下降。 一方面,

[1][2] 耿虹,时二鹏,王立舟,等.基于GIS-DEA的大城市周边小城镇发展效率评价——以武汉为例[J].经济地理,2018,38(10):72-79.
[3] 乔晶.大都市地区镇村关系重构研究——以武汉市为例[D].武汉:华中科技大学,2019.

经济职能的上移与下沉导致小城镇行政区划内的剩余劳动力向周边增长极转移，小城镇难以形成较大的人口集聚规模。另一方面，服务职能的减弱与政府自上而下资源配置间的不匹配导致了资源的浪费。公共服务设施的配置源自供给与需求关系的匹配，但囿于对小城镇区域职能的传统认知以及规划编制的人为干预，小城镇在公共政策支持层面一直处于自上而下相对割裂的状态。各级政府出于个体最优和社会公平考虑确定了自上而下的财政供给政策及均等配置的公共服务设施配置标准，采取层级递进的形式、以小城镇为载体将公共服务设施向乡村传导。但随着城乡间供需矛盾的快速转变，这种自上而下的层级式传导往往滞后于小城镇职能的变化，造成均等化配置的公共服务设施不能满足使用者需求，或是使用者跨级使用公共服务设施出现资源配置浪费。从武汉市小城镇卫生院病床使用率可以发现，武汉市小城镇卫生院使用率在不断下降。因此，在都市区小城镇功能收缩的过程中，若公共服务设施配置与功能收缩现象不对等，极易造成资源的浪费。

随着武汉市小城镇功能的收缩，小城镇在教育、医疗、社会福利等方面的服务能力不能满足小城镇居民的日常需求。在教育方面，虽然各乡镇初中、小学、幼儿园等基础教育设施普及率达到100%，但是通过问卷调查的结果可以看出，小城镇居民对乡镇教育设施的质量普遍不满意。居民希望子女就近上学，同时也能获得更高品质的教育，而小城镇往往很难满足这一点，也导致了有能力的居民出于子女教育的考虑搬离小城镇（图5-15）。

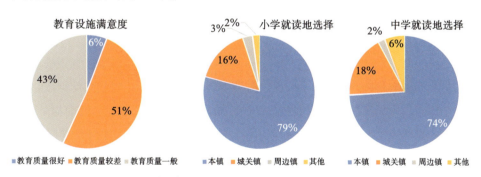

图5-15 武汉市小城镇居民教育设施满意度及就读地选择
（资料来源：根据问卷调查自绘）

在医疗设施方面，大部分小城镇居民大病就医地的选择以中心城区为主。一方面是由于小城镇医疗水平参差不齐，另一方面也是由于部分小城镇医疗设施配置标准未能达到《乡镇卫生院建设标准》（建标107—2008）规定的标准，即0.6～1.2床/千人（图5-16）。

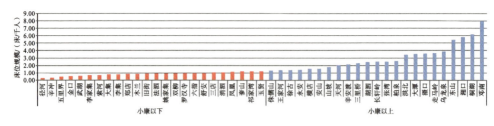

图 5-16　武汉市小城镇卫生院床位数千人指标
（资料来源：《武汉市小城镇发展研究专题报告》）

除此之外，小城镇文体设施与文化娱乐场地的不足同样造成了小城镇居民日常需求与供给之间的不平衡。目前武汉市小城镇在人均公园绿地面积方面远低于 8 m^2 的平均值（图 5-17）。基础性公共服务设施配套很难满足小城镇居民的日常需求，随着城市功能的收缩，这种不平衡将进一步加剧，造成小城镇服务能力的急剧下降，导致小城镇人口吸纳能力不足，加速小城镇的衰败。

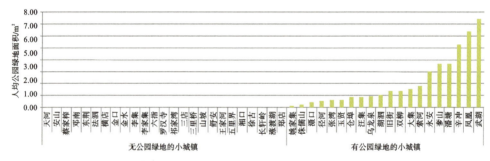

图 5-17　武汉市小城镇人均公园绿地面积
（资料来源：《武汉市小城镇发展研究专题报告》）

（3）容量收缩的影响：有限的城镇发展空间约束限制了小城镇经济发展。

小城镇空间环境、居住环境以及交通环境的收缩限制了小城镇经济发展。受政府事权、地理区位、土地经济效益等因素的影响，在建设用地指标总体调配的过程中，建设用地总是向土地经济效益高、地理区位条件好、行政等级高的地区集中。而生态保护区、基本农田保护区则大部分落在都市区外围小城镇范围内，空间发展及用地配比的区域非均衡性导致了小城镇的非均衡发展。以武汉市为例，近年来的建设用地增长主要集中在都市发展区及远城区新城周边，生态保护区及基本农田保护区大多落在都市发展区外围小城镇内。虽然从宏观角度出发有利于城市健康发展，但小城镇范围内大量的生态保护空间及基本农田保护空间的存在限制了建设空间的拓展，对小城镇转型发展提出了较高的要求。在城市发展尚需依赖土地财政的情况下，小城镇转型发展在路径选择上难以做出创新性突破，而土地空间载体不足的情况限制了能够提供大量就业岗位的传统制造业企业的落户，从根本上导致小城镇经济发展乏力。武汉都市区小城镇（诸如消泗乡、徐古街道等）由于较高的交通运输成本难以吸引工业企业落户，导致自身经济发展疲软，城镇集聚效能低。在多个因素的影响下，小城镇的城镇集聚效力减弱，城镇发展及设施的配置与城镇的规模效应成正比，因此小城镇内外环境的收缩会引起小城镇经济发展潜力的必然性衰退。

5.4 大都市地区小城镇收缩的适应性成因

城市收缩的原因可以归结为以下两点：一是外部经济环境影响导致制造业转移；二是资源衰竭导致的资源型城市产业整体衰退。城市收缩主要是外部经济环境的变化及内部资源枯竭引起的城市经济产业衰退在人口及空间方面的一种综合外部表现。目前，我国尚处于工业深化发展阶段，城镇化道路依旧以大城市及城市群建设为主要方向。因此典型性城市收缩的现象在我国比较少见，我国城市的收缩大多是其行政管辖范围内以小城镇收缩为代表的城市局部收缩。小城镇在我国城镇体系中有着特殊的地位与作用，其发展受外部经济环境影响相对较弱，更多的是与地区经济发展及所属城市的城市核心地带的发展密切相关。因此，我国大都市地区小城镇收缩的原因与国际典型城市收缩的原因大不相同，与其所属的都市区发展息息相关。结合小城镇收缩动力机制的理论解释，大都市地区小城镇收缩主要由以下几个方面的因素导致。

5.4.1 外部环境因素：适应都市核心区对资源要素的虹吸效应及职能转化的政策要求

1. 适应都市核心区对资源要素的虹吸效应影响

传统的发展阴影区理论认为，都市区周边一定地带内是发展阴影区。在这一范围内各类资源要素会受到中心城市的强烈吸引而向城市中心区高度集聚，周围的小城镇会因此出现发展动力不足的现象。目前，我国大都市大多处于以集聚发展为主导的阶段，各类要素表现出明显的向中心城区或中心城区周边增长极集聚的特征。

大都市发展初期，政府为了提升城市在区域中的竞争力，在政策的顶层设计层面以及各项基础设施建设方面会重点向中心城区倾斜，通过规模效应及城市的服务效能吸引资本进入。资本的进入可以提供丰富的就业岗位和高收入，进一步加强了中心城区对人口及产业的吸引效能。丰富的就业岗位吸引了周边小城镇的剩余劳动力，在城市核心区形成了高密度的人口集聚，并进一步促进高密度、多样性的服务业的形成。都市区便利的服务设施、丰富的就业机会以及相对较高的薪资水平吸引了周边小城镇大量剩余劳动力，但城市昂贵的生活成本使这部分劳动力难以在城市定居。尽管如此，依旧导致周边小城镇青壮年劳动力资源的流失。以武汉市为例，通过对周边小城镇及武汉中心城区居民展开的问卷调查发现，武汉市周边乡镇居民年平均生活成本在2万元～3万元，有小孩的家庭年平均生活成本在4万元～5万元。而武汉市中心城区居民年平均生活成本要高于这个数值，有小孩的家庭年平均生活成本多在10万元以上（图5-18）。

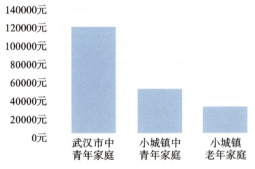

图5-18　武汉市各类家庭年平均生活成本示意
（资料来源：根据调研自绘）

另外，从房屋价格和人均工资收入看，武汉市中心城区虽能够提供较高的薪资收入，但其房价较高，外来务工人员在中心城区定居的压力较大。人均收入和房价的比值可以较好地反映居民定居能力。在相同工资条件下，房价越低，两者比值越大，则说明居民定居能力相对较高。通过2016年武汉市中心城区和周边各个小城镇居民收入与房价的比值可以看出，武汉市中心城区的比值远低于远城区各个小城镇（图5-19）。从购房能力方面看，部分小城镇转移来的劳动力在武汉中心城区定居仍存在一定困难，部分居民会选择在中心城区与小城镇间往返居住。因此在都市

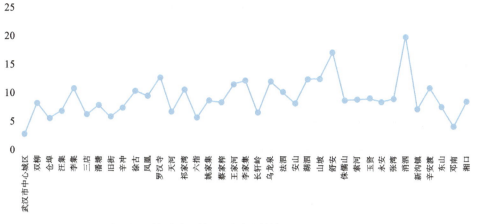

图 5-19 武汉市中心城区及各个小城镇居民收入与房价比值
（资料来源：根据调研自绘）

区虹吸效应的影响下，小城镇人力资源向大都市核心区集聚，但仍有部分转移人口出于家庭经济效益最大化考虑，并未完全放弃小城镇户籍以及小城镇居住空间。

都市核心区在形成一定的人口规模及产业规模以后，大型企业会被核心区便捷的交通条件、完善的基础设施、设施齐全的工业园区所吸引。这些企业又对处于产业链下游的一些企业形成了吸引力。在产业分工的过程中，企业与企业之间为了方便产品及原料的运输以及行业间的沟通合作，会选择在相近的工业园区建厂，在一定范围内形成一定规模的产业集群。当大都市发展到圈层扩散阶段的时候，都市区由以往的单中心集聚发展转变为多中心发展，在都市核心区外围周边形成若干个新的增长极。这些增长极主要起到疏解都市核心区功能、承接产业转移的作用。这些新的增长极在享受城市发展外部正效应带来的增长优势的同时，也成为区域中新的资源集聚节点，服务周边小城镇的同时也对周边小城镇产生了虹吸效应。例如武汉市在中心城区外围依托阳逻、武汉经济技术开发区等区域形成了新的增长极，部分企业向这些增长极的工业园区转移。2012—2017 年间，武汉市中心城区与远城区之间在人口规模及经济效益方面的差距逐渐缩小。在中心城区外围，远城区新城及工业园区与远城区其他小城镇的差距却在不断增大，这也反映出这些新城及工业园区处于集聚发展的阶段，虹吸效应远大于扩散效应，人口、土地等资源由小城镇向各个新城及工业园区流动。这种极化效应使城市土地单位面积的经济效益得到了大幅度提高，城市房价随之攀升。武汉市都市发展区外围小城镇的房价远低于武汉市中心城区的房价，且普遍比其所属行政辖区的新城的房价每平方米低 2000~3000

元。 在高昂的土地经济效益回报面前,政府对土地指标的投入也会向核心区倾斜,导致新增建设用地指标在都市核心区和周边小城镇之间存在一定的差异。

2. 适应国家与地方政策对小城镇发展扶持力度的变化

国家及地方政策方针一直是影响小城镇发展的重要因素。 改革开放以后,小城镇的发展受到了国家的重视。

1994 年,国家六部委联合发布《关于加强小城镇建设的若干意见》,并启动了"625"试点工程,选择经济实力较强、乡镇企业起步较早的小城镇作为乡村城镇化试点。 武汉市黄陂区滠口镇入选首批试点小城镇。 同年,中央农村工作会议明确提出要促进乡镇企业相对集中和连片发展,从而带动小城镇的发展。 湖北省提出把小型、分散的企业组建集团,把骨干产品集中到小城镇。

2001 年中国加入 WTO 后对外开放的进程逐步加快,外资企业大举进入中国市场,中心城区向外扩张,受外部市场的影响,乡镇企业普遍衰败。

2001 年,公安部发布《关于推进小城镇户籍管理制度改革的意见》,在小城镇废除城乡分割制度,打开乡村剩余劳动力进入城市的大门。 为促进乡镇企业的发展,武汉市在 1998 年发布了《武汉市人民政府办公厅关于切实减轻乡镇企业负担的通知》,鼓励乡镇企业向小城镇集中发展,并在 2003 年启动全市第二轮小城镇综合改革。

2004 年,武汉市发布《武汉市人民政府关于加快小城镇建设的意见》,不断加大远城区城关镇、重点镇基础设施建设和城镇环境综合整治力度,重点镇、中心镇的形象和地位得到明显的改善。 同时武汉市政府为加快小城镇建设步伐,加大对小城镇建设专项资金的投入。 从 2000 年前不足 100 万元递增至 2004 年的 6000 万元,提高小城镇基础设施综合投入,改善小城镇风貌。

在政府政策倾斜及建设经费投入下,武汉市通过城关镇和近郊重点镇的建设推动中心城区规模扩张和都市区空间格局的形成。 小城镇发展受到市政府的重视,并进行了新一轮乡镇行政区划调整,以优化资源配置、发挥规模集聚效应。 这期间,在政策的支持下,小城镇的基础设施建设得到了完善,武汉市远城区固定资产投资占全市固定资产投资的比重逐渐增大,由 1999 年的 7.58% 上升到 2004 年的 21.3%(图 5-20)。

2005 年以后,国家出台了一系列政策支持小城镇的建设和发展,明确重点培育

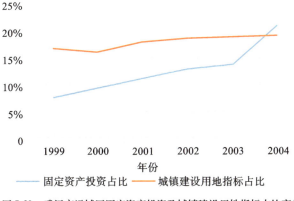

图 5-20 武汉市远城区固定资产投资及城镇建设用地指标占比变化

(资料来源：笔者自绘)

中心镇和特色镇的建设思想。2010 年中央机构编制委员会办公室颁布《关于开展经济发达镇行政管理体制改革试点工作的通知》，以推动实施强镇扩权体制改革。2011 年，武汉市印发《关于加快推进新农村建设和新型城镇化的实施意见》等文件，把培育发展中心镇、特色镇作为推进新型城镇化的战略。2014 年武汉市开始探索发展乡村旅游与休闲农业的新思路。

在政策导向下，武汉市小城镇建设的重点由 2005 年以前的远城区小城镇基础设施建设转变为重点发展建设都市发展区内的小城镇，重点建设公共服务设施和基础设施，推动部分小城镇极化发展。政策方针的转变导致了武汉都市发展区内外小城镇发展差距进一步扩大，远城区部分小城镇由于缺少政府的政策干预及资金投入，发展相对滞后，尤其是基础设施建设方面仅能进行日常维护，靠自身力量并不能更好地提升基础设施及公共服务设施水平。

武汉市小城镇发展政策由全面发展小城镇向重点发展中心镇、特色镇转变，武汉市在"十二五"规划中首次提出"工业倍增计划"，并将相关项目布局及发展要素集中投放在 9 个重点区块，而这些区块全部位于都市发展区以内。

一系列政策方针的出台及变更，直接导致外围具有一定发展基础的小城镇难以在城镇化过程中发挥其载体作用，小城镇的本地产业也受到了限制，小城镇呈现出衰败态势。政策方针对乡村休闲旅游产业的鼓励及对乡村建设的支持使大量的资源投入乡村，部分资源条件优越的乡村产业发展及人居环境的建设远优于所属小城镇的镇区，这进一步削弱了小城镇人口吸纳能力，镇区发展停滞不前。

5.4.2 内部发展因素：适应城镇发展转型、功能分化及规划定位的转变

导致大都市地区小城镇收缩的一个重要因素是小城镇自身发展的衰退以及城镇功能的分化。无论是外力干预还是内因作用，小城镇发展的衰退所引起的城镇吸引力下降是导致小城镇收缩的关键原因。小城镇发展的衰退主要有以下几类表现。

（1）资源型小城镇由于资源枯竭、环境破坏以及外部市场对某类资源需求量的下降造成小城镇出现经济产业衰退、就业岗位减少、人口迁移、空间衰败及闲置等现象。例如武汉市江夏区乌龙泉街道，该街道以矿产资源开采为主，形成以建材、冶炼、炉料和铸造为核心的四大支柱产业。早期的乌龙泉街道作为武钢原材料供应地有大量的工矿企业入驻，规模以上工业企业数量达到十余家。由于乌龙泉街道企业类型以工矿企业及冶金、建材加工等企业为主，能够提供较多的就业岗位，不仅能够有效吸纳镇区剩余劳动力，也吸引了大量外来劳动力前来就业。但随着武钢等企业对原料需求的下降以及矿产资源总量的不断减少，乌龙泉街道产业所能提供的就业岗位数量逐渐呈现出减少的态势。而多年的矿产开采使镇区环境受到破坏，年轻人外流现象严重，即使是在镇区企业就业的工人，出于对优质居住环境的追求也会选择在纸坊街道等地购房居住。因此，在2009—2018年间，乌龙泉街道镇区人口呈现出明显减少的趋势，由2009年的17659人减少到2018年的14873人（图5-21）。

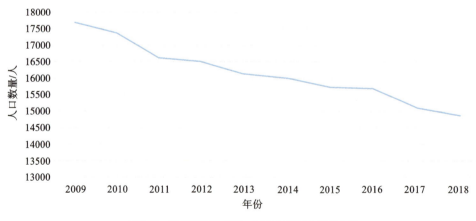

图 5-21 乌龙泉街道 2009—2018 年镇区人口变化图

（资料来源：根据街道统计年报整理）

资源型小城镇收缩的影响因素及表征与同类型城市收缩的影响因素及表征类似，都是由于资源型产业衰退及前期资源开采带来的居住环境恶化等导致人口的流失，是小城镇自身发展衰退引起城镇收缩的典型类型。

（2）另一类小城镇受自身区位条件的限制、区域产业分工的影响、上位规划的制约等，经济发展滞后，导致镇区难以提供足够的就业岗位吸纳小城镇剩余劳动力，城镇及其行政管辖区范围内的乡村剩余劳动力外流，小城镇呈现出明显的收缩发展特征。例如，武汉市江夏区舒安街道位于武汉市都市区边缘，北部紧邻梁子湖，全街道行政管辖范围约 140 km²。舒安街道地理区位及交通区位均较差，境内仅有一条 007 县道纵穿南北，但由于梁子湖禁止修建桥梁，因此 007 县道被梁子湖截断。全域范围内没有一条重要交通干线与武汉市中心城区连通，乘车到达武汉市中心城区需要绕行其他街道，行程约 3 h（图 5-22）。该街道地处梁子湖保护区范围内，行政辖区范围内有大量基本农田，同时由于与中心城区间交通联系不紧密，小城镇发展受到限制，产业以农业为主。农业所需劳动力数量较少，能够提供的经济收入有限，导致大量剩余劳动力外出务工。从中小学在校学生数量可以看出，2009—2018 年间，该街道中小学在校学生数量逐年减少，侧面反映出该街道人口数量逐年降低（图 5-23）。商业业态极为单一，城镇活力较低。整个舒安街道仅有一个农贸市场，并且由于人口流失，产品销量明显下降（图 5-24）。在小城镇自身区位条件、交通条件及产业类型的影响下，会呈现出以人口减少、经济发展放缓、商业业态单一等现象为表征的收缩。

图 5-22 舒安街道区位情况示意图
（资料来源：笔者自绘）

图 5-23　舒安街道中小学在校学生数量历年变化
（资料来源：笔者根据舒安街道学校访谈数据自绘）

图 5-24　舒安街道闲置农贸市场、小超市、闲置房屋和空巢老人
（资料来源：笔者自摄）

　　小城镇功能分化也是导致小城镇收缩现象出现的重要因素之一。小城镇在我国城镇体系中长期处于对接城市、服务乡村的纽带地位，但是随着社会经济的不断变化和发展，资源要素在城、镇、村之间自由流动，镇村关系、镇城关系发生了解构与重构。随着都市区交通网络的日益完善以及公共服务设施服务范围的不断扩大，小城镇在区域中的功能也发生了变化。区域公共服务设施共享以及居民对教育、医

疗设施的自由选择弱化了小城镇服务乡村的职能。调研中发现,区域设施共享及日趋便捷的交通环境促进了乡村居民越级使用公共服务设施,武汉市小城镇居民前往中心城区的频率逐渐升高,1个月至少去1次中心城区的居民占比达72.27%。小城镇的医疗设施相较城市更为落后,很多居民患重病及慢性病时依旧会选市级医院就医。从设施需求看,武汉市小城镇居民日常的购物选择依旧以小城镇为主,而子女教育和医疗方面的选择以城市为主(图5-25～图5-27)。

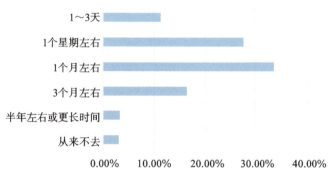

图5-25 武汉市小城镇居民前往中心城区及新城频率
(资料来源:笔者根据问卷数据统计)

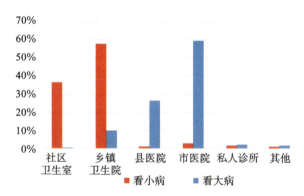

图5-26 武汉市小城镇居民就医地点选择占比
(资料来源:笔者根据问卷数据统计)

工业集中入园,将工业从一部分小城镇的镇区剥离,另外一部分风景资源优越的小城镇依托其行政管辖范围内的乡村发展旅游业,小城镇的经济职能在其行政管辖范围内被分散转移至工业园区及以乡村旅游为主导的乡村社区。部分小城镇建成区的功能由综合性职能向单一化职能转变,人口及空间在镇区功能分化转移的过程中也向其他新的功能组团分散,部分小城镇镇区仅作为一定范围的行政管理中心存

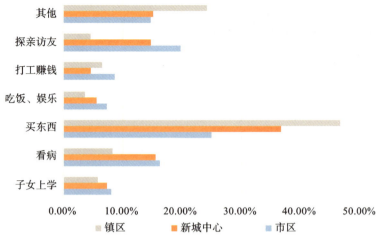

图 5-27 武汉市小城镇居民前往镇区、中心城区、新城目的占比
（资料来源：笔者根据问卷数据统计）

在，镇区的集聚效应被削弱。例如，武汉市新洲区仓埠街道行政辖区的南部紧邻阳逻并且位于都市发展区以内。在工业入园的要求下，享受产业集群化发展带来的增长效益，仓埠街道规模以上企业大多位于仓阳工业园（仓埠、阳逻共建工业园）内。同时，仓埠街道利用其自身文化底蕴以及生态农业优势大力发展都市农业旅游产业，沿国道分散布置若干个以紫薇都市田园为代表的生态农庄。镇区以零售服务业为主。小城镇的经济职能分散到行政管辖范围南部的工业园区及镇区周边的乡村都市农庄，并依托这些功能板块吸引部分人员集聚，成为新的集聚点，弱化了镇区的集聚效能（图 5-28）。镇区仅作为行政中心和服务中心发挥作用。随着周边功能板块的发展，部分剩余劳动力也会逐渐向这些功能板块迁移。因此，小城镇功能的分化和转移在一定程度上会弱化镇区人口集聚的效能，导致镇区的收缩。

受上位规划及上级政府相关发展要求的影响，小城镇在区域发展中被预先设定好的功能定位限制，导致了小城镇在后期发展的过程中呈现逐步收缩的特征。以武汉市江夏区为例，为追求土地经济效益最大化，政府建设用地指标的投放集中在邻近中心城区的新城及工业园区内。远离都市发展区的小城镇则以生态保育及基本农田保护为主，每年获批的建设用地指标较少，不足以支撑城镇经济发展及城镇扩张用地需求，导致小城镇招商难、建厂难等现象出现。以江夏区山坡街道为例，全域 85% 以上土地为基本农田，企业入驻后没有足够的空间建厂发展，导致小城镇工业发展滞后，就业岗位数量严重不足，大量剩余劳动力外流至城关镇及相邻的咸宁市

图 5-28　仓埠街道功能组团分布示意图
（资料来源：笔者根据调研期间收集的资料自绘）

工业园区，城镇被动收缩。

  复杂适应性系统理论证实了小城镇收缩的必然性，通过理论模型深入剖析小城镇收缩产生的内在机制。①从复杂适应性系统理论本身出发，构建了小城镇适应性主体的刺激-反应微观理论解释模型，并根据这个模型分析得出小城镇各类微观主体的适应性行为是通过需求-供给内部规则产生的，且主体的多样性、需求-供给内部规则的多样性以及聚集涌现的多样性造成了小城镇收缩表现的多样性。②通过对需求-供给规则的进一步演绎，构建小城镇整体回声模型，用以研究系统与系统之间复杂的相互作用与资源交换。通过回声模型的分析得出，系统整体的资源交换及位置跃迁等适应性行为造成了小城镇收缩的非均衡性，而微观主体适应性行为与系统整体适应性之间的时滞性导致了小城镇收缩存在着风险性与不确定性。复杂适应性系统理论对小城镇收缩现象的理论阐释表明，小城镇收缩现象的产生是主体适应性行为的表现，是小城镇系统和系统内部主体应对环境变化的适应性行为显现。主体的多样性造成了小城镇收缩现象的多样性，资源流动与主体的跃迁导致了小城镇收缩的非均衡性，而适应性的时滞性导致了小城镇收缩的风险性与不确定性。因此小城镇收缩会对大都市地区发展及小城镇自身发展产生不确定的影响，在腾退资源，促进区域健康发展，使城镇收缩功能，精准参与区域分工的同时，也会引发小城镇活力下降、发展效能呈现断崖式下跌等风险。

小城镇系统为了适应都市区虹吸效应与扩散效应，以及小城镇自身功能分化和发展定位转变的影响，产生了收缩现象。因此，可以通过对收缩小城镇的适应性能力和特征进行分析，进而判断小城镇收缩现象产生的合理性。因此对收缩小城镇的适应能力进行定量分析是划分小城镇收缩类型的关键，也是对小城镇收缩进行精准干预与科学引导的必要路径。

武汉市收缩小城镇的适应性评价

通过复杂适应性系统理论对大都市地区小城镇收缩的解释发现，适应性是小城镇收缩产生的核心机制，小城镇收缩是小城镇系统适应性行为的外部表现。因此，本章结合复杂适应性系统理论对小城镇收缩机制与成因的解释，定量识别出武汉市收缩小城镇，然后通过复杂适应性系统理论中的 NK 模型对收缩小城镇的适应能力进行定量计算，并通过数理模型将复杂适应性系统理论中适应性主体的适应能力抽象为可以定量测度的适应度指标进行分析。

本章在对小城镇收缩特征进行定性研究的基础上，以武汉市作为研究对象，首先选取相关指标对 56 个小城镇系统中各类主体收缩的行为涌现进行定量识别。其次在识别出收缩小城镇的基础上，对产生收缩行为的小城镇的适应度进行定量计算，从而对小城镇收缩后表现出的适应能力特征进行详细分析，为提出针对性、差异化的小城镇收缩规划引导策略提供依据。

从适应度角度出发的适应性评价主要包括以下几个步骤：①对各类要素的收缩进行定量识别，遴选出具有收缩特征的小城镇；②借助 NK 模型对收缩小城镇的适应能力进行定量评价，确定大都市地区小城镇收缩的影响因素，并构建 NK 模型的具体指标体系；③以武汉市为例，进行小城镇 NK 模型的计算评价；④根据适应度计算结果，对武汉市收缩小城镇在发展过程中的适应能力进行分析，构建以适应能力为判断依据的小城镇收缩类型识别体系，并进行具体的适应性特征分析。

6.1 收缩小城镇复杂适应性评价的目标与方法

大都市地区小城镇收缩的产生是小城镇系统内部微观主体应对外部环境变化以及小城镇系统自身应对环境变化的行为结果。由于其复杂性、多样性及非均衡性等特性的存在，对小城镇收缩的定量判断及类型划分是十分复杂的。因此，本书从小城镇收缩的行为涌现定量识别大都市地区小城镇收缩现象，借助复杂适应性系统理论中常用的分析理论及分析模型，以武汉市为样本，对收缩小城镇的适应能力进行评价，并分析不同适应能力的收缩小城镇的适应性特征。

6.1.1 大都市地区小城镇收缩的适应对象及适应性目标

1. 收缩现象的产生是城镇系统适应环境冲击的适应性行为显现

第 5 章的研究表明，大都市地区小城镇收缩现象的产生是小城镇系统在环境变化或环境扰动影响下的、自发的适应性行为的显现，因此小城镇收缩现象是系统适应外部环境和内部变化的体现。一方面是应对大都市外部环境冲击的适应性体现，另一方面是应对小城镇发展转型的具体表现。

（1）小城镇收缩现象是小城镇系统面对外部环境冲击的适应性行为体现。

对大都市地区小城镇而言，外部环境的冲击主要体现在都市核心区和周围新城增长极的极化效应和扩散效应的合力影响。都市核心区在城镇体系中处于较高的生态位，在政策、市场等因素的作用下，资源要素高度集中，会对小城镇系统内部的居民、企业等微观主体产生较强的吸引力。小城镇的人口、产业、空间等资源会被动地向都市核心区流动，即系统内部的主体向更高的生态位自由跃迁。根据复杂适应性系统理论模型的解释，小城镇系统在感应到外部环境变化时，根据内部需求-供给规则产生响应，出现不同类型、特征的收缩现象以应对环境的变化。

（2）小城镇收缩现象的产生是小城镇系统适应内部变化的行为表现。

在小城镇自身产业发展乏力时，小城镇会主动转型以谋求新的发展。因此，根据复杂适应性系统理论的描述，收缩现象的产生是小城镇系统适应能力的体现，目的在于通过主动或被动收缩使小城镇系统获取新的发展机遇。

2. 收缩小城镇适应能力指小城镇收缩后在不同生态位获取资源、转化资源与利用资源的能力

收缩小城镇适应能力指收缩现象产生后小城镇系统应对环境变化的能力。无论是主体的主动收缩还是被动收缩，其最终目的都是使小城镇系统能够在变化的环境中获得生存和发展的机会。根据复杂适应性系统理论的解释，系统会产生适应性行为来应对环境的变化，系统的这种能力称为适应能力。小城镇系统应对环境变化的能力即为系统的适应能力，而小城镇收缩现象本身是系统适应能力的体现。收缩后的小城镇具备与收缩前不同的适应能力。根据复杂适应性系统理论解释，系统的适应性存在着时滞性，适应性行为的结果往往滞后于适应性行为的显现。对复杂适应性系统而言，系统适应性行为的结果不一定能使系统适应环境的变化。因此，产生收缩现象的小城镇在发展中未必能够适应环境的变化或扰动。由于小城镇的复杂适应性系统属性的存在，不同区位、不同发展条件以及不同资源禀赋的小城镇系统收缩表现的不同，造成了小城镇收缩后的发展各不相同。收缩特征相同，区位条件及资源禀赋不同的小城镇系统最终的适应能力存在着差异。而区位条件及资源禀赋相同，但收缩特征不同的小城镇却可能获得相同的适应能力。在复杂适应性系统中，首先，通过不同的适应性行为形成具有多样适应性特征的主体；其次，在发展的过程中，不适应环境的行为特征逐渐被淘汰；最后，通过系统的自我学习及遗传复制，不断加强适应环境变化的行为特征。

小城镇系统在应对外部环境变化的过程中，不同区位条件及不同资源禀赋的小城镇产生了不同表现特征的收缩现象，这些现象产生的目的在于提高城镇系统在新环境中的适应能力，但收缩后小城镇对新环境的适应能力各不相同。因此，通过对收缩后小城镇适应能力进行评价有利于了解有不同收缩表现的小城镇的适应性特征，从而通过经验学习及外部干预对适应环境变化的行为特征进行提升完善，使小城镇系统能够在新的环境中健康发展。

3. 适应能力的高低决定了小城镇系统收缩后应对环境变化能力的强弱

收缩小城镇适应能力的高低代表了小城镇系统收缩后应对环境变化能力的强弱。根据复杂适应性系统理论的解释，小城镇系统收缩现象产生的目的在于使系统获得应对环境变化的能力，即在环境变化的过程中能够健康稳定地发展。不同小城镇的不同收缩行为会产生不同的适应性结果。因此，对收缩小城镇适应性评价的目的在于明确小城镇收缩后的适应性特征，从而对小城镇收缩现象产生的结果做出明确的判断，并对收缩小城镇进行合理干预，调整不适应城镇发展的收缩现象，完善与提升小城镇在外部环境扰动下健康发展的收缩行为。通过适应能力的高低，对有不同收缩特征的小城镇进行详细的类型划分和适应性特征梳理，可以为后续提出针对性的规划引导意见提供基础。

6.1.2　大都市地区收缩小城镇适应性评价的理论依据与模型

根据大都市地区小城镇收缩的适应性特征，本研究引入适应度景观理论（fitness

landscape theory）与 NK 模型对收缩小城镇的适应能力进行定量评价。美国著名遗传学家赖特（Wright）提出适应度景观理论，目的在于对整体系统适应度进行可视化表达，并进一步完善生物进化的适应性研究。该理论认为每个基因都有一个相对应的繁殖率（即适应度），生物在进化的过程中对环境的适应能力可以通过适应度的强弱来反映。由适应度值构成的高低起伏的波形图被称为适应度景观。在形成的波形图中，适应度形成的"山峰"是具有最佳适应能力的"空间"，具有最丰富的适应度类型或最高的适应度指标。而处在最低点的"山谷"的适应能力最低，系统的进化总是由山谷向山峰不断爬升的过程，通过一系列的变化最终达到局部适应能力最优[1]。为此，美国生物学家柯夫曼通过 NK 模型将适应度进行量化，建立起适用于适应度评价的适应度景观模型。

本书第 2 章已经对 NK 模型的内容及工作原理进行了详细的介绍，这里对 NK 模型在本研究中的适用性做一个简单的回顾。起源于生物学的 NK 模型理论可以较好地解释复杂适应性系统的适应性行为应对环境变化的适应性问题。目前，NK 模型在经济学、管理学等学科中的应用也证实了 NK 模型在自然及社会领域研究中应用的可行性。小城镇系统作为集社会属性及经济属性于一体的复杂适应性系统，同样可以利用 NK 模型进行数理分析，主要有以下原因。

（1）NK 模型的应用基于复杂适应性系统理论。大都市地区小城镇具有复杂适应性系统的全部特征，并且能够用复杂适应性系统理论的模型对其内部的各种变化行为进行合理且科学的解释。因此将 NK 模型应用于大都市地区小城镇收缩的适应度评估是合理且科学可行的。

（2）相比其他城市地区，大都市地区市场化程度高，以大都市为主的城市巨系统在发展与演进的过程中具有明显的自组织行为，目前 NK 模型在大都市地区的高新区、产业集群的适应度研究中已有广泛的应用。而大都市地区小城镇作为集产业、社会、服务等多种因素于一体的社会经济综合体，在其发展的过程中具有自发参与区域分工、承担区域职能的作用。因此，NK 模型对大都市地区小城镇系统的适应能力评估同样适用。在第 5 章的研究中，已经对小城镇的复杂适应性系统属性进行了论证，并证明了小城镇收缩是小城镇复杂适应性系统中各个主体以及系统整体适应性行为的涌现，而大都市地区主体的各类适应性行为又是随着都市环境不断

---

[1] PROVINE W B. Sewall Wright and evolutionary biology[M]. Chicago: University of Chicago Press, 1986.

变化而适应演进的，因此各类收缩小城镇的适应性可以通过适应度景观理论进行定量分析评价。

6.1.3　大都市地区收缩小城镇适应性评价的计算步骤

在对收缩小城镇进行适应性评价之前，应研究大都市地区小城镇收缩的表征。通过2010—2018年间的数据指标确定武汉市收缩小城镇样本，明确适应性评价的研究对象。在确定研究对象以及基础指标库后，运用NK模型对收缩小城镇的适应能力进行定量计算。如第2章中介绍，在NK模型的计算过程中，首先需要确定N值与K值。其中，影响主体适应度水平的值为N值，通过对基础数据进行二次处理后得出。K值则反映了系统最优适应度值的数量，当系统仅有一个最优的适应度水平时，适应度值构成的波形图中波峰即为系统最优适应度值，此时$K=0$。本次研究的主要目的在于通过对武汉市收缩小城镇进行合理精准的引导使小城镇获得与环境变化相匹配的适应能力，因此，只需要在系统内选择一个最优适应度水平作为最终目标，即$K=0$。当确定了NK模型的N值与K值以后，可以通过NK模型对收缩小城镇的适应能力进行定量计算。

NK模型的计算结果有以下三方面的表现。①直接显现不同收缩类型小城镇的适应度水平，即直接显示主体的适应度水平，也就是主体适应能力的高低。②形成具有不同适应性特征的适应度组合类型，解释系统主体内部各个适应度因子状态，明确各因子对系统适应能力提升的贡献程度。③形成适应度提升的优化路径。

一方面，小城镇不同类型的收缩具有不同的适应度水平，通过NK模型的运算可以发现系统中最具优势的适应性主体的影响因子状态，从而提出针对性的规划干预策略。另一方面，不同类型的收缩小城镇面对不同的适应度组合类型会有不同的适应度，在不同类型的收缩与不同适应度组合类型组成的适应度景观中会占据不同的空间位置，而根据复杂适应性系统理论的描述，这种空间位置的占据是主体适应性行为产生的临时结果，在后续的发展中必然会向最优的生态位跃迁。因此，通过NK模型的计算可以看出主体在空间中的适应度水平位置，明确其跃迁路径，为后续针对性、科学性规划引导策略的提出奠定基础（图6-1）。

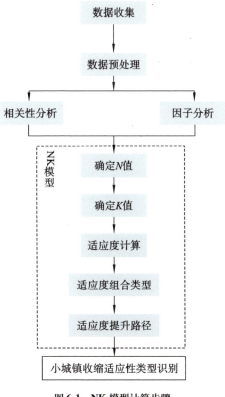

图 6-1 NK 模型计算步骤

（资料来源：笔者自绘）

6.2　小城镇适应性评价的因子选取与计算

大都市地区各种类型收缩小城镇的适应度水平是由其影响因素决定的，因此，因素的遴选及相应指标体系的构建是确定 NK 模型中 N 与 K 两个变量的关键步骤。本节以大都市地区收缩小城镇作为研究样本，对预构建的指标库进行进一步的筛选，保证 NK 模型计算结果的准确性与科学性。

6.2.1　大都市地区收缩小城镇系统适应性行为影响因素

1. 外部影响因素

第 5 章对小城镇收缩的刺激-反应理论模型与整体回声模型的研究表明，小城镇所处的生态位及该生态位的资源丰富程度是影响小城镇收缩行为的关键因素。它决定了小城镇在发展过程中是否具有获取外部资源的可能，也决定了系统内部微观适应性主体的跃迁方向。本书以武汉大都市地区作为小城镇收缩的外部环境。因此，应对都市核心区和周围增长极对小城镇收缩的影响因素进行总结。第4章对小城镇收缩现象的研究和第5章对小城镇收缩成因的研究表明，大都市地区市场与竞争、产业集聚、区域交通环境、城市用地扩张、行政制约等因素对小城镇系统适应性行为的产生有着直接的影响。因此，外部环境对大都市地区收缩小城镇适应能力产生影响的关键因素主要反映在市场环境、产业集聚与转移、劳动力及技术转移、城市扩张等方面。

2. 边界制约因素

小城镇系统收缩一方面产生于微观主体在不同生态位间的适应性跃迁，另一方面则产生于主体与主体间共生、寄生关系的集聚涌现。主体集聚后会生成新的边界，并对边界内外的主体产生束缚，造成小城镇系统的分化，正如第4章描述的以小城镇镇域范围内功能分化转移为代表的小城镇功能收缩。在小城镇系统中，边界的约束主要表现在制度和交通条件两个方面。制度的边界约束力主要限制了外部作用向小城镇内部的传导，影响小城镇内部的组织力，例如土地指标的分配和资源的非均衡分配等。小城镇与都市核心区之间制度的差异造成了大都市地区顶层资源配置的靶向性变化，从而导致部分小城镇系统收缩行为的显现。而交通条件则直接影响了小城镇边界的开放程度。一方面，过度封闭的小城镇的经济及社会活力相对较低，出现容量收缩的现象，正如第4章描述的交通容量收缩现象。另一方面，融入区域交通带来的交通环境的提升也会增大都市核心区对小城镇的冲击，在带来发展机遇的同时也使小城镇面临着劳动力资源快速流失的风险。

3. 内部环境因素

根据复杂适应性系统理论模型的描述，大都市地区小城镇收缩现象的产生是小城镇系统内部微观主体适应性行为的集聚与涌现，例如第5章中提到的企业主体的行为涌现表现在企业数量、类型、提供的就业岗位数量变化和城镇经济产业变化等方面，居民主体的行为涌现则表现在小城镇人口数量的变化、城镇中小学生源数量的变化等方面。功能主体的集聚涌现则表现在小城镇各类设施的变化方面。同时，在外部环境和边界制约等影响下，小城镇系统为应对变化产生的适应性行为的外在表现也大多是内部微观主体进行应激性行为决策后集聚涌现的结果。因此对小城镇内部环境在要素、功能、容量方面的指标认知更能够体现小城镇收缩的方向与收缩后的结果。结合外部环境与边界制约因素，从小城镇社会经济、空间环境与公共服务三个维度建立大都市地区小城镇收缩适应性评价基础指标库（图6-2、表6-1），根据第4章描述的小城镇收缩的表现可以划分为三组指标类型。

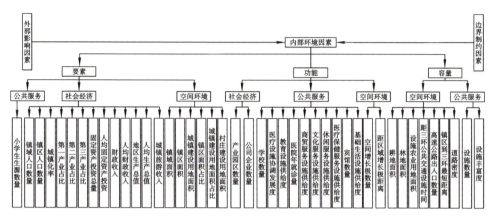

图 6-2 小城镇收缩适应性评价基础指标库

（资料来源：笔者自绘）

表6-1 大都市地区小城镇收缩适应性评价基础指标库

维度	社会经济	空间环境	公共服务
要素性指标	镇域人口数量	镇域面积	小学生生源数量
	镇区人口数量	镇区面积	
	城镇化率	城镇建设用地面积	
	第一产业占比	村庄建设用地面积	
	第二产业占比	镇区面积占比	
	第三产业占比	城镇建设用地面积占比	
	固定资产投资总量		
	人均固定资产投资		
	财政收入		
	人均财政收入		
	地区生产总值		
	人均生产总值		
	城镇旅游收入		

6 武汉市收缩小城镇的适应性评价 | 155

续表

维度	社会经济	空间环境	公共服务
功能性指标	产业园区数量 公司企业数量	距区域增长极距离 空间增长极数量	学校数量 医疗设施协调发展度 教育设施供给度 基础生活设施供给度 医院年就诊量 宾馆数量 商贸服务设施供给度 文化服务设施供给度 休闲服务设施供给度 医疗保健服务设施供给度
容量性指标	—	耕地面积 林地面积 设施农业用地面积 高速公路出入口数量 镇区到三环最短距离 道路密度 距三环公共交通设施时间	设施数量 设施丰富度

（资料来源：笔者自绘）

（1）要素性指标。

要素性指标是小城镇收缩最直观的表现，其中人口的减少是小城镇居民主体行为选择的集聚涌现。要素性指标是小城镇系统资源流入和流出的直观反映，体现了小城镇系统资源的丰富度。因此，选取社会经济维度的镇域人口数量、镇区人口数量、城镇化率、第一产业占比、第二产业占比、第三产业占比、固定资产投资总量、人均固定资产投资、财政收入、人均财政收入、地区生产总值、人均生产总值、城镇旅游收入，选取空间环境维度的镇域面积、镇区面积、城镇建设用地面积、村庄建设用地面积、镇区面积占比、城镇建设用地面积占比，选取公共服务维度的小学生生源数量作为要素性指标。

（2）功能性指标。

功能性指标反映了小城镇功能变化情况，是小城镇系统及内部主体生态位跃迁的重要体现。因此选择社会经济维度的产业园区数量、公司企业数量，选取空间环境维度的距区域增长极距离、空间增长极数量，选取公共服务维度的学校数量、医疗设施协调发展度[1]、教育设施供给度、基础生活设施供给度、医院年就诊量、宾馆数量、商贸服务设施供给度、文化服务设施供给度、休闲服务设施供给度、医疗保健服务设施供给度作为功能性指标。

（3）容量性指标。

容量性指标是小城镇被动收缩的主要表现，从侧面反映了小城镇的收缩。因此选取空间环境维度的耕地面积、林地面积、设施农业用地面积、高速公路出入口数量、镇区到三环最短距离、道路密度、距三环公共交通设施时间，选取公共服务维度的设施丰富度、设施数量作为容量性指标。

6.2.2　武汉市收缩小城镇的定量识别

在完成基础指标库的构建后，需要对武汉市收缩小城镇进行定量识别，在武汉市56个小城镇中选出有收缩表现的小城镇作为适应性评价的评价对象。选取2018年与2010年两个时间节点的指标进行差值计算，定量识别在2010—2018年间收缩的小城镇。根据前文对小城镇收缩特征与表现的表述，在本研究中规定，若指标值为负值，则认为小城镇在该指标维度呈现出收缩现象。为便于统计，这里将计算结果与0比较，若结果小于零，状态为"0"，若结果大于零，则状态为"1"。因此，可以得出以下结果（表6-2）。

表6-2　武汉市收缩小城镇定量识别结果

收缩小城镇	要素因子	功能因子	容量因子
天河	0	0	1
祁家湾	0	1	1
罗汉寺	0	0	0
李家集	1	0	0
长轩岭	1	1	0
姚家集	0	1	0
蔡店	1	0	0

---

[1] 方卓君.供需视角下武汉市小城镇医疗服务设施配置优化研究[D].武汉：华中科技大学，2017.

续表

收缩小城镇	要素因子	功能因子	容量因子
木兰	0	0	0
王家河	1	0	0
蔡家榨	0	0	1
六指	1	1	0
三里桥	0	1	1
武湖	0	1	1
横店	0	1	1
滠口	0	1	1
涨渡湖	0	0	0
辛冲	1	0	1
道观河	0	0	1
徐古	1	0	0
潘塘	0	0	1
李集	1	0	1
仓埠	1	0	1
柏泉	0	0	0
东山	1	0	1
辛安渡	1	0	0
新沟镇	0	1	1
径河	0	1	1
走马岭	0	1	1
大集	0	1	1
消泗	0	1	0
桐湖	0	0	0
侏儒山	0	1	0
玉贤	1	1	0
索河	1	0	0
湘口	0	0	0
东荆	0	1	1
邓南	1	0	1

续表

收缩小城镇	要素因子	功能因子	容量因子
金口	0	1	1
乌龙泉	0	1	1
五里界	0	0	1
安山	0	0	1
湖泗	0	0	0
山坡	0	0	0
舒安	0	0	0

（资料来源：笔者根据数据计算得到）

状态"0"表示小城镇表现出收缩特征。由此可见，武汉市小城镇中，表现出收缩特征的小城镇共44个，其中，道观河属于风景区，不属于本次研究的研究对象，因此可以剔除，由此得出武汉市43个收缩小城镇的样本。武汉市都市区小城镇在要素收缩、功能收缩及容量收缩维度中呈现出不同的表现，共有7种表现类型，如表6-3所示。

表6-3 不同收缩类型组合

001	011	000	100	110	010	101
天河、涨渡湖、潘塘、五里界、蔡家榨、安山	祁家湾、三里桥、武湖、横店、滠口、新沟镇、径河、走马岭、大集、东荆、金口、乌龙泉	罗汉寺、木兰、柏泉、桐湖、湘口、湖泗、山坡、舒安	李家集、蔡店、王家河、徐古、辛安渡、索河	长轩岭、六指、玉贤	姚家集、侏儒山、消泗	辛冲、李集、东山、邓南、仓埠

（资料来源：笔者自绘）

1. 全维度收缩的小城镇及其空间特征（000型）

通过对武汉市小城镇收缩的初步识别可以发现，在要素、功能与容量三个方面表现出全面收缩的小城镇有罗汉寺、木兰、柏泉、桐湖、湘口、湖泗、山坡、舒安8个小城镇。从空间特征上看，这8个小城镇除罗汉寺街道紧邻区域中心前川街道外，大多数小城镇处于武汉大都市区边缘，距离中心城区较远。从收缩要素指标层面看，8 个小城镇要素性指标的收缩均发生在社会经济维度，除湘口街道外，其余小城镇的城镇化率均有所降低，表明在这些街道中乡村人口集聚程度略高于城镇。山坡与舒安两街道镇区常住人口数量有所减少，说明这两个街道镇区集聚人口的能力远弱于乡村地区。而 8 个小城镇在功能性指标收缩层面类型分布较为分散，仅有舒安街道在功能性指标上表现出全面收缩的状态。而山坡街道、桐湖办事处与木兰乡在公共服务维度呈现出收缩的特征。这 8 个小城镇容量性指标收缩的表现主要是耕地与林地面积增加、道路密度降低以及交通设施数量变化，其中耕地与林地面积的增加导致小城镇对农田保护与生态保护的要求提高，城镇建设空间相对减少，城镇呈现收缩发展的特征。

2. 单一维度收缩的小城镇及其空间特征（011、110、101 型）

单一维度收缩的小城镇一共有三类，分别是要素收缩型小城镇、功能收缩型小城镇以及容量收缩型小城镇。其中要素收缩型小城镇数量较多，主要有祁家湾、武湖、横店、三里桥等 12 个小城镇；功能收缩型小城镇包括辛冲、李集、东山、邓南、仓埠 5 个小城镇；容量收缩型小城镇包括长轩岭、六指、玉贤 3 个小城镇。其中，要素收缩型小城镇大多位于都市发展区边缘及都市发展轴线附近，外部表现为镇域与镇区人口总量的减少、城镇化率的降低、人均生产总值和人均固定资产投资的下降以及个别城镇表现出的城镇建设用地面积减少等。而功能收缩型小城镇大多位于城市边缘地区或紧邻区域行政中心与新城，呈现出以公共服务功能收缩为主要特征的收缩。容量收缩型小城镇的收缩主要表现在空间容量与交通容量收缩两个方面，以旅游型城镇为主。

3. 双维度收缩的小城镇及其空间特征（001、100、010 型）

双维度收缩的小城镇的收缩共有三类，分别是要素+功能维度收缩、功能+容量维度收缩及要素+容量维度收缩。其中要素+功能维度收缩的小城镇包括天河、涨渡湖、潘塘、五里界、蔡家榨、安山 6 个小城镇。功能+容量维度收缩的小城镇包括李家集、蔡店、王家河、徐古、辛安渡、索河 6 个小城镇。要素+容量维度收缩的小城镇包括姚家集、侏儒山、消泗 3 个小城镇。通过空间位置可以看出，双维度收缩的小城镇与全维度收缩的小城镇类似，大多位于城市边缘地区。

6.2.3 武汉市收缩小城镇适应性评价因子的筛选

根据前文对数据及样本的预处理，下面以武汉市 43 个具有不同收缩表现的小城镇镇域空间单元作为数据采集对象进行 NK 模型的计算。由于我国镇的行政建制及行政管辖范围依旧以镇域范围作为空间界线,小城镇与小城镇之间的互动边界也依旧是镇域范围。另外,虽然本书研究的收缩现象针对小城镇的镇区,小城镇镇区收缩的外部显现却会涉及镇域尺度,例如功能转移导致的镇区功能收缩,其外在表现多为增长极数量的变化或公共服务设施对全域服务效能的减弱等。因此,以镇域作为本次小城镇收缩适应度计算的基本单元。在对小城镇收缩的地域空间单元进行筛选时,由于收缩具有一定的时效性,因此采用 2010—2018 年的数据作为样本,进行差值测算。而对收缩小城镇的适应性评价计算则是对表现出收缩特征的小城镇在 8 年发展过程中的适应性的评价,是对收缩这一适应性行为产生的结果进行的评价,因此,选择 2018 年的数据对小城镇收缩进行适应度评价。为了提升指标对小城镇收缩解释的科学性,需要通过相关性分析对武汉市 43 个呈现出收缩特征的小城镇的基础指标进行二次筛选,选出最能够表现小城镇收缩特征的指标。本次相关性分析选择武汉市 43 个小城镇 2010—2018 年镇区常住人口的总体变化数量作为因变量。选取该指标作为因变量的理由有以下几点。

(1) 小城镇居民这一适应性主体在应对快速城镇化、大都市极化效应以及外界经济环境变化的过程中反应最为迅速。小城镇居民的适应性行为能力、学习能力、应激能力是小城镇系统所有适应性主体中最强的,往往会对外界环境的变化根据其自身及家庭的需求做出最丰富且最有效的调整,因此可以很好地反映小城镇系统内部适应性调整的结果。相比之下,空间、经济等指标的涌现由于具有一定的周期性和滞后性,不能够及时准确地反映小城镇适应性变化的状态。

(2) 人口指标是目前学术界公认的最能有效反映小城镇收缩的指标之一。本次研究讨论的小城镇收缩是指小城镇镇区的收缩,而镇区常住人口的变化最能综合反映小城镇在发展变化的过程中城镇核心区的变化情况。以面域数据的变化作为关联指标的表征,可以将收缩表征指标进行从微观尺度到宏观尺度的转换,降低数据采集难度。

(3) 镇区常住人口的变化也能够在一定程度上反映小城镇各项服务设施需求情况与供给情况。目前小城镇公共服务设施供给配比往往以镇域为界,但其设施配置在空间选择上大多以镇区为中心,形成镇区配置、镇域服务的主要特征。而通过对武汉都市区小城镇的微观调研发现,在交通设施逐渐完善以及居民收入逐渐升高的前提下,大部分乡村居民会选择在镇区临时居住,以便使用镇区各类设施。因此,镇区人口的变化与镇区功能服务供需关系的总体变化特征具有很强的关联性。

在确定好因变量后，本书结合上一小节确定的基础指标库的指标确定自变量，选取武汉市 43 个收缩小城镇 2010—2018 年镇区常住人口变化量作为因变量，逐一进行双变量相关性分析。由于本次选择的数据指标属于非正态数据，因此采用斯皮尔曼（Spearman）相关性方法，运用 SPSS 22.0 软件进行相关性分析计算，其结果如表 6-4 所示。

表 6-4 NK 模型指标相关性分析结果

因子	Spearman 相关系数	显著性（双侧）	筛选
镇域人口数量	0.296889157	0.053198677	
镇区人口数量	0.599	0.000021806	选择
城镇化率	0.501	0.000629001	选择
小学生生源数量	0.382	0.011513574	选择
第一产业占比	−0.287172306	0.061878071	
第二产业占比	0.310	0.04325802	选择
第三产业占比	−0.027453241	0.861275282	
人均固定资产投资	−0.365	0.016008222	选择
固定资产投资总量	0.295163665	0.054663962	
人均财政收入	−0.181063123	0.245252378	
财政收入	0.412	0.006012943	选择
人均生产总值	−0.41	0.00630278	选择
地区生产总值	0.287461774	0.061604147	
镇域面积	−0.134551495	0.389659328	
镇区面积	0.385	0.010741657	选择
镇区面积占比	0.488	0.000892075	选择
城镇建设用地面积占比	0.326	0.032787032	选择
城镇建设用地面积	0.285110239	0.063857606	
村庄建设用地面积	0.114466928	0.46484075	
小学数量	0.138819101	0.386715556	
中学数量	0.27751527	0.075180395	
高中数量	0.069755177	0.660692043	

续表

因子	Spearman 相关系数	显著性（双侧）	筛选
病床数量	0.211005651	0.174389517	
医疗设施协调发展度	0.373	0.013801218	选择
餐饮服务设施供给度	0.259589248	0.092756022	
教育设施供给度	0.195409242	0.2091982	
交通设施供给度	0.175324675	0.260783871	
车辆服务设施供给度	0.397	0.008454905	选择
商贸服务设施供给度	0.384	0.01101204	选择
基础生活服务设施供给度	0.413	0.005932285	选择
文化服务设施供给度	0.379	0.01222708	选择
休闲服务设施供给度	0.318	0.037488925	选择
医疗保健服务设施供给度	0.114164905	0.466027406	
医院年就诊量	0.180074037	0.247883816	
产业园区及公司企业数量	0.469	0.001520933	选择
集聚度	−0.153672482	0.325182377	
距区域增长极距离	−0.525	0.000302024	选择
城镇旅游收入	−0.011477329	0.941769143	
耕地面积	−0.257173059	0.095945246	
林地面积	−0.220024162	0.156272176	
水域面积	0.033222591	0.832501948	
设施农业用地面积	−0.034430686	0.826502821	
设施丰富度	0.423	0.004704218	选择
高速公路出入口数量	0.306	0.046019065	选择
镇区到三环的最短距离	−0.324	0.034248523	选择
道路密度	0.196164301	0.207409029	
距三环公共交通设施时间	−0.354	0.019959036	选择

（资料来源：SPSS 22.0 软件计算，笔者自绘）

根据相关性分析规则，显著性数值在 0.05 以下的指标被认为具有相关性，可以采用。通过上述相关性分析，筛选出设施丰富度、产业园区及公司企业数量、基础生活服务设施供给度、商贸服务设施供给度、镇区面积、车辆服务设施供给度、镇区面积占比、文化服务设施供给度、镇区人口数量、高速公路出入口数量、城镇建设用地面积占比、城镇化率、休闲服务设施供给度、财政收入、镇区到三环的最短距离、第二产业占比、距三环公共交通设施时间、医疗设施协调发展度、距区域增长极距离、小学生生源数量、人均固定资产投资、人均生产总值共计22个因子。后续将进一步通过因子分析方法将各个因子进行降维处理，从而对因子做进一步提炼、筛选与归类。因子分析是一种从若干因子中提取共性因子的技术，是简化与分析高维数据的统计方法。通过对多个数据的内在关系的回归分析，找出具有代表性的隐藏因子，并将相似的、关联密切的因子重新归类，构建虚拟变量，并用新建的虚拟变量（公因子）代表多个原始数据因子，从而达到降维的目的。若原始变量有 n 个，用 y_1, y_2, y_3, y_4, $\cdots$, y_n 表示，假设这 n 个变量可以分成 m 类，$m<n$。其中 m 类中的每一类用一个公因子 Z_m 表示，这些原始变量与公因子之间具有一定的线性关系：

$$Y = AZ + \lambda$$

式中，系数 A 是因子载荷，矩阵 Z 是因子载荷矩阵。因子载荷反映了变量和公因子之间的相关性。因子载荷的绝对值越大，因子和载荷之间的密切程度越大。其中 λ 是不属于前 m 个公因子的特殊因子，且它与其他的公因子之间满足如下条件：

$$\text{Cos}(Z, \lambda) = 0$$

即 Z 和 λ 之间不相关。

$$D(Z) = \begin{bmatrix} 1 & & \\ & 1 & \\ & & 1 \end{bmatrix} = 1$$

即 Z_1, Z_2, Z_3, Z_4, $\cdots$, Z_m 也互不相关，方差为1。

在因子分析后需要对每一个公因子的含义进行理论解释。由于因子分析后的载荷矩阵结构并不清晰，往往难以对各个公因子做出合理的解释，因此需要对因子载荷进行旋转，从而使不同的变量在不同因子上的载荷出现分化，进而为后期解释公因子提供方便。本书通过最大方差法对公因子进行正交旋转。在计算的过程中，只有通过KMO检验和Bartlett球形检验的统计数据才能进行因子分析。只有当KMO检验值大于0.6时才可以对统计数据进行因子分析。同样，Bartlett球形检验的目的也在于确定原始变量之间存在相关性，确定因子分析的科学合理性。只有当Bartlett球形检验显著性值小于0.05时，各个原始变量之间才存在着相关性。对武汉市43个收缩小城镇的数据进行KMO检验和Bartlett球形检验，KMO检验值为0.827,

Bartlett 球形检验中显著性值为 0.000，证明本研究选取的数据指标具有较高的相关性，可以进行因子分析及相关性分析（表6-5）。

表6-5　适应度影响因子的 KMO 检验和 Bartlett 球形检验

KMO 测量取样适当性		0.827
Bartlett 球形检验	近似卡方	1110.481
	df	171
	显著性	0.000

（资料来源：SPSS 22.0 软件计算，笔者自绘）

运用 SPSS 22.0 软件对前文选取的指标进行因子分析，并采用最大方差法对因子载荷矩阵进行旋转，最终得到 3 个大于 1 的特征值，总方差的解释率达到 70.19%（表6-6），因此降维后得到 3 个公因子作为主要因子，并可以对原有因子进行解释。根据因子分析的相关条件，当一个数据指标对应多个公因子时可以考虑进行删除处理。

表6-6　因子分析总方差与特征值

指标	起始特征值			提取平方和载入			循环平方和载入		
	总计	变异/(%)	累加/(%)	总计	变异/(%)	累加/(%)	总计	变异/(%)	累加/(%)
1	10.348	54.464	54.464	10.348	54.464	54.464	7.941	41.796	41.796
2	1.999	10.523	64.988	1.999	10.523	64.988	3.819	20.102	61.898
3	1.582	8.328	73.316	1.582	8.328	73.316	2.169	11.417	73.316
4	1.062	5.592	78.908						
5	0.907	4.775	83.683						
6	0.693	3.650	87.333						
7	0.586	3.082	90.415						
8	0.455	2.393	92.808						
9	0.415	2.186	94.994						
10	0.375	1.974	96.968						
11	0.177	0.930	97.898						
12	0.146	0.769	98.667						

续表

指标	起始特征值			提取平方和载入			循环平方和载入		
	总计	变异/(%)	累加/(%)	总计	变异/(%)	累加/(%)	总计	变异/(%)	累加/(%)
13	0.132	0.697	99.364						
14	0.042	0.221	99.585						
15	0.035	0.182	99.767						
16	0.026	0.135	99.902						
17	0.012	0.063	99.965						
18	0.004	0.022	99.987						
19	0.002	0.013	100.000						

注：①提取方法为主成分分析。
②资料来源：SPSS 22.0 软件计算，笔者自绘。

通过因子分析最终可得，因子1包括设施丰富度、产业园区及公司企业数量、基础生活服务设施供给度、商贸服务设施供给度、镇区面积、车辆服务设施供给度、镇区面积占比、文化服务设施供给度、镇区人口数量、高速公路出入口数量、休闲服务设施供给度11个指标；因子2包括财政收入、镇区到三环的最短距离、第二产业占比、距三环公共交通设施时间、医疗设施协调发展度、距区域增长极的距离6个指标；因子3包括人均固定资产投资、人均生产总值2个指标（表6-7），并对每个指标进行权重赋值。

表6-7 因子旋转矩阵

指标	因子1	因子2	因子3	权重赋值
设施丰富度	0.953	0.138	−0.106	0.097942
产业园区及公司企业数量	0.948	0.206	−0.087	0.099583
基础生活服务设施供给度	0.902	0.346	−0.028	0.098852
商贸服务设施供给度	0.893	0.267	−0.028	0.094755
镇区面积	0.890	0.255	−0.173	0.099281
镇区面积占比	0.813	0.409	−0.183	0.098803
镇区人口数量	0.801	0.338	−0.246	0.097002
车辆服务设施供给度	0.791	0.348	−0.044	0.089161

续表

指标	因子1	因子2	因子3	权重赋值
文化服务设施供给度	0.758	0.339	−0.113	0.088269
高速公路出入口数量	0.731	0.194	−0.079	0.078624
休闲服务设施供给度	0.439	0.288	0.144	0.057729
镇区到三环的最短距离	−0.316	−0.774	0.092	0.190525
距三环公共交通设施时间	−0.256	−0.734	−0.007	0.16033
财政收入	0.220	0.712	0.001	0.146867
距区域增长极距离	−0.329	−0.638	0.241	0.193756
第二产业占比	0.098	0.630	−0.196	0.124304
医疗设施协调发展度	0.370	0.612	−0.076	0.184217
人均固定资产投资	−0.119	−0.139	0.970	0.494563
人均生产总值	−0.128	−0.149	0.965	0.505437

注：①提取方法：主成分分析。旋转方法：具有 Kaiser 正规化的最大变异法。旋转在 5 次迭代后收敛。
②资料来源：SPSS 22.0 软件计算，笔者自绘。

6.2.4 NK 模型指标体系构建

通过对武汉市 43 个呈现收缩特征的小城镇样本的基础指标的分析，最终筛选出 19 个基础指标，将筛选降维后得到的 3 个主成分因子作为武汉市小城镇收缩的 NK 模型的指标，同时按照因子分析中旋转矩阵的载荷因子系数对各个具体指标进行重新分配，构建完整的 NK 模型指标体系（表 6-8），为下一步针对武汉市小城镇各类收缩的适应度计算奠定基础。

表 6-8 NK 模型指标体系

因子类型	因子名称	权重赋值
中心服务因子	设施丰富度	0.097942
	产业园区及公司企业数量	0.099583
	基础生活服务设施供给度	0.098852
	商贸服务设施供给度	0.094755
	镇区面积	0.099281
	镇区面积占比	0.098803

续表

因子类型	因子名称	权重赋值
中心服务因子	镇区人口数量	0.097002
	车辆服务设施供给度	0.089161
	文化服务设施供给度	0.088269
	高速公路出入口数量	0.078624
	休闲服务设施供给度	0.057729
区域关联因子	镇区到三环的最短距离	0.190525
	距三环公共交通设施时间	0.16033
	财政收入	0.146867
	距区域增长极距离	0.193756
	第二产业占比	0.124304
	医疗设施协调发展度	0.184217
生产效率因子	人均固定资产投资	0.494563
	人均生产总值	0.505437

（资料来源：笔者自绘）

1. 中心服务因子

因子1包含了设施丰富度、产业园区及公司企业数量等11项指标。指标主要集中在各类服务设施供给及镇区层面，在获取原始指标时，设施指标获取以镇区设施为主，因此，因子1直接反映了镇区的服务配套供给能力。正如前文所述，小城镇在区域中具有对接城市、服务乡村的效能，而小城镇的服务能力直接关系到小城镇对乡村地区的影响力。随着人民生活水平及收入水平的不断提高，镇区的服务能力也决定了镇区人口吸纳能力。因此，将该因子作为收缩小城镇适应性评价的中心服务因子。

2. 区域关联因子

因子2包括了财政收入、镇区到三环的最短距离等6项指标。该因子的指标主要集中在镇区与都市区及都市区周边增长极间的联系方面，因此将因子2定义为区域关联因子。通过第3章与第4章的分析可以看出，小城镇（尤其是都市区范围内的小城镇）的发展会受到都市区极化效应与扩散效应的影响。在经济产业方面，小城镇与都市核心区及周边增长极能形成良性互动，并且积极融入大都市产业链，其经济发展与财政收入相对较高。因子2的指标恰恰反映了小城镇在发展过程中受大都市支持与技术溢出效应的影响程度,及小城镇与都市核心区域及增长极之间的联系程度。区域关联因子直接关系到收缩小城镇顺应大都市整体经济产业的发展与城镇化的趋势、转变自身发展路径、提升内部发展效率、应对极化效应造成的资源流失的能力。这种能力正是通过主体适应性行为产生的,并可以通过主体不断地适应、演化,从而进一步优化。因此,将因子2作为收缩小城镇适应性评价的区域关联因子。

3. 生产效率因子

因子3包含了人均固定资产投资与人均生产总值2项指标。该因子的指标是小城镇政府和企业的人均投入及人均产出的表现,反映了小城镇的经济发展情况。影响小城镇各类适应性主体行为的主要因素之一是各类主体对经济效益的追求,而小城镇的经济发展情况关系到小城镇子区域中的生态位序以及其对劳动力等资源的吸纳能力。因此,将因子3作为收缩小城镇适应性评价的生产效率因子。

6.2.5　NK 模型的计算

在完成因子筛选及 NK 模型指标构建以后,NK 模型的计算主要包括以下几步。

(1) 将 NK 模型所有的指标因子进行数据标准化处理。标准化处理的公式为:

$$z_j = (Y_j - \min Y_j)/(\max Y_j - \min Y_j) \quad (j=1,2,3,\cdots,43)$$

其中,z_j 为 j 因子标准化数值;Y_j 为 j 因子对应值;$\min Y_j$ 为 j 因子最小值;$\max Y_j$ 为 j 因子最大值。

(2) 确定武汉市收缩小城镇适应度影响因子的状态。为方便计算,将标准化处理后小城镇样本的各个影响因子值大于武汉市小城镇平均值的因子状态记录为"a",小于平均值的因子状态记录为"b",并计算每一个样本的适应度水平,可以得出以下结果(表6-9)。

表6-9　武汉市收缩小城镇适应度的影响因子状态

小城镇	中心服务因子	状态	区域关联因子	状态	生产效率因子	状态	适应度
东荆	0.16401941	a	0.230534463	a	0.355233749	a	0.249929
新沟镇	0.146091117	a	0.400055847	a	0.818276675	a	0.454808
东山	-0.186536002	b	0.042837663	a	0.507703421	a	0.121335

续表

小城镇	中心服务因子	状态	区域关联因子	状态	生产效率因子	状态	适应度
侏儒山	−0.361736145	b	0.126786137	a	0.149894549	a	−0.028352
王家河	−0.423541502	b	0.262644611	a	1.09918977	a	0.312764
蔡店	−0.429256318	b	−1.536641463	b	0.435479135	a	−0.510140
舒安	−0.599694487	b	−1.363302532	b	0.716037795	a	−0.415653
涨渡湖	−0.483130374	b	−0.835343314	b	0.691648837	a	−0.208942
李家集	−0.295200332	b	−0.829810273	b	0.250554729	a	−0.291485
山坡	−0.428895502	b	−0.747032242	b	0.092690197	a	−0.361079
辛安渡	−0.19729531	b	−0.067581092	b	0.956735467	a	0.230620
六指	−0.230987924	b	−0.042738125	b	0.718264716	a	0.148179
湘口	−0.323075431	b	−0.028491276	b	0.454984959	a	0.034473
柏泉	0.308484221	a	0.327710233	a	−0.263329708	b	0.124288
天河	0.100126515	a	0.705192695	a	−0.482966272	b	0.107451
五里界	0.807469672	a	0.775611329	a	−0.965843145	b	0.205746
横店	1.186076306	a	0.937756841	a	−0.48373642	b	0.546699
金口	0.301175466	a	1.084233093	a	−0.431247272	b	0.318054
大集	0.363353375	a	1.09483627	a	−1.065669907	b	0.130840
走马岭	0.622627434	a	0.12690452	a	−0.150375954	b	0.199719
武湖	1.25306982	a	0.75482952	a	−0.735178185	b	0.424240
滠口	1.521759046	a	1.277119102	a	−0.784665324	b	0.671404
径河	0.387162272	a	0.90052909	a	−0.804337599	b	0.161118
邓南	−0.193428847	b	0.083882596	a	−0.517517682	b	−0.209021
索河	−0.383115524	b	0.092299775	a	−0.356638423	b	−0.215818
乌龙泉	−0.336919337	b	0.113254942	a	−0.202252583	b	−0.141972
玉贤	−0.278902451	b	0.220773361	a	−0.90068358	b	−0.319604
罗汉寺	−0.352369965	b	0.291966861	a	−0.384362316	b	−0.148255
三里桥	−0.101372297	b	0.369117781	a	−0.650563788	b	−0.127606
祁家湾	−0.301944289	b	0.191158497	a	−0.288188691	b	−0.132991
消泗	−0.491808062	b	−1.008349269	b	−0.712727264	b	−0.737628
潘塘	−0.424680946	b	−0.942721031	b	−0.091946534	b	−0.486450
徐古	−0.382280423	b	−0.872818925	b	−0.353156672	b	−0.536085

续表

小城镇	中心服务因子	状态	区域关联因子	状态	生产效率因子	状态	适应度
湖泗	-0.534653476	b	-0.766716383	b	-0.165814911	b	-0.489062
姚家集	-0.434728878	b	-0.550680109	b	-0.617257985	b	-0.534222
李集	-0.44219175	b	-0.522233718	b	-0.467139177	b	-0.477188
木兰	-0.44468179	b	-0.480778	b	-0.317949157	b	-0.414470
仓埠	-0.276127151	b	-0.396069008	b	-0.760319343	b	-0.477505
安山	-0.281622588	b	-0.391799419	b	-0.711902984	b	-0.461775
桐湖	-0.201031386	b	-0.380354993	b	-0.366356778	b	-0.315914
辛冲	-0.38832851	b	-0.374244729	b	-0.086181484	b	-0.282918
长轩岭	-0.250495961	b	-0.316826073	b	-0.207380376	b	-0.258234
蔡家榨	-0.293781409	b	-0.115503066	b	-0.475027824	b	-0.294771

（资料来源：笔者自绘）

（3）计算因子状态为a和b的因子对适应度的贡献值。以中心服务因子状态为a的样本为例，将该因子所有状态为a的因子数值进行均值计算，并以此类推，分别求出中心服务因子状态为a的因子的适应度贡献值为0.596785，状态为b的因子的适应度贡献值为-0.35359；区域关联因子状态为a的因子的适应度贡献值为0.473638，状态为b的因子的适应度贡献值为-0.60095；生产效率因子状态为a的因子的适应度贡献值为0.545965，状态为b的因子的适应度贡献值为-0.49402（表6-10）。

表6-10　各类因子不同状态适应度理想值

类型	中心服务因子	区域关联因子	生产效率因子	适应度理想值
aaa	0.596785	0.473638	0.545965	0.538796
aab	0.596785	0.473638	-0.49402	0.192134
aba	0.596785	-0.60095	0.545965	0.180600
baa	-0.35359	0.473638	0.545965	0.222004
abb	0.596785	-0.60095	-0.49402	-0.166062
bab	-0.35359	0.473638	-0.49402	-0.124657
bba	-0.35359	-0.60095	0.545965	-0.136192
bbb	-0.35359	-0.60095	-0.49402	-0.482853

（资料来源：笔者自绘）

(4) 计算各个组合状态的适应度值。该 NK 模型中，$N=3$，A 值为（a，b）。确定该模型中 $K=0$，假设每一个小城镇样本在其空间范围内收缩产生的适应度变化仅取决于自身，则该 NK 模型的适应度组合状态应该有 $2^3=8$ 种。每一种组合状态的适应度值为 3 个因子的适应度贡献值的均值。最终，根据 NK 模型计算的结果，将武汉市 43 个收缩小城镇按照不同的组合状态进行适应度分类，结果如表 6-11 所示。

表 6-11　适应度组合类型对应的街道样本

组合状态	小城镇样本	适应度理想值
bba	蔡店、舒安、涨渡湖、李家集、山坡、辛安渡、六指、湘口	-0.136192
bbb	消泗、潘塘、徐古、湖泗、姚家集、李集、木兰、仓埠、安山、桐湖、辛冲、长轩岭、蔡家榨	-0.482853
baa	东山、侏儒山、王家河	0.222004
bab	邓南、索河、乌龙泉、玉贤、罗汉寺、三里桥、祁家湾	-0.124657
aaa	东荆、新沟镇	0.538796
aab	柏泉、天河、五里界、横店、金口、大集、走马岭、武湖、滠口、径河	0.192134
aba	—	0.180600
abb	—	-0.166062

（资料来源：笔者自绘）

6.3　武汉市收缩小城镇的适应性计算结果及分析

根据 NK 模型对武汉市 43 个收缩小城镇样本进行计算得出的三个层次的结果，本节将进行论述，分别从适应度组合类型结果、不同收缩类型小城镇的适应度指标以及收缩小城镇适应度提升路径三个层面进行解读。

6.3.1　6 种不同适应度组合类型的适应度理想值各不相同

将武汉市 43 个收缩小城镇样本的适应度水平进行分级可以发现，武汉市北部地区小城镇的适应度水平空间分布较为集中，呈现出沿路与沿城镇发展轴线拓展的特征。而武汉市南部地区收缩小城镇的适应度水平的空间分布较为分散。通过 NK 模型的计算，武汉市收缩小城镇总共有 6 种不同的适应度组合类型，从各个因子所表达的内涵看，可以做出如下解释。

1. 最低适应度组合类型（bbb）

中心服务因子、区域关联因子以及生产效率因子共同决定了武汉市小城镇收缩的适应度水平，它们也是判断小城镇收缩现象产生的适应能力的重要标准。武汉市小城镇收缩的适应度低谷的产生是由于这三类因子均低于整体平均水平，即表现出 bbb 的因子组合状态。从模型结果中可以看出，在武汉市 43 个收缩小城镇样本中，有消泗、潘塘、徐古、湖泗、姚家集、李集、木兰、仓埠、安山、桐湖、辛冲、长轩岭、蔡家榨 13 个小城镇属于这一类型，是所有适应度组合类型中样本数量最多的一种。

从空间上看，这 13 个小城镇主要分布在新洲区、黄陂区、蔡甸区和江夏区，大多位于大都市区边缘，地理位置较为偏僻。

从样本特征层面看，这 13 个样本涵盖了 6 种收缩类型，这些小城镇处于适应度低谷主要有以下三方面原因。

（1）小城镇中心服务能力与城镇发展不匹配。①功能的收缩导致了小城镇服务能力与小城镇发展需求的不匹配。由于这些小城镇在功能层面大多表现出收缩的现象，小城镇的中心服务能力指标低于武汉市小城镇平均水平，小城镇系统中以居民为代表的各类适应性主体在需求-供给的规则推动下跨区域使用公共服务设施、跨地区就业等行为导致了小城镇资源的流失，造成小城镇中心服务能力减弱。②乡村基础服务设施的不断完善与网购的不断普及加速了小城镇中心服务能力的下降。

（2）封闭低效的生产方式以及日益便捷的交通环境加剧了小城镇各类要素的流失。其中，木兰、消泗等小城镇均以乡村旅游作为主导产业，经济产业发展与周边乡镇关联度较低，乌龙泉经济发展虽然较好，但工矿产业是其主导产业，生产模式粗犷低效，很难与江夏区乃至武汉中心城区形成良性的产业联动。在发展的过程中，由于区域关联能力较低，这类小城镇在外部环境变化的过程中很难融入城市产业链。在未来的发展过程中，收缩现象会进一步加剧，并且其当前的收缩状态已不能适应外部环境及自身内部需求的变化，从而导致了适应能力处于低谷。

（3）由于生产效率因子贡献度低于武汉市小城镇平均水平，在此类小城镇发展过程中，各类适应性主体根据自身的经济需求会自发地从其他生产效率高的生态位获取资源，在这一过程中，小城镇的劳动力等资源会加速流出。这种不适应性将会加速小城镇向未知方向分化的过程，导致收缩小城镇适应能力依旧处于较低水平，不利于小城镇未来的发展。

2. 双因子贡献型（baa、aab）

在双因子贡献型的适应度类型组合中，适应度理想值从大到小依次是 baa（区域关联+生产效率）与 aab（中心服务+区域关联）。其中，baa 型组合包括了王家河、东山、侏儒山 3 个小城镇。这类小城镇的区域关联因子与生产效率因子共同决定了其具有较高的适应度值。这 3 个小城镇分别位于黄陂区、东西湖区及蔡甸区，从空间分布上看，除了王家河街道，其余 2 个小城镇均位于大都市地区边缘。从样本特征上看，这 3 个小城镇分别代表了 3 种收缩类型。其中，王家河街道属于功能与容量收缩型，东山街道属于功能收缩型，侏儒山街道属于要素与容量收缩型。以王家河街道为例，其位于黄陂区中部，紧邻黄陂区的行政中心前川街道，街道面积较大，以旅游业为主，镇区被滠水河一分为二，依托丰富的自然资源与农业资源，王家河街道是黄陂区旅游发展的重点区域，已经形成了以木兰草原、王河水乡、木兰芳香植物园等景区为核心的旅游圈。由于乡村旅游发展的需要，王家河街道的建设开发受到了一定的限制，居民等适应性主体为了适应农家乐等经营模式，多依托乡村社区开展旅游经营。随着居民出行方式的日渐丰富，以农庄为经营主体的居民可以跨级、跨区域享用公共服务设施，因此城镇的中心服务能力逐渐减弱，固定的自上而下的公共资源政策与投放方式逐渐失去了其原有的适应性。

aab 型组合涵盖了柏泉、天河、五里界、横店、金口、大集、走马岭、武湖、滠口、径河 10 个小城镇样本，这类小城镇仅生产效率因子低于武汉市小城镇平均值，生产效率因子也是拉低此类城镇收缩适应度的主要因子。此类小城镇主要分布在黄陂区、东西湖区、蔡甸区及江夏区 4 个区（图6-8）。从空间上看，此类小城镇全部位于都市发展区内，且具有较高的空间聚集度，主要集中在武汉临空港经济技术开发区和武汉盘龙城经济开发区周边。从样本的收缩特征来看，这 10 个小城镇样本包含了 3 种收缩类型。以天河街道为例，天河街道位于黄陂区西南角，与东西湖区隔河相望。1995 年，原南湖机场迁至天河街道，并更名为武汉天河机场开始启用，后成为中部地区重要的空中交通枢纽。2016 年机场旅客吞吐量达 2077.16 万人次，货邮吞吐量达 17.53 万 t。2012 年，黄陂区依托天河机场着手建设武汉临空经济产业示范园。2013 年，经国务院批准，东西湖区也将武汉吴家山经济技术开发区变更为武汉临空港经济技术开发区。受天河机场、武汉临空经济产业示范园、武汉临空港经济技术开发区的影响，天河街道镇区的中心服务能力较强。中心服务因子的贡献在于可以通过优质的服务吸引有相关需求的主体，从而提高小城镇系统在该位置获取资源的能力，为后续的发展提供服务支撑。但这种服务能力的提升往往是在外部经济力量及行政力量干预下实现的，属于自上而下建设带来的设施的完善，城镇中心本身的生产能力并没有得到明显的提升。例如武汉临空经济产业示范园在建成后长期以第一产业为主，工业发展规模小、布局散，不能在第一时间制造有效的产能并提供足够的就业岗位吸纳劳动力。小作坊形式的产业发展模式难以适应高速发展的外部经济环境及快速成型的城镇设施建设。2015年，黄陂区武汉临空经济产业示范园工业企业数量虽然在武汉市排名第一，但规模以上工业总产值位列倒数[1]，小城镇经济发展的投入产出比较低。

3. 单因子贡献型（bab、bba）

在单因子贡献型的适应度组合类型中，适应度理想值从大到小依次是bab（区域关联主导型）和bba（生产效率主导型）。其中，bab组合包括了邓南、索河、乌龙泉、玉贤、罗汉寺、三里桥、祁家湾7个小城镇样本。这些小城镇的区域关联因子高于武汉市小城镇平均水平。这类小城镇主要分布在黄陂区、东西湖区、蔡甸区及江夏区4个远城区。在空间特征方面，这类小城镇大多靠近区域增长极。从样本特征上看，这7个小城镇样本涵盖了5种不同的收缩类型。以乌龙泉街道为例，乌龙泉街道位于江夏区中部，南部与山坡街道接壤，北部靠近纸坊街道。由于乌龙泉街道矿产资源丰富，因此，乌龙泉街道产业发展主要以乌龙泉矿矿产资源生产为依托，形成以水泥、建材、矿产开采等为主的产业。乌龙泉街道的规模企业主要集中在乌龙泉街道镇区及乌龙泉矿生产区。在对乌龙泉街道的详细调研中发现，由于乌龙泉街道以工矿产业为主，街道生态环境与居住环境相对较差。由于交通条件便利，紧邻纸坊街道，在城镇发展过程中，大量镇区居民选择在乌龙泉街道工作，在江夏区行政中心纸坊街道定居生活。即使是居住在乌龙泉街道的居民，由于距离纸坊街道较近且交通便利，日常购物等行为基本以选择纸坊街道的服务设施为主，小城镇与区域间的联动也体现在这一方面。由于其产业依旧以资源消耗性产业为主，产业发展依旧处于低技术含量、高资源消耗的状态，因此经济生产效率较低，在区域发展的过程中，城镇被边缘化的风险较大。

---

[1] 夏君.汉孝临空经济区空间协同发展研究[D].武汉：华中科技大学，2017.

bba 的组合类型包括蔡店、舒安、涨渡湖、李家集、山坡、辛安渡、六指、湘口 8 个小城镇样本,这一类型的小城镇在生产效率因子方面超越了市域小城镇平均水平,为生产效率主导的小城镇。这些小城镇主要分布在新洲区、黄陂区、东西湖区、蔡甸区及江夏区 5 个远城区。从空间特征上看,此类小城镇基本位于大都市边缘地区,距离中心城区较远。从样本的收缩特征层面看,这 8 个小城镇样本涵盖了 4 种收缩类型。这些小城镇虽然呈现出收缩的现象,但在生产效率方面的适应能力相对较强。以山坡街道为例,山坡街道位于武汉市南端,紧邻咸宁市,农业在其产业发展中占主导地位。在乡镇企业高速发展的时期,山坡街道依托其乡镇企业优势曾是江夏区重点镇,但受市场的冲击及政策的影响,随着乡镇企业的衰败与迁移入园,山坡街道失去了原有的产业优势。由于镇域范围内耕地及生态保护用地面积占比高达 83%,城镇建设开发用地指标严重不足,也限制了小城镇的进一步发展。在多元要素的影响下,小城镇的企业主体、居民主体等根据需求-供给规则逐渐向能够获取更多资源的城镇转移。小城镇收缩后,为其他未发生生态位跃迁的适应性主体腾退出更多的资源,确保内部经济在有限的资源条件下可以稳定发展。山坡街道东西长、南北短的镇域地理空间特征,也导致了山坡街道镇区的辐射能力有限。在调研中发现,由于镇区常住人口的减少,镇区出现大量租金廉价的空置房屋。镇域范围内的部分村民为了能够更方便地使用镇区各类设施,选择在镇区租房居住,每周返回乡村居民点打理农田。因此山坡街道服务乡村的基本职能尚且保存。但由于要素的收缩,其中心服务功能仅维持在保证乡村居民基本生活需求的水平。但这种维持是建立在目前乡村居民经济供给与设施需求不高的基础上,随着居民收入的提高,依旧容易受到周边增长极的高水平公共服务设施的冲击。其东西狭长的镇域空间形态,与武汉市南北延伸的区域道路系统不相符合,因此小城镇在交通与区域关联方面存在着一定的短板。加之工业产业的薄弱,小城镇在交通联系和经济产业联系方面的能力均相对较弱。

4. 适应度最高的组合类型(aaa)

根据 NK 模型的计算,适应度最高的组合类型为 aaa,在武汉市市域范围内仅有 2 个小城镇,分别是东荆街道和新沟镇街道。这 2 个小城镇均为要素收缩型小城镇,分别位于汉南区和东西湖区 2 个远城区。就空间特征来看,2 个小城镇均位于武汉市城镇发展轴的末端,城镇发展受周边产业园区辐射。其中东荆街道紧邻武汉经济技术开发区,在周围增长极的辐射带动下,城镇人口虽然有所减少,但由于其邻近开发区的区位条件优势,依旧有部分小城镇居民选择在开发区上班、在城镇居住。在产业方面，小城镇积极融入开发区产业链，在镇域范围内形成了镇区与产业园区2个组团。小城镇人口要素的收缩为城镇的发展腾退出了充足的公共服务设施、居住生活空间及就业岗位，因此小城镇在中心服务、区域关联、生产效率方面依旧能够保持较高的适应度水平。

6.3.2 收缩小城镇适应能力各异，并决定其未来发展路径

1. 不同类型的收缩特征组合中，适应度组合类型越丰富表示其应对环境变化的能力越强

（1）通过对收缩小城镇适应度的计算可以看出，大都市地区收缩特征相同的小城镇的适应能力存在着差异。小城镇收缩现象的产生是小城镇系统整体及内部个体适应性行为的外部表现，现象本身并无好坏之分，但不同收缩表现的样本所产生的适应性结果存在着一定的差异。一部分小城镇收缩是其主动适应的结果，而另一部分小城镇收缩则是被动萎缩的表现。因此，收缩表征相同的小城镇也会有不同的适应能力。

（2）通过计算可以看出，武汉市收缩小城镇样本适应度水平各不相同。每个样本适应度值的大小反映了小城镇收缩后适应能力的大小。根据前文所述，武汉市收缩小城镇有要素、功能、容量三方面的表现特征，按照收缩在这三个方面的显性及隐性表现，可以将武汉市收缩小城镇划分成7种不同的收缩类型。不同适应度组合类型分别对应着一个适应度指标，而适应度指标的大小表示该组合类型小城镇产生收缩现象后适应能力的强弱，即收缩现象产生后小城镇适应环境能力的强弱。通过第5章复杂适应性系统理论的理论模型研究可以发现，小城镇收缩是主体适应性行为的外在表现。对于复杂系统及其内部的各类主体而言，由于外界环境的变化具有不确定性及恒新性，群体为了生存发展只能通过复杂的内部规则产生各种类型的行为反射，每一种行为都代表着一种适应能力。能够适应环境变化的行为被主体不断加强完善并得到保留。因此，从统计学角度出发，当系统面对新的外部环境变化时，主体及系统适应性行为类型越多，其得到适应新环境变化的最佳适应性行为的概率就越大。因此，在武汉市43个收缩小城镇的7种收缩表现特征中，适应度组合类型越丰富，则表明其在应对外部环境变化时的灵活度就越高，对环境变化的适应能力越强。

2. 收缩小城镇样本的适应度指标代表了小城镇系统维持其生态位的能力

通过NK模型可以得到6种不同适应度组合类型，计算各个因子的适应度值，可

以得出 6 种不同适应度组合类型的理想值及 43 个小城镇收缩样本的适应度值。根据复杂适应性系统理论回声模型的理论描述可以发现，在复杂适应性系统中，具有一个由相互连接的"位置"所构成的"地理环境"。在小城镇收缩的复杂系统中，7 种不同的收缩类型与相对应的 6 种适应度组合类型即相互关联的"位置"共同构成了整个回声模型的"地理环境"基础平面。在这一"地理环境"中，不同收缩特征与不同适应度指标的小城镇系统包含了各种各样的资源，并且在"地理环境"中占据了不同的位置（表 6-12）。

表 6-12　不同适应度组合和不同收缩类型小城镇样本统计

组合状态	001（3）	011（3）	000（4）	100（4）	110（3）	010（2）	101（3）
bbb	潘塘 安山 蔡家榨	—	湖泗 木兰 桐湖	徐古	长轩岭	姚家集 消泗	李集 仓埠 辛冲
bba	涨渡湖	—	舒安 山坡 湘口	蔡店 李家集 辛安渡	六指	—	—
baa	—	—	—	王家河	—	侏儒山	东山
bab	—	乌龙泉 三里桥 祁家湾	罗汉寺	索河	玉贤	—	邓南
aaa	—	东荆 新沟镇	—	—	—	—	—
aab	天河 五里界	横店 金口 大集 走马岭 武湖 滠口 径河	柏泉	—	—	—	—

（资料来源：笔者自绘）

小城镇样本的适应度水平决定了小城镇系统在"地理环境"中所处的位置，适应度水平的高低代表了小城镇系统生态位的高低及其维系当前生态位能力的强弱（图6-3）。例如，舒安、山坡、湘口3个街道均属于全维度收缩+生产效率主导型小城镇，在形成的"地理环境"中占据同样的"位置"，但这3个小城镇适应度指标的差异又导致了其在这一位置占据了不同的生态位位序，其各自适应度的大小反映了小城镇适应能力的强弱。

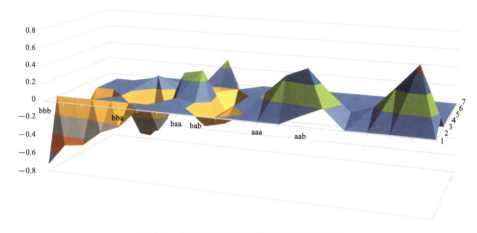

图6-3 武汉市收缩小城镇适应度景观示意图
（资料来源：笔者自绘）

3. 适应度决定了各类适应性主体及小城镇系统的演变方向与模式

通过NK模型的计算结果可以发现，适应度决定了各类适应性主体以及小城镇系统的跃迁方式。首先，小城镇收缩的适应能力是不同收缩类型的小城镇应对外界环境变化时适应能力的直观反映。根据复杂适应性系统理论的描述，主体会通过学习及经验积累来强化产生这类行为特征的内部规则。同样，小城镇系统由于具有自下而上的组织特征，在发展的过程中也具备这种复杂适应性系统所具备的学习能力。因此小城镇系统在发展过程中会向着适应能力强的方向跃迁演变。其次，根据适应度景观理论，群体进化的过程通常是向"山峰"前进并达到局部最优的过程。因此，在小城镇收缩的适应性类型中，也会出现不同适应度组合类型之间的跃迁提升。通过研究可以发现，影响小城镇适应度的因子主要包括中心服务因子、区域关联因子及生产效率因子，小城镇收缩的适应度跃迁实则是这3个影响因子的变化。引导不同的适应性主体按照不同的路径跃迁，是实现小城镇收缩适应性发展的重要方式。

6.3.3 收缩小城镇适应能力的层级化差异决定了未来适应性提升路径

NK 模型的计算结果除了可以对收缩小城镇适应度水平进行分类，还可以根据小城镇样本的适应性特征，结合不同的适应度类型提出从个体最优到整体最优的适应度提升路径。

在前文 NK 模型的计算中，将 43 个小城镇样本划分为 6 种不同的适应度组合类型，每种适应度组合类型存在着一个适应度理想值，并根据影响适应度的因子的贡献水平可以将 6 种不同的适应度组合类型划分成 4 个层次。在复杂适应性系统中，系统及适应性主体总是自发地从适应性低的位置向适应性高的位置转变，因此位于不同层级的小城镇存在着最优的适应度跃迁路径。从每种适应度组合类型的适应度理想值来看，小城镇收缩的适应度提升具有多条路径，但根据不同的组合类型以及各自对应的适应度级别，每种适应度组合类型都对应存在着最优的提升路径（图 6-4）。

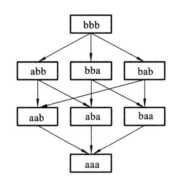

图 6-4 武汉市收缩小城镇适应度提升路径
（资料来源：笔者自绘）

适应度最低的组合类型为 bbb 的小城镇有数量最多的小城镇收缩类型，其通向全局最高峰的路径组合也是最多的，一共有 6 条。但通过 NK 模型对每一种组合类型的适应度理想值的计算发现，bbb 组合类型通向全局最高峰的最优路径是 bbb—bab—baa—aaa。即先对区域关联因子进行优化，再向全局适应度最优转移。组合类型为 bba 的收缩小城镇通向全局适应度最优的路径有 2 条，根据适应度值大小可以看出 bba 组合类型通向全局适应度最高值的最优路径是 bba—baa—aaa，它先通过优化自身的区域关联因子来提升自身的应对水平。由于小城镇的发展受区域地理位置、产业发展、城镇用地指标等因素的限制,在经济产业方面很难通过自下而上的方式达到区域关联的效果。如何在发展中利用自身优势补足区域发展短板成为这类小城镇在收缩发展过程中需要解决的重大难题。组合类型为 bab 的小城镇通向全局适应度最优的路径有 2 条:bab—baa—aaa 和 bab—aab—aaa。通过 NK 模型的计算可知,baa 组合类型的适应度理想值要高于 aab 类型,可通过提高区域关联能力从而达到适应度的最高水平。同 bbb 组合类型的适应度提升所面临的问题一样,如何融入区域产业分工是这类收缩小城镇发展所面临的主要问题。当这类小城镇难以提升区域关联强度时,可以选择通过完善中心服务效能来实现适应度的整体提升,即通过提高中心服务因子的适应度指标来完成适应度的整体提升。组合类型为 baa 或 aab 的小城镇自身的适应度理想值相对较高,因此只有 1 条提升路径,只需要对中心服务因子或生产效率因子进行相应提升,即能完成整体适应度的提升。

6.4 武汉市收缩小城镇的适应性特征

通过对大都市地区小城镇收缩特征的研究以及对收缩小城镇适应能力的定量计算可以发现,收缩表现相同的小城镇在适应能力上各不相同,且在适应度组合类型上也存在着差异。根据影响其适应能力的影响因子的不同,武汉市 43 个表现出收缩特征的小城镇可以划分为 6 种类型,每种类型均具有一个适应度理想值。小城镇的不同适应度组合类型和不同收缩特征共同构成小城镇系统存在的外部环境,小城镇在其中位序的高低表明了其在不同层级生态位的高低。根据复杂适应性系统理论中关于适应度景观理论的解释,小城镇总是由低适应度生态位向高适应度生态位迁移,系统自发行为与外部干预行为都可以影响这一迁移的过程。通过第 5 章对大都市地区小城镇收缩的理论与内涵的研究发现,小城镇收缩现象的产生是小城镇系统及系统内部微观主体适应性行为的表现,表明了适应性行为的存在,适应性行为的叠加形成了系统的适应能力。收缩现象本身仅仅是一种现象特征,没有优劣之分,但产生这一现象的系统的适应能力会根据外部环境、内部资源的差异而存在区别,因此会产生不同的适应性结果,即适应能力存在着强弱之分。收缩小城镇的适应能力越强,说明这类小城镇在产生收缩现象后更能适应外部环境的变化。因此,收缩小城镇适应能力的强弱可以代表小城镇收缩后的结果。

通过对收缩小城镇适应能力的计算可以看出，武汉大都市地区收缩小城镇的适应能力主要由中心服务因子、区域关联因子和生产效率因子决定，根据各个因子的贡献度可以将收缩小城镇划分为 6 种不同的适应度组合类型，每一种适应度组合类型具有一个对应的适应度理想值。而同种适应度组合中小城镇适应能力各不相同，存在低、中、高三种适应状态，且每种适应状态的小城镇的发展路径各不相同。本节结合前文适应度评价的结果，对不同适应度组合类型的收缩小城镇进行适应性特征的分析，探寻小城镇未来适应能力的提升路径。

6.4.1　最低适应度组合（bbb）的适应性特征

根据适应能力影响因子的贡献值的不同，武汉大都市地区收缩小城镇可以分为 6 种不同的适应度组合类型。其中最低适应度组合类型 bbb 处在最低层级，适应度理想值=-0.482853，且存在着 6 种适应度提升路径。根据跃迁的路径选择，单因子贡献型的 2 种适应度组合类型是最低适应度组合类型小城镇未来跃迁的首要目标。但当小城镇适应度值低于该组合类型的适应度理想值时，小城镇直接跃迁至更高适应度组合类型较为困难，这类小城镇甚至难以维持既有的发展状况，属于低适应能力的小城镇。当小城镇适应度值在本层级适应度理想值和跃迁目标层级适应度理想值之间时，小城镇在本层级能够持续发展，且具备跃迁至下一层级的潜力，这类小城镇属于中适应能力小城镇。因此，这一组合的 13 个小城镇样本根据适应度指标的不同可以分为两个层级。其中，适应度值低于本层级适应度理想值的低适应能力小城镇全部位于武汉大都市地区边缘，适应度值高于本层级适应度理想值且低于下一层级适应度理想值的中适应能力小城镇，主要分布于武汉大都市地区的第二圈层。

最低适应度组合小城镇类型划分如表 6-13 所示。

表 6-13　最低适应度组合小城镇类型划分

类型	适应度范围	小城镇样本
低适应能力小城镇	-0.737628～-0.482853	消泗、潘塘、徐古、湖泗、姚家集
中适应能力小城镇	-0.482853～-0.258234	安山、蔡家榨、木兰、桐湖、长轩岭、李集、仓埠、辛冲

（资料来源：笔者自绘）

1. 低适应能力小城镇：发展滞后造成被动减速失活，外力难以提升小城镇适应能力

低适应能力的小城镇的产生是由于小城镇发展与大都市地区高速发展间的不适应造成小城镇发展的被动减速与失活，收缩产生的根本原因是小城镇发展滞后。低适应能力的收缩小城镇在空间上主要分布在武汉都市区的边缘，且位于都市区最远端并远离主要交通干线。经济社会发展方面，低适应能力的 5 个收缩小城镇均是以农业生产为主的乡镇。由于缺少提供一定数量就业岗位的稳定的工业产业，因此小城镇发展缺少稳定的增长点，产业发展缺少核心竞争力。这些小城镇由于自身交通条件差，且境内的湖泊、农田、山林限制了城镇建设空间的扩张，导致小城镇在发展的过程中很难吸引企业入驻。虽然这些乡镇以农业生产为主，但由于大都市地区发展重点不在农业生产上，其农业规模化程度远低于农业产区的小城镇，以家庭为单位的农业经营模式在收益上又远低于外出务工，造成了大量乡村居民和城镇居民外流。先天条件不足造成小城镇发展的滞后，与大都市地区高速城镇化和快速经济增长之间形成了鲜明对比，也导致小城镇系统内部各类适应性主体自发向高速发展地区转移，小城镇发展表现出被动的减速与失活。

虽然小城镇发展被动减速失活，但是这些小城镇在行政层面依旧被赋予镇的行政职能，政策及上位规划依旧赋予这类小城镇对接城市、服务乡村的职能，既要兼顾生产，又要统筹公共服务与公共资源的配置。而小城镇系统在应对其自身发展与外部高速增长的环境时，难以继续维持对接城市、服务乡村的节点职能，在小城镇发展滞后与大都市高速发展之间存在矛盾。实际上，这些小城镇收缩后的适应能力极低，既不能顺应外部环境的高速变化，也不能适应上级区域对其职能的要求，城镇职能定位与现实脱节。

例如，潘塘街道位于新洲区东北部，东与徐古街道接壤，北与麻城市毗邻，全域面积 62.5 km^2，是武汉市东北端的农业型小城镇之一。首先，由于潘塘街道产业发展乏力，潘塘街道镇区对乡村地区的吸引力逐渐下降，大量人口外流，镇区发展滞后。潘塘街道以农业为主，镇区并没有规模以上工业企业，且大多工业企业为分布在各个乡村的家庭作坊式的加工厂，整体产能较低。由于缺乏核心产业的带动，近年来潘塘街道开始出现工业产值下滑的现象。2016—2018 年工业总产值减少了 7223 万元（图 6-5）。虽然潘塘街道拟依托花朝河湾景区发展乡村旅游业，但效果并不理想。花朝河湾景区在内容和形式上与新洲区其他景区雷同，但区位条件远不

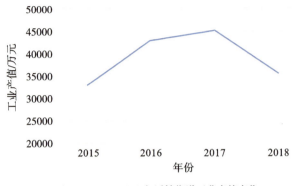

图 6-5　2015—2018 年潘塘街道工业产值变化

（资料来源：潘塘街道办事处）

及新洲区道观河、紫薇都市田园等景区。花朝河湾景区属于新洲区飞地，在潘塘行政区划外，距潘塘街道镇区较远，很难与潘塘街道其他景区形成联动，仅能维持周边乡村部分居民就业，难以带动镇区经济发展。

由于缺乏产业的带动，潘塘街道人口大量外流，2015—2018 年间，镇域常住人口减少了 1.5 万人，户籍人口减少了 3000 人（图 6-6）。

图 6-6　2015—2018 年潘塘街道人口变化

（资料来源：潘塘街道办事处）

居住在镇区的居民以老年人、妇女和儿童为主，大量青壮年劳动力外出务工。调研过程中发现，外出务工人群就业方向以交通运输、建筑业（钢筋工、挖掘机驾驶员）等行业为主，务工地点主要集中在新洲区政府所在地邾城街道和武汉市中心城区，仅小部分劳动力去外省务工。潘塘街道受交通区位条件、资源禀赋等条件的限制，小城镇经济产业发展缺乏核心增长点带动，城镇发展滞后，导致出现人口减少、经济衰退等不可逆的被动收缩现象。这种被动收缩现象的产生非但不能有效提升小城镇适应能力,反而在不加干预的情况下会进一步加剧城镇的衰退。

潘塘街道的被动收缩与其职能作用间存在着不适应性。潘塘街道受自身发展限制导致的被动收缩造成了人口的大量外流。城镇人口的减少造成了对城镇公共服务设施数量要求的降低。以教育设施为例,潘塘街道镇区有1所中学、3所小学、1所幼儿园,中学和小学的建设质量较好。从使用情况上看,2009—2017年间,潘塘街道小学生的数量和在职教师数量均逐年减少,师生比例下降,教育资源紧缺(图6-7)。城镇人口的收缩不但没有提升镇区空间环境质量,反而由于大量存在的空置房屋造成了城镇空间的浪费(图6-8)。

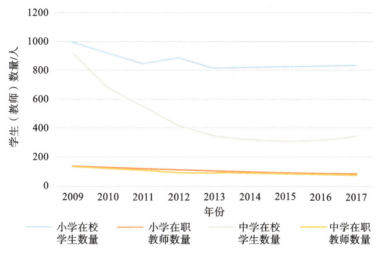

图 6-7　2009—2017 年潘塘街道中小学师生数量变化
(资料来源:潘塘街道办事处)

图 6-8　潘塘街道景象
(资料来源:笔者自摄)

虽然潘塘街道表现出被动的、不可逆的收缩现象，但在自上而下的资源配置中，潘塘街道依旧凭借行政建制接受资源配给，对这类呈现出不可逆的被动收缩特征的街道进行保障数量均衡的资源配置，必然会造成有限资源的浪费。这类小城镇本身在中心服务、区域关联及生产效率等方面的适应能力较弱，而小城镇收缩产生的结果非但没有增强其适应能力，反而加速了小城镇的衰退，弱化了小城镇的职能，造成了资源的浪费。

2. 中适应能力小城镇：区域分工与大都市地区引力共同作用下的适应性收缩

在最低适应度组合类型中，中适应能力小城镇的收缩是区域分工与大都市地区引力共同作用下适应性收缩的结果。小城镇在该生态位能够维持既有的发展状态，并存在向更高适应度组合类型跃迁的可能。中适应能力的小城镇在空间分布上呈现出圈层分布的特征，主要集中在第二圈层和第三圈层的交界处，并且与武汉大都市地区空间发展轴线间的距离较远。

这一组合类型中的中适应能力小城镇的收缩是受区域分工的影响，置换、迁移或者放弃部分功能造成的主动性调整，是小城镇系统为适应环境变化而自发产生的一般性行为。以新洲区仓埠街道为例，1999 年底，撤销仓埠镇设立仓埠街道。2001 年，周铺镇、方杨乡并入仓埠街道，形成了如今仓埠街道的规模。2019 年，仓埠街道镇域面积约 170 km^2，镇域人口 9.6 万人。仓埠街道紧邻阳逻新城，在阳逻新城引力作用的影响下，仓埠街道南部地区被纳入阳逻工业园区发展范围，形成仓埠街道与阳逻街道共建的仓阳工业园。仓埠街道的工业企业向园区转移，既能享受良好的工业园区服务，也能享受产业集群发展的利好。镇区及周边地区以农业和生态旅游业为主。目前，仓埠街道依托镇域范围内的农业产业优势，形成了多个以葡萄等瓜果采摘等为主的农家乐庄园，其中最具代表性的是位于仓埠街道镇区南部的紫薇都市田园。紫薇都市田园地处仓埠街道紫薇岭，规划面积 5000 多亩，目前已完成建设 2000 多亩，是国家 4A 级景区，并在 2017 年和 2018 年间荣获"武汉十大最美景点"和"武汉最受国内外游客喜爱的十大赏花地"荣誉。以紫薇都市田园等为主的乡村旅游有效带动了仓埠街道的就业。在调研中发现，仓埠街道镇区部分居民在周边乡村旅游农庄务工。而仓埠街道镇区并无特色产业增长点，镇区依旧以服务业为主。仓埠街道具有良好的教育资源，虽然仓埠街道中小学学生人数每年依旧有所减少，但仓埠街道的基础教育仍较周边乡镇优越。调研的过程中发现，由于镇区低廉的房租，部分周边乡村居民会选择在镇区租房送子女在镇区小学和幼儿园就读。新洲二中的存在也为仓埠街道镇区吸引了大量临时居住人口。作为新洲区教学质量较好的高中，新洲二中吸引了新洲区的大多数初中毕业生报考就读，平均每年录取 1200 人。由于有大量来自邾城街道等较远街道的学生生源，仓埠街道存在着大量租房陪读的家长。在调研中发现，有家长来陪读的学生人数在 600 人左右。陪读家长全部在镇区租房居住，中午为学生送饭。这部分人群成为镇区稳定的临时居住群体，并且有效拉动了小城镇日常消费，提升了城镇活力。

从收缩的特征及表现上看，仓埠街道属于功能收缩型小城镇，经济增长中心与居住中心分离。小城镇的经济职能向南部工业园区和镇域内的生态农庄转移，镇区凭借教育、医疗与零售服务的优势吸引乡村及周边其他街道居民，依旧保持原有公共服务职能。在仓埠街道，产业发展并未有效提升小城镇镇区的活力，而生态农业及旅游业发展的需要使一部分经济增长点分布在乡村。因此，小城镇镇区对人口的吸引力并不强，小城镇居住职能也在其行政区划范围内出现分化。仓埠街道功能性收缩的产生是区域分工与极核引力合力作用下的产物，是小城镇适应环境变化产生的一种发展模式。收缩后的小城镇依旧能够保持平稳的增长。虽然仓埠街道的适应度组合类型属于最低适应度组合类型，但仓埠街道的适应度值却高于该组合类型的理想水平。虽然仓埠街道属于功能性收缩小城镇，但其功能收缩仅仅发生在镇区层面，属于部分功能的分化转移。因此，其中心服务因子依旧高于仓埠街道所属的适应度组合类型层级的理想水平。小城镇在该层级中的适应能力较为理想，虽然小城镇适应能力还有继续上升的空间，但在小城镇系统自组织发展的过程中，小城镇功能性收缩后依旧能够适应环境，保持稳定的发展。

6.4.2　生产效率组合（bba）的适应性特征

与最低适应度组合类型不同，该组合类型中的收缩小城镇的生产效率因子高于武汉市小城镇平均水平。这一组合类型可以通过提升另外两个因子的适应度水平来提升城镇整体的适应能力，即从单因子贡献型 bba 向双因子贡献型 aba、baa 跃迁，从而达到最佳适应度水平。该组合所包含的小城镇个体适应度值也各不相同，其中，山坡、舒安、涨渡湖、蔡店、李家集 5 个小城镇的适应度值低于该组合的适应度理想值-0.136192，湘口、六指的适应度值位于 bba 与 aba 的适应度理想值之间，辛安渡的适应度值高于双因子贡献型的 aba 与 baa 组合类型的适应度理想值。因此，根据适应度的大小可以将这一组合包含的小城镇的适应能力划分为高、中、低三个层级（表6-14）。

表6-14 生产效率组合小城镇适应能力划分

类型	适应度范围	小城镇样本
低适应能力小城镇	−0.51014～−0.136192	舒安、山坡、涨渡湖、蔡店、李家集
中适应能力小城镇	−0.136192～0.180600	湘口、六指
高适应能力小城镇	0.180600～0.230620	辛安渡

（资料来源：笔者自绘）

1. 低适应能力小城镇：收缩现象仍会持续，均等化的资源投放会造成浪费

低适应能力的小城镇收缩后生产效率因子得到有效提高，但并未使该因子的适应度贡献值达到理想状态，城镇收缩现象仍会发生。根据第5章的理论解释，小城镇系统的适应性结果显现是各类主体收缩现象叠加涌现的结果，存在着时滞性。而在行为初步表现出适应性结果后，系统会通过经验积累和学习对适应性行为进行复制和完善。在bba组合类型中，低适应能力小城镇恰好处在适应性行为影响系统适应能力的过程中，即小城镇收缩行为对系统的适应能力的提升产生了部分有利影响；但由于各类个体行为在数量积累、深度表现等方面的不足，系统适应能力在生产效率方面仍未达到最佳。因此，在后续发展中，为使小城镇适应能力提升至该层级的理想水平，小城镇系统及系统内部的各类主体的收缩行为仍会持续发生。在bba组合中，低适应能力小城镇在空间上大多分布在第二圈层外围，位于武汉大都市边缘地区，交通条件不便。

例如，山坡街道位于江夏区南端，邻近咸宁市，包含了5个社区和42个行政村。山坡街道东西最大横向距离为54.2 km，南北最大纵向距离为63.2 km，全域总面积为296 km^2（图6-9）。2018年，山坡街道人口总量为53100人，镇区人口5168人。

从收缩表现看，山坡街道属于要素、功能、容量全面收缩的街道，具体表现在镇区人口减少、医疗设施协调发展度降低、城镇建设空间容量降低三个方面。在20世纪90年代，乡镇企业蓬勃发展，山坡街道在乡镇企业的带动下发展迅速，成为武汉市南部的重要城镇，甚至吸引了咸宁人口向山坡街道转移就业。随着乡镇企业的衰败，尤其在武汉四大板块综合规划出炉后，禁止在都市发展区外围城镇建立工业

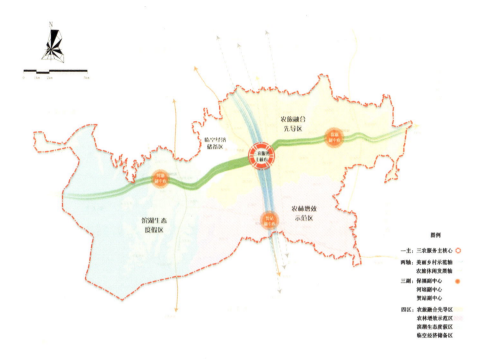

图 6-9 山坡街道空间布局规划图
(资料来源:《江夏区山坡街乡村振兴战略规划》)

园区,并控制位于高效、特色农业圈层的城镇工业发展。山坡街道在后续的发展过程中受到限制,本地产业发展受阻,乡镇发展减速,人口向江夏区政府所在地纸坊街道和武汉中心城区外流。另外,山坡街道位于武汉市高效、特色农业圈层,镇域内共有耕地面积 46.93 km^2,林地面积 49.6 km^2,水域面积 101 km^2,共占全域面积的 66.7%。在基本农田保护和生态管控要求下,山坡街道经济产业发展和空间拓展受到了严重的限制,2010—2018 年间,城镇建设用地仅增长了 3.3 hm^2,城镇仅新建一座农贸市场。在政策的限制和生态保护及耕地保护要求的双重制约下,山坡街道产业发展只能以农业和生态旅游业为主。例如山坡街道高峰村成立了武汉市江夏斗米山农产品专业合作社,2013 年底至 2015 年销售额达到 300 万元。2015 年底对社员进行利润分成,共计返还社员股本和分红达 73.5 万元。当小城镇人口逐渐减少时,小城镇农业生产和工业、服务业产业所提供的人均收入会随之上升。在调研的过程中发现,虽然山坡街道的生产效率尚未达到理想状态,依旧存在着大量外出务工人员,但现有农业生产所产生的经济收益已经开始吸引一部分居民从事合作社生产。由于镇区在教育方面的优势,大部分乡村居民在将耕地交给合作社统一生产经营后开始选择搬至镇区居住,以方便子女入学、入托。 在与山坡街道情况相类似的这些小城镇中,当出现以城镇人口流失为表征的收缩时,发达的农业和小城镇原有的工业及服务业提供的产值能够使剩余居民获得不错的收入,乡村地区居民也会随着收入的提高向镇区转移,从而享受镇区的基础设施。 在供给和需求的内部驱动下,乡村和小城镇人口外流减少,提高了人均收入的增量,小城镇生产效率得以提升,并能够适应政策环境与外部发展的变化。 这种变化需要一定的时间,在以山坡街道等为代表的低适应能力的小城镇中,这种变化态势已经初步显现,但尚未达到稳定,即未达到理想适应能力。 其中心服务和区域关联方面的适应性水平依旧较低,因此,在未来的发展过程中仍会自发表现出要素和功能方面的收缩。

2. 中适应能力小城镇:适应性水平达到理想状态,短时间内城镇发展维持稳定

在城镇收缩后,中适应能力小城镇适应性水平达到理想状态,城镇能够维持原有的发展方式。 在 bba 组合中,仅湘口街道和六指街道 2 个小城镇属于中适应能力小城镇。 其中,湘口街道位于武汉都市区西南方向的末端,六指街道位于第二圈层中部。 两个小城镇均靠近交通主干线,其中 318 国道横穿六指街道镇区,湘口街道则邻近武监高速出入口。 在收缩的表现特征方面,湘口街道与山坡街道类似,均是在要素、功能及容量三方面全面收缩,而六指街道的收缩则表现在小城镇容量减少方面。 这种类型的收缩小城镇虽然适应能力仍存在提升的空间,但从其自主发展的层面,中心服务、区域关联及生产效率三个方面的适应性水平均高于理想值。 因此,小城镇收缩后获得了相对较高的适应能力,在未来一段时间内可以维持稳定发展的状态。 在小城镇收缩现象发生后,小城镇系统内部的各类适应性主体在获取资源时竞争压力变小,这些主体可以凭借现有的生态位获得发展的资源,因此,系统在一定时间段内能够维持相对稳定的发展状态。 虽然通过小城镇的收缩,提升了城镇的生产效率,小城镇居民人均收入提高,但这 2 个小城镇在中心服务和区域关联两个方面尚存在优化提升的空间。 从适应度组合类型的跃迁路径看,bba 类型的小城镇在跃迁至最佳适应度组合类型 aaa 型过程中,存在着 bba—baa 和 bba—aba 2 条初级跃迁路径。 根据前文可以发现,小城镇复杂适应性系统总是会从适应能力低的位置向适应能力高的位置跃迁。 因此,这种稳定状态只是一时的稳定,当外部环境和系统内部的适应性主体的需求-供给规则发生变化时,主体会自发向适应度更高的组合类型跃迁,从而导致小城镇收缩现象的出现。

3. 高适应能力小城镇：收缩后以更专精的功能获得了新的发展

高适应能力小城镇的主要特征是：在外部环境发生变化时，能够主动适应外部环境变化，削减不必要的功能，集中有限的资源要素，并以更专精的职能重新参与区域分工，以谋求新的发展。这类小城镇普遍具有较高的适应能力。在 bba 组合类型中，辛安渡街道的适应度值为 0.230620，远高于适应度跃迁路径中目标组合类型的适应度理想值。这类小城镇在收缩后获得了新的发展，这种高适应能力的收缩属于精明收缩。这一类型的小城镇在未来发展的过程中不但能够维持其原有生态位，而且由于其适应度水平处于每个层级的高水平位置，具有从其他位置获取资源以及转化资源的能力。这类小城镇收缩行为有效提升了小城镇的适应能力，为小城镇谋得了新的发展。

辛安渡街道位于武汉市东西湖区，在新洲区和黄陂区未并入武汉时，东西湖区作为武汉重要的粮食生产基地，是国营农场的集中地，以农业生产为主。至今，东西湖区依旧存在大量的耕地，耕地总面积约为 16469 hm^2，占东西湖区面积的 33.23%，占武汉市耕地面积的 6.2%。东西湖区耕地主要分布在西片区，集中分布在辛安渡、东山、新沟镇等街道。辛安渡街道目前以农业为主，工业产值比东西湖区其他街道低。截至 2018 年，辛安渡街道工业产值为 44 亿元，工业产值排在东西湖区后三位，仅有的工业位于沿东西湖大道城市发展轴的末端。在发展的过程中，辛安渡街道建设用地存量较大，存在大量的已批未用土地，为辛安渡的发展提供了用地保障（图 6-10）。虽然辛安渡街道在功能及容量方面出现了收缩，但这种收缩是产业转型发展过程中的必经之路。一方面，辛安渡街道的生态旅游产业向周边资源丰富的乡村生产点转移；另一方面，辛安渡街道在巩固农业的同时着力发展新兴产业，充分利用镇区的存量用地，在镇区东北侧打造集通航制造、航空物流与公务航空为特色的通航产业园。镇区则将建设重点放在公共服务设施的完善和居民生活空间营造上。至 2018 年，辛安渡街道财政收入达 46854 万元，完成年计划的 117.1%，同比增长 46.3%；规模以上企业实现工业总产值 40.77 亿元，完成年计划的 100.4%，同比增长 24.3%；实际引进内资 8.2 亿元，完成年计划的 105%；实现农业总产值 3.84 亿元，同比增长 5.2%；实现农民人均纯收入 18013 元，同比增长 15%。辛安渡街道镇区在生产功能方面出现了收缩的现象，但在全域范围内，辛安渡街道进行"一带三轴一园"的规划布局，充分利用存量资源，形成了沿大红线、张辛路、东风路三条轴线发展的现代农业园区。在"一个位置，一个特色"的发展思路下,将生产功能分散到有利于产业发展的空间;在镇域内布局产业增长点,带动全域发展。虽然小城镇镇区核心职能弱化,但全域获得了新的增长动力。未来,随着辛安渡街道产业转型完成,新兴产业又将成为新的增长点吸引劳动力集聚。同时,随着辛安渡街道经济收入的增长与小城镇人口的集聚,公共服务设施的服务质量也会随之提升。因此这类收缩型小城镇适应能力较强,城镇通过功能的分化转移,将集中有限的资源发展优势产业,以更专精的状态重新参与区域分工,并获得新的发展机遇,属于典型的精明收缩型城镇。

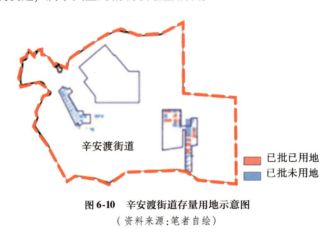

图 6-10 辛安渡街道存量用地示意图
(资料来源:笔者自绘)

6.4.3 区域关联组合(bab)的适应性特征

1. 均为低适应能力小城镇

区域关联组合类型的收缩小城镇的适应能力较低,城镇收缩后小城镇的发展仍存在着不适应性。该组合中,小城镇收缩后,城镇在区域关联方面表现出较高的适应性水平。从适应度提升路径看,这一组合类型的小城镇可以通过完善中心服务与生产效率来提升城镇的适应度水平,实现从单因子贡献型的 bab 组合向双因子贡献型的 baa 和 aba 组合跃迁。通过前文 NK 模型对适应度指标的计算,bab 组合类型的适应度理想值为-0.124657,但武汉市 bab 组合的收缩小城镇的适应度值均低于该组合的适应度理想值(表 6-15)。小城镇的发展还未达到稳定的状态,仅仅通过外力的干预来完善中心服务和提升城镇生产效率很难有效提升小城镇的适应度。

表 6-15　区域关联组合小城镇适应能力划分

类型	适应度范围	小城镇样本
低适应能力小城镇	-0.319604 ~ -0.124657	乌龙泉、三里桥、罗汉寺、索河、玉贤、邓南、祁家湾

（资料来源：笔者自绘）

bab 组合类型包含了乌龙泉、三里桥、罗汉寺、索河、玉贤、邓南、祁家湾 7 个小城镇。这 7 个小城镇在空间上主要分布在武汉大都市地区的第二圈层，并且位于武汉市主要交通干线附近，具有良好的交通条件。

2. 在产业转型与大都市引力作用下小城镇低适应能力收缩，发展存在衰退的风险

在这些小城镇中，区域关联主要表现为新城和都市核心区对小城镇资源要素的吸引，小城镇尚不能有效疏解城市的部分职能，小城镇与都市核心区之间没有形成双向的良性互动，便捷的区域交通反而加速了小城镇资源的向外流失。因此小城镇在收缩后，城镇本身依旧处在低适应水平阶段。当交通设施不断完善时，这种单向的关联将会被进一步加强，若不能对这类小城镇进行有效的干预和精准的资源投放，在未来的发展中将会造成资源浪费、城镇发展衰退等不良影响。

乌龙泉街道地处江夏区中部，位于 107 国道东侧，南面与山坡街道接壤，北与纸坊街道相邻，距离武汉中心城区 29 km，具有良好的交通区位优势（图 6-11）。

乌龙泉街道矿产资源丰富，辖区内有乌龙泉矿实业公司、武汉诚辉铝业有限责任公司、武汉凌云水泥有限公司、武汉市江夏区吉港水泥有限公司、武汉市江夏区钙镁磷肥厂、湖北中化东方肥料有限公司等企业。乌龙泉街道工业产业发达，初步形成了建材、冶炼、炉料、铸造四大基础产业。2018 年，乌龙泉街道规模以上企业 13 家，街道工业总产值 55.81 亿元，比 2017 年增长了 8.24 亿元，但相较 2015 年还是略有下降（图 6-12）。乌龙泉街道的收缩与国内外主流城市收缩相类似，表现在人口的减少方面。从主导产业看，乌龙泉街道属于资源型小城镇。根据生命周期理论，从乌龙泉街道工业产值的变化中可以看出，目前乌龙泉街道正处于发展成熟期，存在衰退的风险。虽然现阶段小城镇仍能维持较高的工业产值和人均收入，但由于高能耗产业对生态环境的破坏导致小城镇居住环境质量下降，大量城镇居民流失。2009—2018 年间，小城镇镇区户籍人口减少了 2786 人（图 6-13），人口城镇化率降低。调研中发现，由于乌龙泉街道便利的交通条件，大部分居民为了获得良好的居住环境，选择在紧邻乌龙泉街道的纸坊街道定居，并在乌龙泉街道镇区上班，

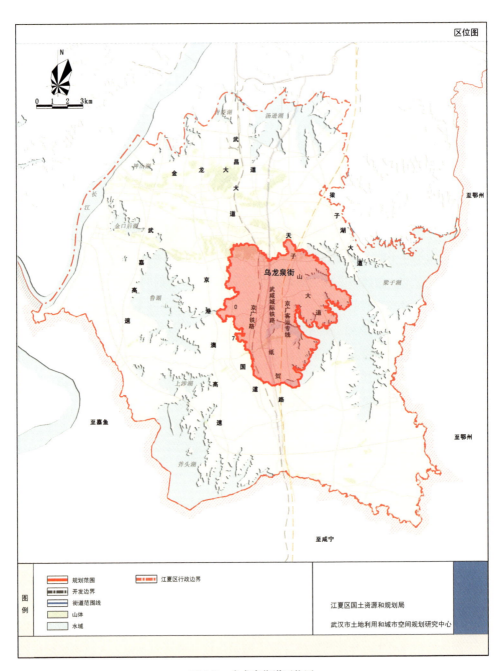

图 6-11 乌龙泉街道区位图

(资料来源:《武汉市江夏区乌龙泉街农村居民点规划(2018—2035)》)

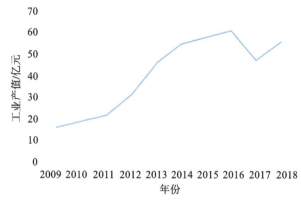

图 6-12　2009—2018 年乌龙泉街道工业产值变化
（资料来源：乌龙泉街道办事处）

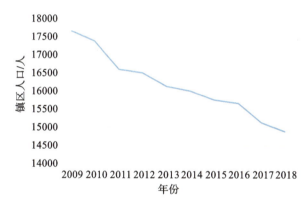

图 6-13　2009—2018 年乌龙泉街道镇区人口变化
（资料来源：乌龙泉街道办事处）

在乌龙泉街道与纸坊街道间形成往返的两栖迁移人口。

虽然乌龙泉街道区域关联因子对城镇适应能力的贡献较大，但这种适应性的产生是人口被动逃离城镇造成的。作为资源型小城镇的乌龙泉街道，随着工矿产业的衰败，出现了大量闲置厂房，而人口的流失又导致镇区出现大量空置住宅。小城镇镇区的居住环境随着小城镇的收缩变得更加恶劣（图 6-14）。小城镇收缩一方面会产生空间资源浪费的问题，另一方面导致小城镇发展活力的缺失，城镇随着产业的消亡逐渐衰败。若不加以合理干预，这类小城镇会持续地发生衰败型收缩，并造成资源浪费、环境污染、城镇功能缺失等一系列问题，影响大都市健康城镇体系的构建。

图6-14　乌龙泉街道闲置房屋和镇区环境
（资料来源：笔者自摄）

6.4.4　中心服务+区域关联组合（aab）的适应性特征

在双因子贡献型的组合类型中，属于中心服务+区域关联组合类型（aab）的小城镇数量最多。这类小城镇收缩后，在中心服务和区域关联两方面的能力得到有效提升，这两方面的适应度指标值均高于武汉大都市地区小城镇的平均值，表明了其自身中心服务和区域关联方面的能力可以适应小城镇未来发展及外部环境的变化。根据适应度组合从低到高跃迁规律，aab组合中的小城镇可以通过提升小城镇生产效率来提升小城镇适应能力，实现从aab向最高适应度组合类型aaa跃迁。但是仍存在低于该组合适应度理想值的小城镇样本，这部分小城镇由于各个适应度因子的指标值均低于理想值，因此，在适应度跃迁的过程中需要先达到适应度理想值，才有可能在调整生产效率后实现适应度组合的整体跃迁。

aab组合的适应度理想值为0.192134，其中，天河、柏泉、径河、大集4个小城镇的适应度值低于理想值，小城镇收缩并未使小城镇系统的适应能力达到最佳，这部分小城镇在发展过程中存在着继续收缩的可能。而武湖、走马岭、金口、五里界4个小城镇适应度值处在aab组合的理想值和aaa组合的理想值之间，小城镇发展较为稳定，存在着适应能力层级跃迁的可能。横店、滠口2个小城镇的适应度值高于最高适应度组合类型 aaa 的理想值，属于高适应能力小城镇（表6-16）。

表6-16 中心服务+区域关联组合小城镇适应能力划分

类型	适应度范围	小城镇样本
低适应能力小城镇	0.107451～0.192134	径河、柏泉、天河、大集
中适应能力小城镇	0.192134～0.538796	走马岭、金口、五里界、武湖
高适应能力小城镇	0.538796～0.671404	滠口、横店

（资料来源：笔者自绘）

1. 低适应能力小城镇：在都市区引力与区域分工合力作用下被动收缩，行政边界束缚力减弱，城镇职能滞后于空间发展变化

在aab组合中，当小城镇适应度值低于该组合的理想值时，属于低适应能力小城镇。这类小城镇在收缩后适应能力仍未达到理想状态。在都市区引力与区域分工合力的共同影响下，小城镇依旧会发生被动收缩。在这类小城镇中，行政边界对城镇发展的束缚力逐渐减弱，城镇空间结构疏离分散。在空间结构方面，aab组合中的低适应能力小城镇主要分布在武汉大都市地区空间发展轴的边缘地区，城镇空间的发展紧邻镇域行政边界，有与大都市核心区一体化发展的趋势。与其他几类组合中的低适应能力小城镇不同，aab组合中的低适应能力小城镇的收缩更多是在都市区引力与区域分工合力共同作用下的一种收缩，由于空间上紧邻都市发展圈，这部分小城镇大多受都市核心区和邻近的新城影响，经济产业一体化发展，路网结构和空间形态等都与大都市地区逐步对接，逐渐淡化了行政边界的束缚。

例如，东西湖区径河街道位于武汉临空港经济技术开发区边缘，在路网结构和空间形态上与武汉临空港经济技术开发区形成一体化发展，城镇发展重心向东侧偏移，行政界线的空间束缚逐渐淡化（图6-15）。但是行政边界的约束并没有完全消失，各个小城镇在资源配置（尤其是公共服务资源的配置方面）仍存在着较大的差距，以教育、医疗、零售、餐饮等为代表的公共服务与商业服务设施在整个东西湖区呈现出空间分布的不均衡。公共服务与商业服务设施集中在以吴家山为代表的传统行政与区域中心，并沿东西湖大道呈线性拓展延伸。径河街道和柏泉街道虽然邻近空间发展轴线，但公共服务设施的密度较低（图6-16～图6-19）。空间和路网逐渐形成一体化发展的态势。在小城镇居民对高质量公共服务需求提升的大背景下，这2个小城镇的居民使用公共服务设施变得更加方便。随着东西湖区吴家山、金银

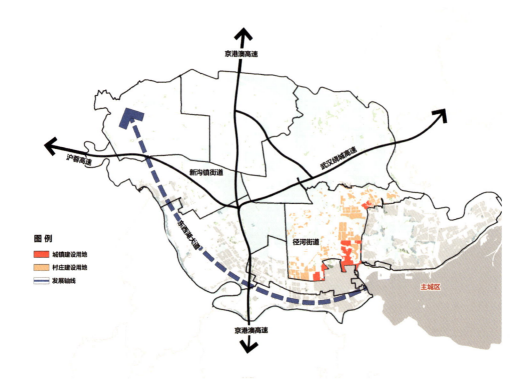

图 6-15　径河街道空间位置图

（资料来源：笔者自绘）

图 6-16　东西湖区教育设施 poi 分析图

（资料来源：《武汉临空港经济技术开发区（东西湖区）分区规划》）

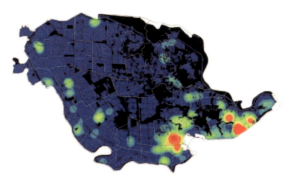

图 6-17　东西湖区医疗设施 poi 分析图
(资料来源:《武汉临空港经济技术开发区
(东西湖区)分区规划》)

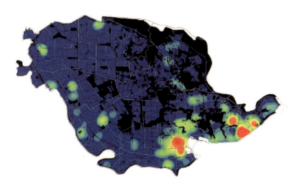

图 6-18　东西湖区零售商业 poi 分析图
(资料来源:《武汉临空港经济技术开发区
(东西湖区)分区规划》)

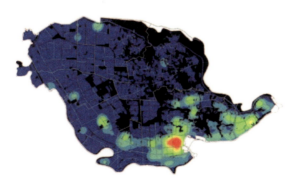

图 6-19　东西湖区餐饮业 poi 分析图
(资料来源:《武汉临空港经济技术开发区
(东西湖区)分区规划》)

6　武汉市收缩小城镇的适应性评价 ｜ 199

湖等老城片区公共服务设施的不断完善，武汉临空港经济技术开发区的各个中心街道逐渐承担了吸纳周边乡镇转移人口的作用，柏泉街道等街道的人口向老城区转移（图6-20）。与其他组合类型中低适应能力小城镇不同的是，径河街道、柏泉街道等小城镇在经济产业发展方面受武汉临空港经济技术开发区发展的带动，能够融入区域分工。经济产业发展方面，径河街道和柏泉街道分别建有和昌工业园、信诚达工业园、武汉泰和工业园、芝友产业园、光电产业园、东光工业新城、东流港工业园等工业园，以装卸搬运、仓储业和农、林、牧、渔及辅助性产业为主，虽然工业产值较高，但土地利用效率在东西湖区各小城镇中垫底，城镇在发展过程中生产效率低下。

图 6-20　东西湖区区域联系度图

（资料来源：《武汉临空港经济技术开发区(东西湖区)分区规划》）

径河街道、柏泉街道的工业园及其主导产业统计表如表6-17所示。

表 6-17　径河街道、柏泉街道的工业园及其主导产业统计表

小城镇	产业园名称	主导产业
径河街道	和昌工业园	农、林、牧、渔业及辅助性产业，仪器仪表制造业
	信诚达工业园	装卸搬运和仓储业，农、林、牧、渔业及辅助性产业
	武汉泰和工业园	通用设备制造业
	芝友产业园	装卸搬运和仓储业
	光电产业园	软件和信息技术服务业

续表

小城镇	产业园名称	主导产业
柏泉街道	东光工业新城	计算机、通信和其他电子设备制造业
	东流港工业园	电气机械和器材制造业

（资料来源：笔者根据资料统计）

与其他组合类型中低适应能力小城镇不同，aab组合中的低适应能力小城镇已经在区域分工和都市区引力的共同作用下受益，工业园区与邻近的都市核心区连片发展，但城镇功能与空间的发展异化使小城镇并不能很好地适应区域一体化的发展变化。一方面，柏泉街道和径河街道在空间上出现离散分异的现象。以柏泉街道为例，镇域被武汉绕城高速一分为二，北部片区以农业生产、生态旅游为主，工业企业则位于南部片区，与径河街道呈现出一体化发展的态势。另一方面，由于公共服务设施区域分布不均衡，片区南部在就业岗位、公共服务等方面吸引力大于北部片区。由于工业产业在薪资方面的优势及靠近老城区的优质公共服务的存在，小城镇在未来发展的过程中仍会出现人口等要素的外流。面对这种情况若不加以适当干预，将会造成小城镇发展重心的偏移，镇区会失去应有的服务乡村的职能，而以镇区为依托的乡村旅游等产业也会由于镇区服务能力的降低面临衰退的风险。因此，需要通过外部干预提高小城镇在非均衡发展状态下的适应能力，避免因继续收缩出现职能塌陷等问题。

2. 中适应能力小城镇：收缩后适应环境变化稳定发展，具备成为新增长极的潜力

当小城镇适应度值高于aab组合的适应度理想值且低于aaa组合的适应度理想值时，收缩后的小城镇能够适应城镇发展与外部环境的变化，并且在一段时间内能够保持既有状态稳定发展。这类小城镇大多位于武汉都市区空间发展轴线的核心位置，在未来发展的过程中具有成为新增长极的潜力。例如，东西湖区的走马岭街道在空间上位于沿东西湖大道轴线的核心位置。走马岭街道的收缩主要体现在镇域人口减少方面。2010—2018年间，镇域人口减少了4632人。通过调研发现，走马岭街道镇域人口的减少主要是乡村地区人口的减少。随着大都市地区的不断发展与产业外溢，以物流、食品加工和机械加工为主的走马岭街道成为都市区经济产业转移的重要目的地。目前，走马岭街道在空间上与长青街道连成一片，并集中在东西湖大道两侧，2018年工业产值达62亿元，土地利用率高达53%。盈石物流武汉（东西湖）临空港物流园和走马岭工业园提供了充足的就业岗位，吸纳行政管辖范围内的剩余乡村劳动力。走马岭街道的收缩是小城镇向心发展的一种表现，小城镇的收缩与城镇发展规律高度吻合，小城镇承接城市服务产业转移的职能得到充分展现。这类小城镇在发展的过程中适应性水平较高，在政策环境和外部发展环境不发生较大变化时，这类小城镇能够保持稳定发展。对于这类区位条件优越且发展稳定的小城镇，通过对其进行合理有效的干预能够使其城镇职能得到进一步优化，小城镇可以充分发挥其优势，在都市区协同发展的维度承接产业转移，辐射周边乡村。

3.高适应能力小城镇：大都市区的空间增长轴线核心部分，收缩后成为新的增长极

在 aab 组合类型中，滠口和横店 2 个小城镇的适应度值最高，不但高于最高适应度组合类型 aaa 的适应度理想值，而且在武汉市 43 个小城镇的适应度排名中位列前二。这 2 个小城镇均位于都市发展区内，共同构成了武汉大都市地区西北方向的空间增长轴线。在发展的过程中，滠口街道凭借盘龙城经济开发区发展的政策优势和产业优势，逐步由对接城市、服务乡村的小城镇向中小城市转变，目前已经成为城市片区的一部分。城镇建设也从以往的自上而下的政府投入转变为采用多样化的城镇开发模式。近几年，滠口街道在城镇固定资产投入与人均生产总值等方面有所减少，但这种减少与城镇适应度组合类型高度吻合，符合小城镇适应性变化的发展规律。而随着长江新城的建设，凭借其发展基础，未来将有更广阔的发展空间。

6.4.5　区域关联+生产效率组合（baa）的适应性特征

武汉市收缩小城镇中，仅有 3 个小城镇属于区域关联+生产效率组合。在这 3 个小城镇中，小城镇中心服务能力指标远低于武汉市小城镇的平均水平，拉低了小城镇适应度水平。在这 3 个小城镇中，东山街道和侏儒山街道的适应度值远低于 baa 组合的适应度理想值，仅有王家河街道的适应度值处于 baa 组合的适应度理想值和 aaa 组合的适应度理想值之间（表 6-18）。

表 6-18　区域关联+生产效率组合小城镇适应能力划分

类型	适应度范围	小城镇样本
低适应能力小城镇	−0.028352～0.222004	侏儒山、东山
中适应能力小城镇	0.222004～0.538796	王家河

（资料来源：笔者自绘）

baa 组合类型的小城镇均以农业和乡村旅游为主导产业，3 个小城镇均处在武汉市郊野公园规划范围内，具有良好的旅游资源。

武汉大都市地区小城镇的旅游产业大多是依托生态农庄和家庭农场的农家乐式体验旅游，主要分布在小城镇行政范围内的乡村社区，依托乡村社区形成"吃、住、游、购、娱"一体化发展的乡村观光体验旅游产业。在这些小城镇中，城镇的生产功能逐渐向乡村地区下沉，资金和政策向乡村地区倾斜，小城镇镇区发展相对滞后。

1. 低适应能力小城镇：质量均衡需求与数量均衡供给间的差异造成小城镇向乡村社区转化

在 baa 组合中，当小城镇适应度值低于组合的适应度理想值时，表明收缩现象的产生虽然使小城镇达到了较高的适应度组合层级，但仍未达到该层级的最佳状态，在发展的过程中收缩现象仍会出现。由于小城镇在公共服务和商业服务方面存在着质量均衡需求与数量均衡供给间的差异，小城镇会进一步向乡村社区退化。蔡甸区侏儒山街道的收缩表现为以城镇建设用地减少为代表的要素收缩；而东西湖区东山街道的收缩表现为以文化服务设施供给降低为代表的功能性收缩。在这 2 个小城镇，传统农业与乡村旅游是小城镇经济发展的核心增长点，产业的发展重点在乡村地区，小城镇镇区生产职能弱化。虽然小城镇服务乡村的职能未发生任何变化，但这 2 个小城镇在区位上处于大都市边缘，在城镇等级上属于一般镇，在自上而下的公共服务设施配置的过程中，很难获得高质量的公共服务设施投放。随着小城镇乡村地区居民生活水平的不断提高，小城镇所能提供的公共服务已经很难满足乡村居民的生活需要。同时，小城镇未来产业转型也对小城镇服务设施质量存在较高要求。以侏儒山街道为例，2012 年蔡甸区着手打造通用航空产业，拟依托侏儒山街道南屏垸规划建设集飞行培训、研发制造、航空文化等产业于一体的通用航空产业园，并以产业园为核心启动通航小镇建设，在通用航空产业园周边建设以总部经济商务服务为主的通航小镇，并在 2017 年开始着手建设。通过吸引能人回乡依托阳湾村着手打造特色小镇，带动小城镇旅游发展，特色小镇产业项目阳湾村生态园建设已经初具规模。侏儒山街道在经济产业发展的过程中对公共服务设施质量的要求也逐步提升。一方面是乡村地区居民及未来产业发展对服务质量提升的要求；另一方面是自上而下的设施投放使类侏儒山街道的小城镇在发展的过程中很难获得高水平高质量的公共服务设施。侏儒山街道与能够提供优质服务的大都市空间发展轴间的距离较远，且很难从周边城镇弥补需求的不足。因此，侏儒山街道的适应性水平较低，难以在这一层级维持平稳发展。随着公共服务供需矛盾的加剧及小城镇中心服务的收缩，以侏儒山街道为代表的低适应能力小城镇逐渐收缩，其服务乡村的效能会进一步下降，造成城镇结构性塌陷，影响大都市地区城、镇、村体系的健康发展。

2. 中适应能力小城镇：小城镇发展模式与城镇职能结构变化基本吻合

当小城镇的适应度值处在 baa 组合类型和 aaa 组合类型的适应度理想值之间时，收缩后小城镇职能结构的变化与小城镇的发展基本吻合，小城镇能够持续稳定地发展。王家河街道除中心服务因子低于武汉市小城镇平均水平外，在区域关联及生产效率方面均高于武汉市小城镇平均水平。王家河街道具有便捷的水陆交通，是南、北、东、西交通的重要通道。境内等级公路自北向南穿街而过，近年来又开通了至市区的公交线路，各村道路均与国道、省道相通，构成了完整的交通网络，同时王家河街道距离黄陂区新城前川街道仅 10 km，并通过便捷的道路交通网络相连，交通区位条件优越。王家河被滠水河一分为二，以环保建材、铸造、建筑机械以及农产品加工为主导的新型工业园位于滠水河西侧，而滠水河东侧的乡村地区依托木兰生态旅游区、台湾农民创业园等景区走现代观光农业道路，带动镇域范围内农民致富。城镇中心大力发展现代服务业和新型产业，以服务乡村旅游业和镇区工业。由于乡村旅游业与农业生产的产业发展不集中，从事这些产业的劳动力多分散在乡村地区，很难集聚在城镇中心。由于缺少大规模人口的支撑，小城镇在公共服务和商业服务质量上很难有质的提升。而随着乡村建设与乡村旅游服务设施的完善以及互联网消费模式的普及，乡村社区在居住环境以及服务方面与城镇间的差距逐渐缩小。同时，随着王家河街道与前川街道间交通联系的完善，乡村地区跨级使用公共服务变得更为普遍，小城镇的中心服务能力逐渐下沉，向中心乡村社区转变。在王家河街道的发展过程中，小城镇的收缩除表现在功能的收缩方面外，还表现在城镇容量的降低方面。王家河街道耕地、林地与水域占地面积呈增长态势，2010—2018 年间，耕地、林地及水域面积共增加 1.9 km^2，表明王家河街道生态环境正逐步提升，这类用地的增加使城镇开发受到了一定的限制。由于生态旅游业和乡村旅游业是王家河街道的核心产业，因此王家河街道的收缩与城镇发展变化吻合度极高，小城镇收缩后获得了较高的适应能力，可以维持现有状态继续稳定发展。

6.4.6 最高适应度组合（aaa）的适应性特征

1. 小城镇个体适应能力较低

武汉市最高适应度组合类型（aaa）的小城镇整体适应能力较强，在发展的过程中具有获取资源与整合资源的基础能力，但目前城镇收缩与小城镇发展间存在轻度不适应，仍需要注入发展动力推动小城镇发展。最高适应度组合类型中收缩小城镇的中心服务、区域关联及生产效率因子均高于武汉市小城镇的平均水平，在大都市发展变化的过程中具有较高的适应能力，能够较好地应对环境变化。在武汉市收缩小城镇中，新沟镇街道和东荆街道2个小城镇属于aaa组合类型，分别位于东西湖区和汉南区，邻近武汉大都市区空间增长轴线。2个小城镇虽然居于最高适应度组合类型，但小城镇个体的适应度值远低于aaa组合类型的适应度理想值（表6-19）。

表6-19 最高适应度组合小城镇适应能力

类型	适应度范围	小城镇样本
低适应能力小城镇	0.249929～0.538796	东荆、新沟镇

（资料来源：笔者自绘）

2. 具有获取资源与整合资源的基础能力，城镇收缩与小城镇发展间存在轻度不适

aaa适应度组合类型中的2个小城镇均位于武汉市第二圈层，处在大都市地区空间增长轴的末端，空间及产业发展方面受到大都市地区的辐射带动。

在东荆街道与新沟镇街道2个小城镇中，城镇空间的发展与其职能结构的变化存在脱节情况。例如，紧邻武汉经济技术开发区的东荆街道，街道全域空间沿东西方向呈狭长状展开，空间增长主要集中在东部靠近武汉经济技术开发区的镇域边境范围，而小城镇的行政服务中心却位于靠近镇域边缘的城镇西端。小城镇空间两极分化，由于东部地区在空间形态和产业发展方面逐渐与武汉经济技术开发区形成一体化发展，能够提供较多的就业岗位，因此小城镇的发展也随之呈现出两极分化的现象，最终导致镇区服务职能与生产职能的减退。这2个小城镇位于空间发展轴线的末端，在产业发展的过程中，也会受到都市区的辐射作用影响。例如新沟镇街道已形成初具规模的工业产业园区，承接东西湖区产业转移，并逐渐与走马岭街道形

成一体化发展，使空间增长轴线进一步向东西湖区内部延伸。

小城镇收缩与小城镇发展间的不适应，造成了小城镇适应能力较低，未来存在继续收缩的风险。从收缩类型上看，两者均属于以镇域人口减少为代表的要素收缩型小城镇，虽然镇域人口减少包括了小城镇行政管辖范围内乡村地区的人口减少，但就新沟镇街道而言，随着空间轴线的延伸，目前小城镇镇区与工业园区已经连片发展，近 2/3 区域在城镇集中建设区范围内，农业人口数量较少，因此镇域人口的减少一定程度上体现了小城镇在人口吸纳能力方面的减弱。一方面，小城镇作为城市发展空间轴线的延伸，在都市核心区发展带动下积极参与区域分工，经济产业蓬勃发展，带来了就业岗位的增长；另一方面，小城镇人口数量在收缩与减少，两者间的不匹配是小城镇适应能力较低的主要原因。而这一现象的产生与小城镇发展阶段和区位条件密切相关。以新沟镇街道为例，虽然新沟镇街道处在武汉空间增长轴线上，发展的过程中受到走马岭街道的辐射带动，被纳入东西湖区一体化发展的整体框架中，但新沟镇街道同样紧邻汉川市新河镇。2008 年，汉川市将开发区与新河镇合并，建立省级汉川经济技术开发区，提升了整个新河镇的区域竞争力与经济发展实力。2019 年 10 月，新河镇入选"2019 年度全国综合实力千强镇"和"2019 年中国淘宝镇"，工业园区和电商产业发展势头强劲。当走马岭街道尚处在产业扩张阶段时，武汉临空港经济技术开发区对处于发展轴线末端的新沟镇街道的辐射带动效应要弱于紧邻新沟镇街道的新河镇。小城镇在一定时期出现人口外流等现象，影响大都市城镇的健康发展。因此，对于这类适应度较高且位于发展轴线或轴线延长线上的、具有资源获取与资源整合能力的小城镇，为避免其适应能力较低造成持续的收缩，需要及时干预，注入新的发展动力，提升小城镇的适应能力。

6.5 武汉市收缩小城镇适应性评价的结论

本章在明确了据适应能力进行小城镇收缩类型识别的基础上，将适应度指标作为适应能力的定量评测标准，从而判断小城镇收缩的合理性。运用 NK 模型作为适应度评价的主要方法，以武汉市收缩小城镇作为实证研究对象，构建大都市地区收缩小城镇适应度水平定量评测体系。①通过对小城镇收缩特征的研究，筛选可以反映小城镇收缩特征的指标，对武汉市 56 个小城镇发展变化过程进行定量分析。筛选出武汉市 43 个呈现出各种收缩特征的样本作为基本研究对象。②运用 NK 模型对筛选出的 43 个收缩小城镇样本进行适应度水平的定量测算与分析。③根据 NK 模型计算出的适应度组合类型找出每种类型的适应度提升最优路径。④结合适应度评价结果,将不同适应度组合类型的小城镇划分为高、中、低三个层级,总结不同适应度组合的收缩小城镇的适应性特征,为引导策略的制定提供精准指导。

NK 模型的计算结果表明,武汉大都市地区小城镇收缩的适应度水平主要受中心服务、区域关联、生产效率 3 个综合因子的影响,且适应度水平的空间分布与都市区发展格局基本吻合。面对不同的收缩特征,适应度组合类型越丰富,其产生最佳适应性结果的概率就越大。同时,大都市地区小城镇收缩的适应度值既反映了小城镇所处生态位的位置,也反映了小城镇维持该生态位的能力。通过对比各个样本适应度值的大小,可以反映小城镇收缩后城镇对环境的适应能力及其维持原有发展水平的能力。

小城镇收缩的本质是通过收缩反应使城镇发展适应能力更强,因此以适应能力为依据的收缩小城镇适应性评价能够为有效指导后续制定差异化、多元化、精准化的引导策略提供帮助。

武汉市收缩小城镇未来发展路径选择

本书依据复杂适应性系统理论，结合 NK 模型，构建了大都市地区小城镇收缩的适应性评价体系，并以武汉市为案例，根据适应性评价的计算结果分析了不同适应度组合类型中收缩小城镇的适应性特征。研究发现不同适应度组合类型中的收缩小城镇的适应能力可以划分为高、中、低三个不同等级。本书根据复杂适应性系统理论对收缩小城镇适应性特征的解释，结合收缩小城镇适应能力等级及小城镇适应性特征，针对不同适应能力及不同适应度组合类型的收缩小城镇，提出了武汉市收缩小城镇的发展引导策略。

7.1　低适应能力收缩小城镇未来发展路径

7.1.1　最低适应度组合：腾退资源，引导小城镇向乡村社区转变

最低适应度组合中的低适应能力小城镇获取资源的能力较弱，小城镇的收缩主要是由城镇发展滞后于大都市地区发展所致。由于先天条件的不足，即便有外部资源的介入小城镇也很难获得较好的发展，反而会造成土地、资金等资源的浪费。这类小城镇随着都市核心区和周边新城引力作用的不断加强，收缩现象会持续发生。对此类小城镇，提升其适应能力的主要方法是在认清其收缩形势的基础上，根据实际发展需求，顺应收缩实际规律，直面外部环境造成的合理性收缩，精准化地调整与统筹资源配置，完成资源的腾退置换。在空间要素方面，对镇区闲置房屋进行整治，提高土地综合利用效率，为土地利用效率更高的区域腾退用地指标。在保障基本生产生活需求的前提下，减量配置公共服务资源，为其他城镇腾退资源。

武汉市最低适应度组合类型的收缩小城镇，全部位于武汉市各区的最远端，处于与其他地市的交界处，地理位置偏僻，产业发展以农业及乡村旅游业为主。这类小城镇在产业发展上不具备工业及制造业产业发展的先决条件，既缺少便捷的交通条件作支撑，又与主城区的空间距离较远，很难与中心城区产业形成快速的产业互动及产业协同。目前，武汉都市核心区提供的丰富多样的就业机会能够满足该类小城镇劳动力主体的需求，而农业设施化程度的提升进一步释放了大量的劳动力。因此，这类小城镇人口要素、经济产业要素的收缩是一种必然的趋势。在这种趋势下，即便有外力介入也很难逆转这种资源的流失，相反，以往均等化的资源要素指

标配置反而会造成资源的浪费。因此，对于此类城镇，提高城镇适应能力的最好办法就是资源减量配置，在做细、做精农业的同时，鼓励人口转移，利用建设用地增减挂钩等政策，对空心房进行整治，腾退出来的建设用地指标在所属的区或全市范围内调配；集约打造镇区空间，加强镇区的凝聚力，利用腾退出来的生产资源、空间资源为城镇居民营造良好的居住环境及经营环境，着力以此类小城镇为依托，构建乡村郊野单元、郊野公园，使收缩后的小城镇更适应小城镇人群的需求及区域整体的发展诉求，引导小城镇向乡村服务社区转变。

7.1.2 生产效率组合：产业减类瘦身，合理疏解人口

这类小城镇在生产效率方面的适应度高于武汉市小城镇平均水平，但依旧低于该类型的适应度理想值，且在中心服务方面的适应能力极低。通过适应能力分析我们可以发现，在发展的过程中，此类小城镇交通设施的完善未能有效增强城镇的中心辐射能力，相反，因为交通条件便利可能导致大量劳动力外流。针对这类小城镇应该转变"大而全"的发展思路，在产业经济发展方面主动瘦身，引导小城镇产业转型发展，减少资源消耗型、发展乏力型产业，用以换取更加优越的城镇空间环境；加大产业转型力度，通过设置企业入驻门槛等方式限制高消耗、低产出的企业进驻，减少资源的浪费。具体措施如下。

（1）公共服务方面，减量增质，加强小城镇服务乡村的能力。在城镇化进程中，小城镇一直作为对接城市、服务乡村的节点存在。然而，随着大都市地区的发展及交通设施的不断完善，越来越多的乡村居民越过小城镇在大都市地区自由选择公共服务设施。小城镇在人口、产业、空间等方面表现出收缩现象，并出现发展乏力、功能减退、服务能力低等问题。由于我国在公共服务设施的配给方面采取一种自上而下的数量均衡式的配置方式。面对这类中心服务能力较弱的小城镇，按户籍人口规模配置的均等化的公共服务设施虽然在数量上超过了小城镇居民的需求，但随着居民生活质量的提升及对高水平公共服务的追求，公共服务设施难以在质量上满足居民的需要。在小城镇公共服务设施配置中就会出现数量与质量两个层面的供给与需求的不平衡。因此，针对这类收缩小城镇的公共服务设施配置，在数量上应该以保障基础服务为主，医院、学校等设施的配置在数量上与小城镇收缩的特征相吻合，避免外部资源的浪费，利用互联网医疗、互联网教学等方式提高设施的质量，引导基础公共服务从数量均衡向质量均衡转变；继续完善与优化基础交通设

施,进一步加强这类收缩型小城镇和区域之间的联动,与适应能力较强的收缩小城镇、增长型小城镇共同构建公共服务设施共享单元。

(2)空间层面,在镇域层面控制建设用地增量。一方面,整治乡村社区空心房,防止乡村社区无序扩张;另一方面,镇区建设以存量规划为主,对既有闲置空间和闲置房屋进行升级改造与再利用。创新土地利用模式,通过政府购买、租用、补偿等方式获得空置房屋的产权或再利用权限,并对其进行功能和使用性质的转换,增加公共活动空间,并以此来提升周边土地的使用价值。通过空间整治等方式,对镇区微空间进行改造,提高城镇居住空间质量。在其行政管辖范围内的乡村地区严格划定生态保护区和基本农田保护区的范围,提升生态空间品质,为农业发展及乡村旅游发展奠定基础。依托现代农业生产半径在镇域范围内打造产村基本单元,在乡村建设上同样以存量改造为主导,在镇域范围内严格控制新建行为,避免建设用地浪费。通过空心房整治腾退建设用地指标,在镇域范围内推动耕地成块连片建设,并将腾退出的指标补充给有发展潜力且有用地诉求的稳定收缩型小城镇和精明收缩型小城镇。

7.1.3 区域关联组合:引导产业转型,改善镇区环境,吸引乡村人口迁移定居

武汉市区域关联组合类型的收缩小城镇均位于武汉市主要交通干线附近,具有良好的区位交通环境,受小城镇自身产业转型升级和大都市地区引力的影响,仍处于低适应能力收缩状态,便利的区位交通条件反而加速了劳动力等资源的流失。面对这类收缩小城镇,需要充分利用交通网络优势,一方面引导产业转型,另一方面改造镇区空间。顺应小城镇人口两栖迁移的状态,并结合便捷的交通网络以田园社区的模式打造镇区居住单元,镇域范围内空间向镇区及承担主要功能的组团集聚,在空间结构上形成一个工业组团与若干个农业组团的组合形式。新增建设用地向镇区集聚,依托镇区打造工业园区,有条件的小城镇与区域增长极可共建工业园区。在镇区范围内形成以镇区+工业园区组成的工业组团及若干个新型农村社区+农田组成的农业组团为支撑的空间结构(图7-1)[1]。在空间形态上,引导城镇由分散式

---

[1] 耿虹,庞克龙,耿洁如.小城镇产业转型下镇村组织模式及形成机制探究——以湖北省宜城市为例[C]//中国城市规划学会.持续发展 理性规划——2017中国城市规划年会论文集.北京:中国建筑工业出版社,2017:730-742.

发展向簇群式发展转变，形成以多个家庭农场为核心，以产业半径为组织范围，围绕城镇服务中心组团集聚的空间形态，引导空间发展与城镇生产经营特征相吻合，推动武汉市收缩小城镇空间演变。

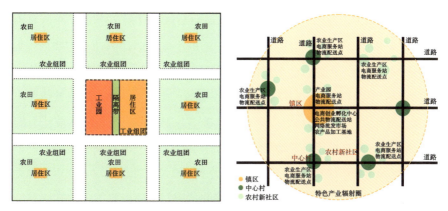

图 7-1　武汉市收缩小城镇微观空间引导示意图
（资料来源：笔者自绘）

7.1.4　中心服务+区域关联组合：弱化行政区划界线，对小城镇进行合理拆并

武汉市中心服务+区域关联组合类型的低适应能力的收缩小城镇处在都市区引力和扩散效应共同作用的合力区，大都市核心区对小城镇产生的扩散效应只涉及小城镇行政管辖范围的部分区域，并未覆盖小城镇核心区。在这类小城镇中，靠近都市区增长轴线的区域在产业、空间发展方面逐渐融入城市，而未受到增长轴线辐射的区域依旧保持小城镇原有的发展状态。这类小城镇空间发展和城镇职能定位高度不适应，靠近增长轴线的部分逐渐与小城镇发展脱节，居民生产生活方式更加城市化，小城镇的设施配置标准很难满足镇域范围内不同群体的需求。因此，针对这种类型的低适应能力小城镇，可以弱化小城镇行政区划界线，通过合理的拆并，将与城市高度一体化发展的部分划入相邻的新城或都市核心区，便于产业与公共服务的统一建设。而将保持小城镇原有特征的地区同周围增长型小城镇或其他适应度组合类型的收缩小城镇合并。一方面可以有效提高小城镇的综合实力，另一方面，合并后可以满足高质量公共服务设施配套所需的人口规模，提高服务设施配置效率。

7.1.5　区域关联+生产效率组合：完善交通网络，加速公共服务设施网级共享

区域关联+生产效率组合类型的收缩小城镇虽然在区域关联及生产效率方面的适应性水平高于武汉市小城镇平均水平，但部分小城镇整体的适应度却低于 baa 组合的适应度理想值。收缩后的小城镇在发展的过程中虽然获得了较高的适应能力，但依旧未能达到理想状态。对于这类收缩小城镇，应通过外部引导使其适应能力达到理想值，保持在该层级的稳定发展后，完善中心服务效能，实现适应能力的层级跃迁。因此，这类小城镇需要继续完善交通基础设施，尤其是增加支路网的密度，加强镇与村、镇与镇之间的交通联系。这类小城镇大多位于武汉大都市边缘地区，以农业产业为主导，发展初期会表现出收缩的状态，初期投放过多的高标准公共资源会造成资源的浪费。这类小城镇在发展初期主要通过不断强化完善交通网络，实现公共服务设施网级共享，为小城镇居民跨区使用公共服务设施提供交通支撑。同时，便捷的交通网络也有利于激活乡村旅游等产业，高密度的道路网络有利于快速转移乡村旅游消费群体，盘活小城镇经济，为小城镇适应能力的层级跃迁奠定基础。

7.1.6　最高适应度组合：加大资源投放，引导城镇发展重心转移

最高适应度组合类型中的收缩小城镇具有获取资源与整合资源的基础能力，但城镇收缩与小城镇发展间存在轻度不适应，应持续注入发展动力。对于这类小城镇需要加大资源投放和城镇发展扶持力度，引导城镇发展重心转移，加快推动与城市一体化发展的进程。武汉大都市地区最高适应度组合类型的收缩小城镇位于适应度组合的最高层级。但小城镇发展的适应度值却低于理想值，属于低适应能力小城镇。由于小城镇尚处在发展期，并未出现明显的收缩现象。武汉市此类型的 2 个小城镇均靠近武汉大都市地区边缘，尤其是新沟镇街道，处在武汉大都市发展轴线的末端，紧邻汉川城市发展增长极，位于两个城市增长极的中间，具有很高的战略地位。对于这类小城镇应优先重点打造，稳固小城镇中心职能，强化小城镇对资源的吸引力。加大对高质量公共服务设施的投放以及对居住环境的打造力度，吸引武汉都市区外城镇居民定居，防止资源外流。将这类小城镇作为城镇发展轴线的延续，优先布局产业，防止外围城镇塌陷。

7.2 中适应能力收缩小城镇未来发展路径

中适应能力收缩小城镇的适应度指标高于小城镇所属适应度组合类型的适应度理想值，但低于适应能力提升目标层级的适应度理想值。此类小城镇收缩后获得了较为稳定的适应能力，在一定时间内可以维持稳定发展状态。但当外部环境变化时，收缩小城镇系统的适应能力可能会发生变化。根据复杂适应性系统理论，小城镇系统会通过自我学习与复制强化某类适应性行为，促使系统向适应能力高的方向跃迁。因此，当外部环境变化时，小城镇会重复收缩以期提升系统适应度水平。由于外部环境变化的未知与多样，这类小城镇未来的收缩依旧存在不确定的风险。为此，需要通过科学合理的引导，促使不同组合类型的中适应能力收缩小城镇实现适应能力的层级跃迁。因此，应根据不同收缩小城镇适应度组合情况选择相应的引导路径。

7.2.1 最低适应度组合：发挥公共服务设施对人口的集聚吸纳能力，引导职能合理分化

最低适应度组合类型中的中适应能力的收缩小城镇主要位于武汉大都市地区的第二圈层和第三圈层的交界处，虽然整体适应度较低，但该组合中的小城镇收缩后适应性水平达到理想状态，具备向更高层级的适应度组合类型跃迁的基础，应从以下几方面入手引导其发展。

（1）发挥城镇公共服务设施对人口的集聚吸纳能力。

①在公共服务职能方面，应重点提升小城镇的公共服务质量，在教育、医疗服务方面，应与乡村地区形成差异化发展。随着乡村地区交通设施的逐渐完善以及乡村居民生活水平的不断提高，引导高水平公共服务向镇区集中。对于镇域范围较大的小城镇，应合理分配公共服务设施，以公共服务组团的形式促进镇村联动，从而提升辐射能力。②根据小城镇及其所处区域的公共服务设施分布特征，结合小城镇收缩产生的老人多、儿童多的人口特征，满足留守人员的公共服务需求。在养老、教育、医疗等方面加大投入，形成以某类公共服务为特色的服务中心，并通过此类

服务吸引周围小城镇居民。例如仓埠街道依托新洲二中及仓埠街初级中学和仓埠街中心小学，吸引大量陪读租户前往街道租住，为小城镇吸引了稳定的居民群体，这部分群体的日常生活及消费又可以助力小城镇的发展。③以居民日常生活圈为依据，构建由综合服务+专项服务+乡村社区组成的小城镇服务网络（图7-2）。通过强化某类公共服务职能，吸引有需求的特定群体，可以以点带面地激活整个小城镇的活力，提升小城镇在区域发展中的适应能力。

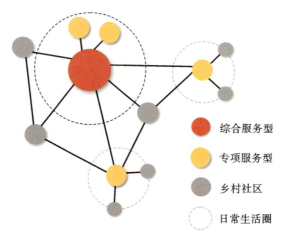

图 7-2　武汉市收缩小城镇微观空间引导示意图
（资料来源：笔者自绘）

（2）利用收缩差异化特征，强化资源转化能力。

在自下而上的资源利用方面，根据小城镇收缩的差异化特征，加强小城镇资源转化的能力。例如，木兰、仓埠等生态资源与农业资源优势明显的小城镇，可以将生态资源转化为生产资源，依托生态环境大力发展旅游产业，同时将建设重点放在资源禀赋好的乡村社区。通过区域内公共服务共享单元、产村服务配套单元的构建，引导小城镇完成生产资源与生态资源的转化利用。鼓励城镇居民通过多样化的生产经营模式提高家庭收入，并通过互联网+农业等新型产业模式的引入，以及劳务培训来弥补劳动力资源的不足，通过产业转型及新技术的运用提升城镇生产效率，实现技术资源与劳动力资源的转化。

7.2.2　生产效率组合：公共服务投放由数量均衡向质量均衡转变

生产效率组合类型的收缩小城镇在收缩后资源要素能够满足系统内部主体发展

的需要，小城镇的发展处于稳定状态。由于该组合整体适应度水平偏低，因此其当前的稳定状态是一种低水平的稳定状态，当适应性主体的需求提升时，小城镇系统发展仍会出现不适应现象。在未来发展过程中，这类生产效率已经达到稳定的小城镇应优先考虑提升小城镇的中心服务效能，加强小城镇服务乡村的能力。①随着人口的减少，小城镇经济产业增长带来的人均效益相对提升，城镇居民对生活设施质量的要求也随之增加。在这类小城镇中传统自上而下的数量均衡的公共服务设施配置已不能适应城镇的发展变化，因此对于这类小城镇应重点提升公共服务质量，避免因公共服务质量供给与需求间的不均衡造成小城镇收缩。②数量均衡的小城镇公共服务设施配置与小城镇收缩发展之间的不适应会造成有限公共资源的浪费。对这类小城镇，在公共服务配置方面应减量增质，提升小城镇服务乡村的能力，将其打造成区域的综合式城镇服务中心。

生产效率组合类型的小城镇在产业发展方面大多呈现出一种"大而全"的发展方式，随着政策的变化以及大都市地区产业分工精细化程度的增强，发展存在着不确定性。因此，这类稳定型的小城镇一方面需要根据自身发展特色，以更专精的产业职能融入区域产业链；另一方面应拓宽既有的传统农业产业链，结合现有资源，打通产业壁垒，结合现代农业、都市农业等新的经营模式，引入"互联网+"新技术，形成三次产业联动的产业发展路径，逐步吸引高素质人才回流，盘活镇域经济。在产业发展的过程中，注重与周边增长极之间的联动，适当引导生产职能在镇域范围内转移，选择在交通条件便利、与周边园区一体化发展的地区建立产业园区，借助增长极的产业优势提升自身产业活力（图7-3）。

图7-3 武汉市小城镇产业发展示意
（资料来源：笔者自绘）

7.2.3 中心服务+区域关联组合：减少无效投入，以更专精的职能参与区域分工

中心服务+区域关联组合类型的收缩小城镇能够适应外部环境的变化稳定发展，且有成为新增长极的潜力。在向更高适应性层级跃迁的过程中，这类小城镇应重点提高生产效率，减少不必要的投入，以更专精的职能参与区域分工。在明确小城镇收缩特征的基础上，顺应小城镇收缩的趋势，精简小城镇职能，通过收缩减量化发展和收缩蓄力，强化城镇优势，寻求新的发展机遇。从空间上看，这类小城镇位于武汉大都市地区空间增长轴的核心位置，随着大都市地区的发展将逐渐转变为都市核心区的一部分。因此，在公共服务设施配套方面应按照城市标准配置公共服务设施。在产业方面应减量收缩，减少竞争力弱、资源消耗大的产业投入，将有限的资源集中投入优势产业中，形成特色小镇。同时，注重镇区环境的改造提升，大力整治小城镇由于人口外流产生的空心房。通过探索灵活多变的土地利用模式，增加公共空间的数量以提升周边土地的投资回报率，使镇区形成与城市地区差异化发展的居住环境，吸引城市居民投资、定居。

7.2.4 区域关联+生产效率组合：以产村基本单元+集镇复合单元扩大资源整合范围

区域关联+生产效率组合类型的收缩小城镇的发展模式与城镇职能结构的变化基本吻合，城镇发展相对稳定。这类小城镇在区域关联和生产效率方面的适应性水平均高于武汉市小城镇平均水平，仅在城镇的中心服务能力方面低于武汉市小城镇平均水平。因此在未来适应性水平层级跃迁的过程中，应重点提升小城镇的中心服务水平。以黄陂区王家河街道为代表的小城镇，以乡村旅游和现代农业为核心的产业分布在镇域范围内资源禀赋较好的乡村社区中，镇区经济产业方面的集聚效能较低。镇区与各个乡村社区在生产和生活方面的关联度较低，仅通过镇区辐射带动已不能满足广大乡村地区生产生活的需要。在这类小城镇中，可以通过镇域范围内产村基本单元+集镇复合单元的构建来合理扩大资源整合范围，在更大空间范围内形成产业联动与设施共享。产村基本单元主要根据各个乡村社区的产业特点，打破行政区划的限制，根据生产及景区联动发展的需要，确定合理的生产半径，协调生产活

动，并以产业发展的最小规模为下线，以景区联动发展的最大距离为上线，划定设施空间共享范围，结合农业生产及乡村旅游发展的要求，配置基础设施加以支持（表 7-1、表 7-2）。

表 7-1 产村基本单元类型

产业发展类型	主要特征	基础设施配置
旅游服务基本单元	依托良好的自然资源和农业产业资源，以旅游景区观光或农业观光为主	旅游服务站、栈道、观光道路
综合服务基本单元	集镇或较大的中心村，服务设施良好	信息化设施
规模化农业产业单元	以大规模农业生产为主，主要是大规模土地流转形成的农业公司或农村合作社	农机存放点、水利工程、农业服务点
精细化农业单元	精细化种植的传统乡村与以农家乐为主的乡村片区	生产种植区、种植大棚

（资料来源：笔者自绘）

表 7-2 产村基本单元公共服务设施配置

类别	具体设施	综合服务基本单元	旅游服务基本单元	规模化农业产业单元	精细化农业单元
行政管理	管理委员会	●	○	○	—
教育设施	小学	●	○	○	—
	中学	○	—	—	—
	幼儿园	●	○	○	○
医疗设施	医院	○	—	—	—
	卫生服务站	●	●	○	○
	药店	●	●	○	○
文体设施	休闲活动室	●	●	○	○
	文化广场	●	●	○	○
商业设施	百货商店	●	○	—	—
	食品商店	●	●	○	—
	超市	●	●	—	○

续表

类别	具体设施	综合服务基本单元	旅游服务基本单元	规模化农业产业单元	精细化农业单元
商业设施	饭店、小吃店	●	●	○	—
	五金用品店	●	○	—	—
	银行、信用社、保险机构	●	○	—	—
	理发、洗浴、洗染店	●	—	○	○
	蔬菜、副食市场	●	—	—	—
科教设施	农业科技服务站	○	—	●	○
	职业技校	○	—	—	—
	淘宝服务社	●	●	●	○

注：●—必需配置；○—建议配置；——不配置。
（资料来源：笔者自绘）

集镇复合单元则是通过联合地缘关系相近的产村复合单元共同构建的高质量公共服务设施共享的组合单元。构建集镇复合单元的目的在于遵循村镇间公共服务设施网级共享的发展态势，打破行政边界束缚，辐射带动周边小城镇的乡村地区，改变传统的以镇为单位的基础设施配置模式，提高设施配置效率。例如通过对集镇医疗设施提档升级，解决外围乡村地区就医问题、高质量公共服务设施辐射不足问题等。通过教育设施联通共享等形式，缩短小城镇与新城等增长极之间的教育水平差距（表7-3）。

表7-3 集镇复合单元生活服务设施配置参考表

圈层范围	基本圈层	一级圈层	二级圈层	三级圈层
空间范围	500～1000 m	1000～4000 m	4000～8000 m	8000～30000 m
划定依据	老年人与儿童步行15～30 min范围圈	小学生步行1 h范围圈	中学生步行1.5 h范围圈	机动车0.5 h范围圈
人口门槛	500～1500人	1500～10000人	10000～30000人	30000人以上
服务重点	以老人、儿童福利设施为主，配置基本公共服务设施和环卫设施	配置面向更多人群的公益性服务设施	配置高等级综合服务设施	配置更高等级的广域综合服务设施

（资料来源：笔者根据相关资料改绘）

产村基本单元+集镇复合单元组合模式如图 7-4 所示。

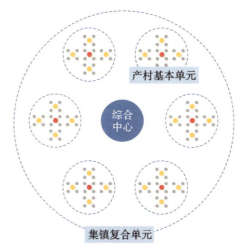

图 7-4　产村基本单元+集镇复合单元组合模式
注：图中各点代表不同的居民点、乡村等。
（资料来源：笔者自绘）

7.3　高适应能力收缩小城镇未来发展路径

高适应能力收缩小城镇是小城镇收缩的最优状态，虽然这类小城镇所处的适应度组合类型并不是最优组合类型，但小城镇的适应度水平在同类型的小城镇中处于最高水平，因此对于此类型的收缩小城镇需要按照其适应度提升的最优路径引导小城镇提升适应度。

（1）在资源配置方面，由于小城镇具有极强的适应能力，小城镇所处的生态位较高，在自下而上的资源获取层面，能够自发获取发展所需资源。因此，在自上而下的资源配置过程中，需要将资源投放的焦点集中在城镇中心，加强镇区的吸引能力，制定相关的政策鼓励周边乡村居民向镇区迁移，从而为镇区发展提供充足的劳动力。同时，提高资源配置的等级水平，根据小城镇发展的需要，按照区域增长极的标准进行资源配置，将其打造为具有专业化职能分工的小城镇的代表，引领区域发展。

（2）重点培养小城镇的优势产业，完善城乡融合发展机制，顺应小城镇人口兼业的生产模式，将其优势产业打造成新的增长点，融入区域发展。

（3）在进一步提高城镇发展效率的同时，加强城镇中心服务职能。根据小城镇发展的需要，适度地将其他收缩小城镇腾退出来的资源向这类小城镇转移倾斜，为此类小城镇的发展提供必要的资源支撑。

（4）在空间层面，加强城镇空间集约化利用，提升空间品质，对收缩腾退出来的空间资源进行功能的置换，加大公共服务设施以及绿色基础设施的占比。这类小城镇因有较高的适应能力成为各类主体转移的目的地，具有成为区域服务中心的潜力。因此，针对这类小城镇需要精准定位其中心职能，丰富设施种类，提升服务效能，将其打造为区域设施共享系统中的服务中心。

7.3.1 公共服务职能引导：以城市标准打造公共服务共享单元的服务中心

在公共服务职能方面，需要进一步优化，以城市的标准提升小城镇的公共服务水平，以便形成公共服务共享单元的服务中心。在小城镇服务设施的配置中，改变数量均衡的配置形式。由于具备高适应能力的收缩小城镇产业发展相对较好，城镇发展较为稳定，因此需要加大这类城镇的公共设施配置力度，着重提升中心城镇的服务质量，满足城镇居民对公共服务日益提升的需求。尤其是加大教育设施、医疗设施的投入，在人员与设备方面提高配置标准，并做好与城市公共服务设施之间的衔接。同时，优化公共服务设施共享路径，弹性开放公共服务设施覆盖范围。优化公共服务设施供给结构，合理引入社会与市场的力量参与养老院等福利设施的建设。着手开发养老设施，将养老院与幼龄儿童基础设施协同配置，顺应现阶段小城镇家庭人口结构的特征。

7.3.2 生产职能引导：加大优势产业的投入，设置产业准入门槛，引导产业转型

在生产职能打造方面，加大对优势产业的投入，加强与周边产业园区的联动发展，形成一体化的发展模式。在产业发展方面，应转变发展模式，引导小城镇从"来什么做什么"向"专业化发展"转变。同时，由于此类小城镇主要以工业为主，生产职能主要集中在镇区。因此，在后续的发展中，应进一步加强对城镇中心

的投入，加强城镇的生产职能，并以此带动城镇生活职能与公共服务职能的发展。发挥小城镇资源被动流通传导的职能作用，加大产业入园力度，引导分散的企业集中入园。通过优化农业生产功能，减少农业生产对建设用地及劳动力的消耗，将腾退的资源转移到镇区生产中心的建设上。在镇区加强生产服务性产业配置，在服务镇区工业发展的同时，打造农业服务中心，提升农业生产效率。

7.4 收缩小城镇发展路径总结

对低适应能力收缩小城镇，未来发展的重点在于顺应收缩态势，应引导小城镇适应度水平横向提升，达到所在组合类型的理想适应度水平。①通过资源腾退，合理引导部分最低适应度组合类型的小城镇向乡村社区转变。②经济产业减类瘦身，疏解人口，加强生产效率组合类型的收缩小城镇的横向交通联系。③充分利用小城镇交通优势，引导产业转型，吸引区域关联组合类型的收缩小城镇中的乡村居民向镇区集聚。④弱化小城镇行政边界，对中心服务+区域关联组合类型的收缩小城镇进行有选择性的合理迁并。⑤加强区域关联+生产效率组合类型的收缩小城镇的城镇内部路网密度，通过公共服务设施网级共享弥补城镇中心服务能力不足带来的不良影响。⑥对最高适应度组合类型的低适应能力收缩小城镇加大资源投放，引导这类小城镇向增长极转变，加强对武汉大都市区外围小城镇的吸引力。

对中适应能力收缩小城镇，可以采取以下措施。①发挥公共服务设施对人口的吸纳能力，引导最低适应度组合类型的收缩小城镇职能在镇域范围内合理分化。②对于生产效率组合类型的收缩小城镇，引导公共服务由数量均衡向质量均衡转变，以加强城镇服务乡村的能力，实现小城镇适应性水平的跃级提升。③对中心服务+区域关联组合类型的收缩小城镇，减少小城镇不必要的产业投入，引导小城镇以更专精的职能参与区域分工。④通过构建产村基本单元+集镇复合单元扩大资源整合范围，在更大空间范围内形成产业联动，提升区域关联+生产效率组合类型的收缩小城镇的适应性水平。

对于高适应能力收缩小城镇，由于这些小城镇本身已经处在小城镇收缩的最佳状态，因此，应提高城镇设施配套标准，继续引导小城镇以专精的职能参与区域分工，维持小城镇的稳步发展。

参 考 文 献

[1] ARROW K J. Little's critique of welfare economics[J]. The American Economic Review, 1951, 41 (5): 923-934.

[2] MALLACH A, HAASE A, HATTORI K. The shrinking city in comparative perspective: contrasting dynamics and responses to urban shrinkage[J]. Cities, 2017 (69): 102-108.

[3] OHLIN B. Interregional and international trade: revised edition[J]. London: Harvard University Press, 1933.

[4] BERNT M, RINK D. 'Not relevant to the system': the crisis in the backyards[J]. International Journal of Urban and Regional Research, 2010, 34 (3): 678-685.

[5] DOWNS A. The challenge of our declining big cities[J]. Housing Policy Debate, 1997, 8 (2): 359-408.

[6] DENG T T, WANG D D, YANG Y, et al. Shrinking cities in growing China: did high speed rail further aggravate urban shrinkage?[J]. Cities, 2019, 86 (3): 210-219.

[7] BARTON D C, EIDSON E D, SCHOENWALD D A, et al. ASPEN-EE: an agent-based model of infrastructure interdependency[R/OL]. (2000-12-01) [2023-03-18]. https://www.osti.gov/biblio/774027/#:~:text=Aspen-EE%3A%20An%20Agent-Based%20Model%20of%20Infrastructure%20Interdependency%20Full,on%20other%20critical%20infrastructures%20in%20the%20US%20economy.

[8] ELI H. The effect of foreign trade on distribution of national income[J]. Readings in the theory of international trade, 1919 (4): 272-300.

[9] KIRMAN A P. Whom or what does the representative individual represent?[J]. The Journal of Economic Perspectives, 1992, 6 (2): 117-136.

[10] FOXON T. Bounded rationality and hierarchical complexity: two paths from Simon to ecological and evolutionary economics[J]. Ecological Complexity, 2006, 3 (4): 361-368.

[11] HARRIS C D, ULLMAN E L. The nature of cities[J]. Annals of the American Academy of Political and Social Sciences, 1945, 242（1）: 7-17.

[12] LEVINTHAL D A. Adaptation on rugged landscapes[J]. Management Science, 1997, 43（7）: 934-950.

[13] THILO L. Insights in the British debate about urban decline and urban regeneration[R/OL].[2023-03-16]. https://www.econstor.eu/bitstream/10419/228562/1/irs-wp32.pdf.

[14] MASSEY D. In what sense a regional problem? [J]. Regional Studies, 1979, 13（2）: 233-243.

[15] OSWALT P, RIENIETS T. Atlas of shrinking cities[M]. Ostfildern: Hatje Cantz Verlag, 2006.

[16] PETER H. New town: the British experience[M]. London: The Town and Contory Planning Association by Charles Knight & Co. Ltd London, 1972.

[17] POPPER D E, POPPER F J. Small can be beautiful: coming to terms with decline[J]. Planning, 2002, 68（7）: 20-23.

[18] PELTONIEMI M. Preliminary theoretical framework for the study of business ecosystems[J]. Emergence: Complexity & Organization, 2006, 8（1）: 10-19.

[19] PROVINE W B. Sewall Wright and evolutionary biology[M]. Chicago: University of Chicago Press, 1986.

[20] SCHILLING J, LOGAN J. Greening the rust belt: a green infrastructure model for right sizing America's Shrinking Cities[J]. Journal of the American Planning Association, 2008, 74（4）: 451-466.

[21] WIECHMANN T, PALLAGST K M. Urban shrinkage in Germany and the USA: a comparison of transformation patterns and local strategies[J]. International Journal of Urban and Regional Research, 2012, 36（2）: 261-280.

[22] XING C B, ZHANG J F. The preference for larger cities in China: evidence from rural-urban migrants[J]. China Economic Review, 2017, 43（4）: 72-90.

[23] JOO YU-MIN, SEO B. Dual policy to fight urban shrinkage: Daegu, South Korea[J]. Cities, 2017, 73: 128-137.

[24] 沙里宁. 城市: 它的发展衰败与未来[M]. 顾启源, 译. 北京: 中国建筑工业出

版社，1986.

[25] 李嘉图.政治经济学及赋税原理[M].郭大力，王亚南，译.北京：商务印书馆，2021.

[26] 奥斯瓦尔特.收缩的城市[M].胡恒，史永高，诸葛静，译.上海：同济大学出版社，2012.

[27] 斯密.国民财富的性质和原因研究（下卷）[M].郭大力，王亚南，译.北京：商务印书馆，1974.

[28] 熊彼特.经济发展理论[M].何畏，等，译.北京：商务印书馆，1990.

[29] 庇古.福利经济学[M].何玉长，丁晓钦，译.上海：上海财经大学出版社，2009.

[30] 边沁.道德与立法原理导论[M].时殷弘，译.北京：商务印书馆，2000.

[31] 冯艳，黄亚平.大城市都市区簇群式空间发展及结构模式[M].北京：中国建筑工业出版社，2013.

[32] 刘春成.城市隐秩序——复杂适应系统理论的城市应用[M].北京：社会科学文献出版社，2017.

[33] 吴之凌，胡忆东，汪勰，等.武汉百年规划图记[M].北京：中国建筑工业出版社，2009.

[34] 康纳.超级版图[M].崔传刚，周大昕，译.北京：中信出版社，2016.

[35] 陆铭.大国大城[M].上海：上海人民出版社，2016.

[36] 霍兰.隐秩序——适应性造就复杂性[M].周晓牧，韩晖，译.上海：上海科技教育出版社，2000.

[37] 张京祥.城镇群体空间组合[M].南京：东南大学出版社，2000.

[38] 胡俊.中国城市：模式与演进[M].北京：中国建筑工业出版社，1995.

[39] 谢守红.大都市区的空间组织[M].北京：科学出版社，2004.

[40] 冯健.转型期中国城市内部空间重构[M].北京：科学出版社，2004.

[41] 武进.中国城市形态：结构、特征及其演变[M].南京：江苏科学技术出版社，1990.

[42] 袁志刚.非瓦尔拉均衡理论及其在中国经济中的应用[M].上海：上海人民出版社，2006.

[43] 上海市规划和国土资源管理局，上海市城市规划设计研究院.转型上海：规划

战略[M].上海：同济大学出版社，2012.

[44] 崔功豪，马润潮.中国自下而上城市化的发展及其机制[J].地理学报，1999（2）：12-21.

[45] 陈继宁.论小城镇建设与城乡公共服务均等化[J].中共四川省委省级机关党校学报，2007（3）：40-42.

[46] 陈川，罗震东，何鹤鸣.小城镇收缩的机制与对策研究进展及展望[J].现代城市研究，2016（2）：23-28，98.

[47] 陈仲伯，沈道义.小城镇带动区域经济发展战略研究——以湖南省为例[J].经济地理，1999（3）：25-31.

[48] 曹康，王晖.从工具理性到交往理性——现代城市规划思想内核与理论的变迁[J].城市规划，2009，33（9）：44-51.

[49] 费孝通.区域经济发展的新思考——三访珠江三角洲（上）[J].瞭望新闻周刊，1999（19）：31-33.

[50] 方修琦，殷培红.弹性、脆弱性和适应——IHDP三个核心概念综述[J].地理科学进展，2007，26（5）：11-22.

[51] 方颖，陆铭.非均衡理论及其在中国的应用——评袁志刚的《非瓦尔拉均衡理论及其在中国经济中的应用》[J].经济研究，1997（8）：68-71.

[52] 黄鹤.精明收缩：应对城市衰退的规划策略及其在美国的实践[J].城市与区域规划研究，2011，4（3）：157-168.

[53] 耿虹，宋子龙.资源型旅游小城镇公共服务设施配置探究[J].城市规划，2013，37（3）：54-58.

[54] 耿虹，高永波.胶东小城镇空间结构形态当前发展问题探究[J].小城镇建设，2014（10）：53-59，103.

[55] 耿虹，杨龙.小城镇基础设施综合管理制度建议[J].小城镇建设，2015（12）：82-84，104.

[56] 耿虹，武明妍.区域统筹下中部城镇群小城镇非均衡发展策略——以武汉"1+8"城市圈小城镇为例[J].小城镇建设，2016（1）：40-45.

[57] 耿虹，时二鹏，王立舟，等.基于GIS-DEA的大城市周边小城镇发展效率评价——以武汉为例[J].经济地理，2018，38（10）：72-79.

[58] 耿虹，李玥，乔晶，等.武汉市小城镇应对收缩的适应性发展路径探索——以

新洲区汪集街为例[J].现代城市研究,2019(8):101-108.

[59] 高舒琦.收缩城市的现象、概念与研究溯源[J].国际城市规划,2017,32(3):50-58.

[60] 高舒琦.收缩城市研究综述[J].城市规划学刊,2015(3):44-49.

[61] 罗震东,何鹤鸣.全球城市区域中的小城镇发展特征与趋势研究——以长江三角洲为例[J].城市规划,2013,37(1):9-16.

[62] 罗震东,周洋岑.精明收缩:乡村规划建设转型的一种认知[J].乡村规划建设,2016(1):30-38.

[63] 罗震东,何鹤鸣.新自下而上进程——电子商务作用下的乡村城镇化[J].城市规划,2017,41(3):31-40.

[64] 罗震东,夏璐,耿磊.家庭视角乡村人口城镇化迁居决策特征与机制——基于武汉的调研[J].城市规划,2016,40(07):38-47,56.

[65] 刘方宁.收缩城市与工业废弃地更新策略[J].山西建筑,2017,43(1):16-17.

[66] 刘春阳,杨培峰.中外收缩城市动因机制及表现特征比较研究[J].现代城市研究,2017(3):64-71.

[67] 刘合林.收缩城市量化计算方法进展[J].现代城市研究,2016(2):17-22.

[68] 刘玉博,张学良.武汉城市圈城市收缩现象研究[J].规划师,2017,33(1):18-25.

[69] 龙瀛,吴康.中国城市化的几个现实问题:空间扩张、人口收缩、低密度人类活动与城市范围界定[J].城市规划学刊,2016(2):72-77.

[70] 李郇,杜志威,李先锋.珠江三角洲城镇收缩的空间分布与机制[J].现代城市研究,2015(9):36-43.

[71] 李爱民.中国半城镇化研究[J].人口研究,2013,37(4):80-91.

[72] 李晓江,尹强,张娟,等.《中国城镇化道路、模式与政策》研究报告综述[J].城市规划学刊,2014(2):1-14.

[73] 蓝万炼.论乡村工业的未来与农村小城镇的发展阶段[J].经济地理,2001(6):684-689.

[74] 彭震伟.大都市地区小城镇发展的职能演变及其展望——上海地区小城镇发展的思考[J].城市规划汇刊,1995(2):32-36,53-64.

[75] 彭震伟.小城镇发展作用演变的回顾及展望[J].小城镇建设,2018,36(9):16-17.

[76] 彭艳丽.武汉市城乡建设用地增减挂钩工作的实践与思考[J].房地产导刊,2017(8):11,59.

[77] 单建树,罗震东.集聚与裂变——淘宝村、镇空间分布特征与演化趋势研究[J].上海城市规划,2017(2):98-104.

[78] 孙建欣,林永新.从"发展阴影区"到"发展前沿地带"——论行政区划分隔对阴影区内小城市发展的影响[J].城市规划学刊,2013(3):50-53.

[79] 生延超,张丽家.分工与区域经济协调发展:演进、路径与机理[J].湖南财政经济学院学报,2017,33(1):16-25.

[80] 田明,张小林.我国乡村小城镇分类初探[J].经济地理,1999(6):92-96.

[81] 吴闫.小城镇在城市群中的大作用[J].人民论坛,2017(11):88-89.

[82] 吴康,龙瀛,杨宇.京津冀与长江三角洲的局部收缩:格局、类型与影响因素识别[J].现代城市研究,2015(9):26-35.

[83] 王勇,谭静.北京周边小城镇形态演变特征与解读[J].城市规划,2011,35(10):32-37.

[84] 武康平,张国胜,周伟.民生福利评价的理论与实践[J].南京社会科学,2012(7):1-7.

[85] 王雨村,王影影,屠黄桔.精明收缩理论视角下苏南乡村空间发展策略[J].规划师,2017,33(1):39-44.

[86] 王正新.小城镇的分化趋势评价及分化类型——以浙中地区为例[J].城市问题,2009(7):63-67.

[87] 王春光.农村流动人口的"半城市化"问题研究[J].社会学研究,2006(5):107-122,244.

[88] 夏显力,李阳.论小城镇群网化的内涵和特征及其判别标准[J].中国集体经济,2012(15):61-62.

[89] 谢浩.区域经济非均衡发展研究综述[J].理论界,2014(10):31-35.

[90] 徐博,庞德良.增长与衰退:国际城市收缩问题研究及对中国的启示[J].经济学家,2014(4):5-13.

[91] 许皓,李百浩.URBANIZATION在中国——从都市化到新型城镇化[J].城市规

划，2019，43（2）：22-28.

[92] 许然.浅析我国农业产业化的理论与实践[J].河南教育学院学报（自然科学版），1999（1）：63-66.

[93] 张京祥，冯灿芳，陈浩.城市收缩的国际研究与中国本土化探索[J].国际城市规划，2017，32（5）：1-9.

[94] 张京祥，庄林德.大都市阴影区演化机理及对策研究[J].南京大学学报（自然科学版），2000（6）：687-692.

[95] 杨东峰，龙瀛，杨文诗，等.人口流失与空间扩张：中国快速城市化进程中的城市收缩悖论[J].现代城市研究，2015（9）：20-25.

[96] 杨缅昆.通货膨胀测算问题的若干探讨[J].统计研究，1998（3）：45-48.

[97] 杨缅昆.国民福利：诺德豪斯-托宾核算模式评析[J].统计研究，2007（5）：21-25.

[98] 杨缅昆.论国民福利核算框架下的福利概念[J].统计研究，2008（6）：72-77.

[99] 张可云.区域分工与区域贸易保护的理论分析[J].理论研究，2000（5）：7-12.

[100] 游猎，陈晨.农村人居空间"精明收缩"的实践探索——以Q市全域农村新型社区总体规划实施为例[J].城市规划，2018，42（4）：113-118.

[101] 游猎.农村人居空间的"收缩"和"精明收缩"之道——实证分析、理论解释与价值选择[J].城市规划，2018，42（2）：61-69.

[102] 张立.新时期的"小城镇、大战略"——试论人口高输出地区的小城镇发展机制[J].城市规划学刊，2012（1）：23-32.

[103] 张立，白郁欣.403个国家（培育）特色小城镇的特征分析及若干讨论[J].小城镇建设，2018，36（9）：20-30.

[104] 张勇超，陈荣清.武汉市城乡建设用地增减挂钩实施缘由及效果分析[J].湖北民族学院学报（自然科学版），2015，33（2）：235-240.

[105] 赵民，游猎，陈晨.论农村人居空间的"精明收缩"导向和规划策略[J].城市规划，2015，39（7）：9-18，24.

[106] 周恺，钱芳芳.收缩城市：逆增长情景下的城市发展路径研究进展[J].现代城市研究，2015（9）：2-13.

[107] 周恺, 钱芳芳, 严妍. 湖南省多地理尺度下的人口"收缩地图"[J]. 地理研究, 2017, 36 (2): 267-280.

[108] 赵家辉, 李诚固, 马佐澎, 等. 城市精明收缩与我国老工业基地转型[J]. 城市发展研究, 2017, 24 (1): 135-138, 152.

[109] 朱金, 李强, 王璐妍. 从被动衰退到精明收缩——论特大城市郊区小城镇的"收缩型规划"转型趋势及路径[J]. 城市规划, 2019, 43 (3): 34-40, 49.

[110] 陈川. 基于农民家庭行动逻辑的农业地区小城镇收缩机制研究[D]. 南京: 南京大学, 2016.

[111] 段禄峰. 西安大都市区城乡空间一体化发展策略研究[D]. 西安: 西安建筑科技大学, 2010.

[112] 方卓君. 供需视角下武汉市小城镇医疗服务设施配置优化研究[D]. 武汉: 华中科技大学, 2017.

[113] 李艳. 建国后（1949—2009）汉阳地区城市空间形态演变研究[D]. 武汉: 武汉大学, 2015.

[114] 廖文秀. 基于空间生产理论的武汉市城郊地区"半城镇化"问题研究[D]. 武汉: 华中科技大学, 2015.

[115] 林小如. 反脆性大城市地域结构的目标准则和理论模式[D]. 武汉: 华中科技大学, 2015.

[116] 岐亚光. 功能分工视角下的大都市圈发展机理与实证[D]. 杭州: 浙江大学, 2016.

[117] 乔晶. 大都市地区镇村关系重构研究——以武汉市为例[D]. 武汉: 华中科技大学, 2019.

[118] 吴闫. 城市群视域下小城镇功能变迁与战略选择[D]. 北京: 中共中央党校, 2015.

[119] 谢守红. 大都市区空间组织的形成演变研究[D]. 上海: 华东师范大学, 2003.

[120] 许玲. 大城市周边地区小城镇发展研究[D]. 咸阳: 西北农林科技大学, 2004.

[121] 夏君. 汉孝临空经济区空间协同发展研究[D]. 武汉: 华中科技大学, 2017.

[122] 杨龙. 干线公路引导下武汉远郊小城镇空间形态演变研究[D]. 武汉: 华中科

技大学，2017.

[123] 殷文杰. 大都市郊区发展的理论与实践探索——以上海郊区发展为例[D]. 上海：华东师范大学，2007.

[124] 张凯. 中部地区小城镇公共服务设施网级空间构建及效率优化研究——以湖北省为例[D]. 武汉：华中科技大学，2015.

[125] 耿虹，乔晶，杨龙."伪逆城市化"背后的城乡关系与发展趋向研究——以武汉市为例[C]//中国城市规划学会. 规划60年：成就与挑战——2016中国城市规划年会论文集. 北京：中国建筑工业出版社，2016：596-607.

[126] 耿虹，庞克龙，耿洁如. 小城镇产业转型下镇村组织模式及形成机制探究——以湖北省宜城市为例[C]//中国城市规划学会. 持续发展 理性规划——2017中国城市规划年会论文集. 北京：中国建筑工业出版社，2017：730-742.

[127] 彭翀，常黎丽，刘云. 中部省份非均衡增长的空间格局及政策响应研究——以湖北省为例[C]//中国城市规划学会. 多元与包容——2012中国城市规划年会论文集. 昆明：云南科技出版社，2012：1613-1623.

[128] 周敏，林凯旋，黄亚平. 当代大城市都市区产业空间布局研究——以武汉为例[C]//中国城市规划学会. 新常态：传承与变革——2015中国城市规划年会论文集. 北京：中国建筑工业出版社，2015：695-707.

后 记

随着城镇化的快速推进及市场经济体制的不断完善,大都市地区发展迅猛,受都市区极化效应的影响,人口等要素在大都市地区自由流动,小城镇收缩现象在大都市地区逐渐出现。不同类型的收缩小城镇在发展的过程中存在着不确定性和风险性。而小城镇作为乡村地区就地城镇化的重要空间载体,是我国城镇体系中独特且重要的一环。随着收缩现象的普遍显现,收缩小城镇的健康、可持续发展,关系到大都市地区健康城镇化进程的实现。因此,认知小城镇收缩的现象与特征,研究小城镇收缩产生的规律,从理论层面剖析小城镇收缩形成的内在机制是实现健康城镇化、促进城、镇、村健康协调发展的关键所在,是构建大都市地区合理分工结构、推进大都市地区协调发展的关键环节。

本书基于大都市地区小城镇收缩的特征与现象,以及对小城镇收缩类型的研究,得出以下几个方面的结论。

(1)大都市地区小城镇的收缩现象较为普遍,主要表现在人口、经济、空间等要素的减量,功能的分化,城镇容量的下降几个方面。

由于社会经济发展阶段的不同,目前中部地区城市的整体收缩尚不多见,但受大都市极化效应的影响,小城镇收缩现象较为普遍。小城镇收缩作为城市局部收缩的体现,在收缩的表现上与城市收缩既有共性也有差异。共性主要体现在城市收缩的评价指标与表现特征在小城镇收缩的识别中同样适用,例如,人口与经济在数量方面的减少、空间的闲置等。差异主要体现在小城镇收缩更具灵活性,小城镇在都市核心区极化效应和扩散效应影响下此消彼长,小城镇居民从业特征及产业发展特征与城市的区别导致城市收缩的识别标准对小城镇存在一定的不适用性。为此,通过对大都市地区小城镇发展变化的研究发现,大都市地区小城镇收缩主要表现在要素收缩、功能收缩及容量收缩三个方面。其中要素收缩包括了人口总量的减少与人口的两栖迁移，建设用地总量的减少与空间闲置及就业岗位的减少与农业产业占比的增加。功能收缩主要反映在小城镇职能的弱化和镇区功能的转移两个方面。容量收缩则主要反映在基本农田与生态绿地增加导致空间容量下降，设施丰富度降低与居住环境比较优势减弱造成居住容量以及交通容量下降，进而造成区域隔离等。

（2）主体的适应性不同导致了小城镇收缩的多样性；小城镇系统适应性的时滞性导致了小城镇收缩的不确定性与风险性。

复杂适应性系统理论的产生填补了第一代与第二代系统理论的不足，为人类认知事物发展变化的规律提供了新的方法路径。一方面，复杂适应性系统理论符合现代城市规划理论转型发展的新趋势；另一方面，复杂适应性系统理论有助于加深对城镇系统层次性的了解，并能够正视城镇发展的不确定性。因此，复杂适应性系统理论在解释小城镇收缩问题方面十分适用。通过复杂适应性系统理论的微观理论模型和宏观理论解释模型的构建可以发现，适应性是小城镇收缩产生的关键机制。在小城镇复杂系统中，微观主体的不同适应性行为导致了小城镇收缩特征的多样性。为应对大都市地区外部环境及小城镇内部发展特征的变化，小城镇系统中各类适应性主体通过内部复杂的需求-供给规则产生不同类型的收缩现象，造成了收缩的复杂性与多样性。在小城镇系统中，各类资源在系统各个节点间的流动与适应性主体为获得资源在各个生态位之间的跃迁导致了小城镇收缩存在着非均衡性特征。系统面对新环境产生的新行为的适应性需要经过时间的检验，正是这种时滞性导致了小城镇收缩对小城镇发展及区域城镇整体发展产生风险性与不确定性。因此，对小城镇收缩产生的适应能力的识别，可以为引导小城镇收缩朝着有序、健康的方向发展提供帮助。

（3）在外部极化效应、内部发展衰退及政策规划限制三方面的综合影响下，小城镇收缩对城镇及区域发展存在积极与消极两方面影响。

大都市地区小城镇的收缩主要来源于两个方面，一是所处的大都市核心区对资源要素的虹吸效应造成小城镇资源要素流失。当前，日渐强劲的外部市场对小城镇的发展造成了强有力的冲击，产业在集聚效应影响下向都市核心区及周边大型产业园区转移。都市核心区及周边产业园区所处的增长极由于产业的集聚带来了大量的就业岗位，对小城镇的剩余劳动力产生了极强的吸引力。同时出于空间经济效益的考虑，建设用地指标的划拨也主要集中在中心城区及都市发展区范围内，因此当大都市地区对资源的虹吸效应大于扩散效应时，处于都市发展阴影区的小城镇表现出收缩的特征。二是小城镇自身发展的衰退与城镇功能的分化也导致了小城镇收缩现象的产生。在城镇发展过程中，小城镇具有对接城市、服务乡村的职能，小城镇的发展多受乡镇企业发展的带动。受外界经济环境的影响，随着乡镇企业的衰败及转移，小城镇自身发展出现了衰退。受区域服务设施共享的影响，在居民服务设施选择自主性不断加强及选择更加多样化的情况下，小城镇也表现出以职能分化为特征的收缩现象。受我国城镇体制的影响，不同时间段小城镇发展的政策也有所不同，受不同的政策与上位规划的影响，小城镇必然会产生收缩的现象。受不同因素的作用，小城镇收缩对都市区会产生积极影响与消极影响。其中，积极影响是小城镇在收缩的过程中，可以为大都市地区发展有效地腾退资源，从而在整体层面促进城镇体系健康有序的发展。小城镇收缩使小城镇能够集中力量发展优势产业，以更专精的职能参与区域竞争，通过收缩蓄力，谋求新的发展。消极影响是，由于公共服务等设施投放具有自上而下的均等性，部分小城镇的收缩会造成资源的浪费等问题，同时，收缩也会造成区域城镇结构的塌陷，影响城镇的健康发展。

（4）不同特征的收缩小城镇具有的适应度水平各不相同，且不同组合类型的小城镇根据适应能力的高低可以划分为高、中、低三个等级。

NK模型作为复杂适应性系统研究中常用的定量分析方法，可以通过适应度的计算对系统适应能力做出定量的评价，并揭示出适应性主体适应能力的高低以及通往适应度峰值的最优路径。本书通过对武汉市小城镇的研究，收集了武汉市56个小城镇在要素、功能、容量三个方面的43组指标数据，通过这43组数据的历年变化筛选出43个小城镇作为小城镇收缩的研究样本。然后通过NK模型的构建与计算，获得武汉市小城镇收缩样本的适应度指标。研究结果表明，影响收缩小城镇适应度的主要因子包括中心服务、区域关联及生产效率。以此为基础，归纳出武汉大都市地区收缩小城镇的适应度提升路径以及每个层级的适应度理想值。结合收缩小城镇样本的适应度值与提升路径中各个层级的适应度理想值可以看出，在大都市地区不同适应度组合类型中，各小城镇根据适应能力的高低可以划分为高、中、低三个等级。因此，结合不同适应度组合类型中收缩小城镇适应能力的高低，根据影响收缩小城镇适应度的核心因子，通过多元化、差异化的引导可以更加精准有效地提升收缩小城镇的适应能力，推动大都市地区城镇体系健康、稳定、可持续发展。

（5）根据小城镇收缩的理论解释，结合不同组合类型收缩小城镇的适应性特征，提出针对性的发展策略。

根据收缩小城镇的不同类型，可以对适应能力提升提出有针对性的建议。在资源配置层面，小城镇需要解决的是资源从何而来、如何配置等问题。整体上看，对收缩小城镇的资源配置引导主要在于顺应其收缩的特征，有效引导资源的腾退。低适应能力收缩小城镇由于自身适应度指标较低，适应能力处于各种适应度组合类型的峰谷区，此类小城镇由于受各方因素的影响，在一定时间内很难获得新的发展，对这类小城镇需要有效引导收缩的方向，腾退资源，在维持基本服务职能的前提下减量发展。为应对其收缩，可通过网络化城镇体系的构建弥补垂直式城镇体系带来的不足，强化区域设施共享。面对中适应能力收缩小城镇则需要根据其收缩的独特性，更加精准有效地配置资源。精准定位中心职能，丰富设施种类，提升城镇服务效能，以产村基本单元+集镇复合单元的模式来扩大资源整合范围。对于高适应能力收缩小城镇，由于这些小城镇本身已经处在小城镇收缩的最佳状态，在引导策略方面主要是提高城镇设施配套标准，继续引导小城镇以专精的职能参与区域分工，维持小城镇的稳步发展。